Fritz Steinbock

DAS HEILIGE FEST

RITUALE DES TRADITIONELLEN GERMANISCHEN
HEIDENTUMS IN HEUTIGER ZEIT

Verlag Daniel Junker

Copyright © 2004 by Verlag Daniel Junker.
Verlag Daniel Junker, Postfach 62 04 52, D-22404 Hamburg
email: info@daniel-junker.de, Internet: www.daniel-junker.de
Titelbild: Thorbert (ORD)
Buch- und Umschlaggestaltung: HRAFNAGUD-Gestaltungskunst, hrafnagud@heldrasil.de
Gesamtherstellung: Books on Demand GmbH, Norderstedt.

Alle Rechte der Verbreitung in deutscher Sprache und der Übersetzung, auch durch Film, Funk und Fernsehen, fotomechanische Wiedergabe, Ton- und Datenträger jeder Art und auszugsweisen Nachdrucks sind vorbehalten.

ISBN 3-938432-00-4

Feste sind das beste, um Heil zu erlangen.

Aus der Laxdælasaga

Veistu hvé rísta skal? Veistu hvé ráða skal?
Veistu hvé fáa skal? Veistu hvé freista skal?
Veistu hvé biðja skal? Veistu hvé blóta skal?
Veistu hvé senda skal? Veistu hvé sóa skal?

Betra er óbeðit en sé ofblótit,
Ey sér til gildis gjöf.
Betra er ósent en sé ofsóit.
Svá Þundr of reist fyr þjóða rök,
Þar hann upp of reis, er hann aftr of kom.

Weißt du zu ritzen? Weißt du zu raten?
Weißt du zu färben? Weißt du zu forschen?
Weißt du zu beten? Weißt du zu opfern?
Weißt du zu senden? Weißt du zu schenken?

Besser nicht gebetet als zuviel geboten:
Die Gabe will stets Vergeltung.
So ritzte es Thundr zur Richtschnur den Völkern.
Dorthin wandte er sich, als er wiederkam.

Edda, Hávamál

Inhaltsverzeichnis

Einführung   13

Teil I Grundlagen

Wesen und Sinn von Ritualen
- Religion und Ritual   19
- Ritual und Glaube   20
- Was heidnische Rituale nicht sind   21
- Die rituelle Erfahrung   23
- Die Heilswirkung des Rituals   24
- Rückverbindung zum heiligen Ursprung   26
- Verwandtschaft mit Erde und Göttern   27
- Das heilige Fest   28
- Die beiden Pole der Heiligkeit   29
- Verehrung der Götter   30
- Die Gabe will stets Vergeltung   31
- Êwa - der heilige Vertrag   32

Was man für Rituale braucht
- Der heilige Platz   35
- Die heilige Zeit   36
- Altar und Götterbilder   38
- Rituelle Geräte   39
- Kultgemeinschaft und Priester   40
- Gedichte und Lieder   41
- Symbole   43
- Heilige Bäume und Tiere   44

Die Formen des Rituals
- Tradition und Erneuerung   45
- Das Gebet   45
- Die Anrufung   47
- Das Opfer   48
- Menschenopfer   49
- Tieropfer und Opfermahl   51
- Heutige Opferformen   53

Das Blót	54
Weihung und Heiligung	55
Rituale der Gemeinschaft	56
Persönliche Rituale	57
Magische Rituale	58
Runenrituale	60
Schutzgott-Rituale	61
Rituale fremder Traditionen	63

Teil II Praxis

Gestaltung von Ritualen

Allgemeine Regeln	67
Die Gültigkeit des Rituals	68
Begriffe des Ritualwesens – der Begang	70
Die neun Teile des Begangs	71
Vorbereitung	72
Einhegung und Weihe - Haga und Wîha	73
Anrufung der Elemente - Welhaga	73
Eröffnungsgruß - Heilazzen	75
Entzünden des Feuers - Zunten	75
Die Festrede - Reda	76
Anrufungen und Festgebete - Spill und Gibet	77
Der Runengesang - Rûnagaldar	78
Opferungen - Gilt	78
Das Blót - Bluostrar	79
Schließen des Rituals – Ûzlâz	80
Das Opfermahl - Gouma	81

Grundbausteine für Rituale

Das Hammerzeichen - Hamarsmark	83
Die Hammerhegung - Hamarhaga	84
Abwandlungen der Hammerhegung	85
Weihe eines heiligen Platzes - Statwîha	87
Anrufung der Elemente - Welhaga	89
Allgemeine Götteranrufungen - Algotspill	91
Namentliche Anrufung - Spill bi Namon	93
Allgemeine Festgebete - Spill und Gibet	97
Sprüche zum Runengesang - Rûnagaldar	98
Opfersprüche - Giltgaldar	99
Sprüche zum Blót - Bluostrargaldar	101
Abschlussworte - Ûzlâz	101

Gebete

Aufbau eines Gebets	103
Gebet Sigrdrífas	105
Gebet an Odin	105
Gebete an die Erde	106
Ostara-Erdsegen	107
Gebete an Thor	107
Wessobrunner Gebet	108
Gebete des britischen Odinic Rite	109
Gebet zum Tag	109
Einfacher Dankesspruch	109
Gebet der Schwurmannen	109
Gebete an einzelne Götter	110
Gebet an Freyr	110
Gebet an Nerthus	111
Gebet an Thor	111
Gebet an die Sonne	112
Gebet an Wodan	113
Preisgedicht an Ostara	113
Abendgebet für Kinder	114

Die Feste im Jahreskreis

Das heidnische Jahr	115
Kleinere Feste	116
Anleitungen für Jahreskreisfeste	117
Frühjahrs-Tagundnachtgleiche – Ostara	118
Vorschlang zum Begang des Ostarafests	120
Sommersonnenwende – Mittsommer	125
Vorschlag zum Begang des Mittsommerfests	127
Herbst-Tagundnachtgleiche – Herbstfest	132
Vorschlag zum Begang des Herbstfests	134
Wintersonnenwende – Julfest	138
Vorschlag zum Begang des Julfests	141

Lebenskreis-Rituale

Leben mit Göttern und Sippe	145
Kindsweihe	147
Gruß an ein neugeborenes Kind	149
Vorschlag zur Feier der Kindsweihe	150
Muntfeier	155
Vorschlag für die Muntfeier	157
Hochzeit	162
Vorschlag für die Hochzeitsfeier	164
Bestattung	172
Vorschlag für die Bestattungsfeier	175
Beisetzung der Urne	180
Minni-Trinken	181

Besondere Rituale

Blótar für einzelne Gottheiten	183
Odinsblót	184
Freyrblót	186
Álfablót	188
Dísablót	189
Opfergelübde	190

Symbol für jede Gelegenheit	191
Regelmäßiges Ritual	193
Schutzgottweihe	195
Weihe eines Gegenstands	197
Tischsprüche	198
Reisesegen	199
Thingeröffnung	200
Eid	201
Blutsbrüderschaft	203
Heilungsrituale	206
Werfen der Runen	208
Útiseta	210

Teil III Gemeinschaft

Der Odinic Rite Deutschland

Eine kurze Geschichte	213
Mitgliedschaft im ORD	215
Aufbau des ORD	216
Priesterämter im Odinic Rite Deutschland	217
Andere Gemeinschaften	218
ORD und Politik	219
Symbole des ORD	219

Inhaltliche Grundlagen

Präambel	221
Heidentum - die andere Religion	221
Naturreligion	222
Polytheismus	222
Verwandtschaft mit Natur und Göttern	223
Germanische Tradition	224
Mythische Erfahrungsreligion	225
Runen und Rituale	225
Weiterleben nach dem Tod	226
Ethik und Gesellschaft	226

Prinzipien des ORD

Die neun edlen Tugenden	229
Pflichten der Mitglieder	231
Faith – Folk – Family	232
Ethnische Naturreligion	233
Leitidee freies Heidentum	235

Anhänge

Texte in Originalsprache

Einfache wiederkehrende Formeln	239
Gebete aus der Edda	241
Rituelle Strophen aus dem Hávamál	242
Aus verschiedenen Eddaliedern	244
Das Wessobrunner Gebet	246
Weitere althochdeutsche Texte	247
Angelsächsicher Flursegen	248
Gebete des britischen Odinc Rite	250

Aussprachregeln

Für alle altsprachlichen Texte	252
Für nordische Texte	252
Historische Aussprache	253
Isländische Aussprache	253
Für althochdeutsche Texte	254
Für altenglische Texte	255

Lieder

Tausendgötterlied	256
Sonnwendfeuer-Kanon	257
Erdmütter-Lied	257
Kommt der Lenz	258

Runentabelle — 259
Glossar — 260
Bibliographie — 270

Einführung

Rituale sind das traditionelle Herzstück des Heidentums. Es ist keine dogmatische Religion, die den Glauben an ihre Lehren in den Mittelpunkt stellt, sondern eine lebendige Beziehung zu den Göttern, der Natur und allem Heiligen, die sich tätig verwirklicht. Es ist nicht Theorie, sondern Praxis. Heide sein heißt das Heidentum auszuüben.

Im germanischen Heidentum, das heute auch *Ásatrú* oder *Asatru* (Göttertreue) und *Forn Siðr* oder dänisch *Forn Sed* (Alte Sitte) genannt wird, ist das nicht ganz einfach. Eine einheitliche Ritualpraxis gab es schon in alter Zeit ebenso wenig wie Dogmen und Lehrsätze. Jedes Volk, jeder Stamm, ja bisweilen jedes Dorf und jede Sippe hatte besondere Bräuche, um mit den Göttern in Beziehung zu treten, sie zu verehren und sich ihren Segen zu sichern. Überliefert sind sie, wenn überhaupt, nur in Bruchstücken. Das ist schade, aber nicht zu ändern. Wer es nicht wahrhaben will und behauptet, er könne sie vollständig rekonstruieren, ist ein Träumer oder Scharlatan. Wie in alter Zeit muss auch heute jede Heidengemeinschaft ihre eigene, auf eigener Einsicht beruhende Ritualpraxis entwickeln.

Jede Darstellung germanischer Rituale von heute kann sich daher nur auf die Praxis einer bestimmten Gemeinschaft berufen und muss dies auch klar deklarieren. Die vorliegende zeigt die Praxis des Odinic Rite Deutschland e.V. (ORD), einer Gemeinschaft mit der programmatischen Selbstbezeichnung "traditionelles germanisches Heidentum in heutiger Zeit", die den Autor zu ihrem *Ewart*, dem Hauptverantwortlichen für das Ritualwesen, gewählt hat. Eine der Aufgaben, die ich mit diesem Amt übernommen habe, war die Erstellung eines Ritualbuchs, das die in vielen Jahren gemeinsam entwickelten, bisher nie schriftlich fixierten und nur in der Praxis selbst weitergegebenen rituellen Traditionen des ORD sammelt und einer breiteren Öffentlichkeit zugänglich macht – einerseits als Anleitung für unsere Mitglieder, andererseits aber auch für Außenstehende, die germanische Rituale kennen lernen, das eine oder andere für sich entdecken oder sich schlicht informieren wollen, welche es gibt, was wir dabei tun und natürlich auch, was dahinter steckt.

Ich habe dieses Buch daher in drei Teile gegliedert und dem praktischen, der den Großteil des Umfangs ausmacht, einen kurzen Teil über Wesen und Sinn von Ritualen voran gestellt. Er ist so konzipiert, dass er Außenstehenden auch als allgemeine Information über den Geist des germanischen Heidentums dienen kann. Für praktizierende Heiden ist er zum Verständnis des Hauptteils nicht unbedingt nötig, kann ihnen aber helfen, ihr theoretisches Wissen darüber zu vertiefen, was das germanische Ritual überhaupt ist, welche Hintergründe die einzelnen Riten haben und welche Formen es gibt und in alter Zeit gab. Auch auf historische Ritualformen, die wir heute ablehnen, muss eingegangen werden, um den Sinn zu erläutern, den sie im Leben unserer Vorfahren hatten, und dadurch Irrtümern vorzubeugen, die das Verständnis für unsere Religion trüben könnten.

In den praktischen Teilen stelle ich, ausgewählt aufgrund einer Umfrage unter Mitgliedern und Freunden des ORD, die vier Feste im Jahreslauf, die Lebenskreisfeste und einige Rituale für bestimmte Zwecke vor. Ich habe dafür kurz gehaltene Texte verfasst, die für sich allein genommen vollständig sind, aber mit zusätzlichen Elementen ergänzt werden können. Wo es welche gab, habe ich dabei historische Texte verwendet, die im Anhang auch in der Originalsprache wiedergegeben sind. Ein Glossar der verwendeten altsprachlichen Begriffe und "Fachausdrücke" ist ebenfalls im Anhang zu finden.

Teil drei des Buches ist dem Odinic Rite Deutschland selbst gewidmet und erläutert seine Position in der modernen Heidenbewegung und die wichtigsten Inhalte, die er vertritt. Das dient nicht nur dazu, ihn Interessierten bekannt zu machen, sondern ist auch eine Art Offenlegung, die das eingangs Gesagte verdeutlicht: Was dieses Buch beschreibt, ist das Ritualwesen einer bestimmten Gemeinschaft, die es in heutiger Zeit aus historischen Quellen und eigener Erfahrung entwickelt hat. Wir berufen uns auf seriöse religionswissenschaftliche Forschungen und überprüfen, ob unsere Rituale mit ihren Erkenntnissen überein stimmen. Insofern können sie als traditionell germanisch gelten: Sie setzen auf heutige Art die rituelle Tradition unserer Ahnen fort. Wir behaupten daher weder, dass unsere Rituale die gleichen wie damals wären, noch dass moderne Rituale, die der germanischen Tradition gerecht werden sollen, nur in dieser und keiner anderen Form abgehalten werden können.

Die Breite und Vielfalt, die schon das religiöse Leben unserer Vorfahren zeigte, gibt uns auch heute eine Fülle von Möglichkeiten. Heidentum ist eine lebendige Religion, die aus uralten Wurzeln kommt, aber stets weiter wächst. Es lässt sich weder auf eine einzige starre Form festlegen, noch darf es museal erstarren. Gerade als traditionelle Heiden bekennen wir uns auch zu sinnvollen Neuerungen, denn Tradition heißt nicht Festhalten am Vergangenen, sondern am zeitlos Gültigen, das neue Gegenwart werden muss. Lasst uns nicht die Asche anbeten, sondern das Feuer am Brennen halten!

Unter den Göttern habe ich vor allem Odin zu danken, der mir die Fähigkeit gab, Wissen zu erwerben und es mitzuteilen, und unter den Menschen einigen Freundinnen und Freunden, die ich, so sie welche haben, mit ihren Ritualnamen anführe: Thorbern, dem Gründer des Odinic Rite Deutschland, und Folkhere, seinem Nachfolger als Erster Vorsitzender, die mich zur Arbeit an diesem Buch ermuntert haben; Solveig, die mit ihrer Erfahrung wesentlich zur Entwicklung des Ritualwesens im ORD beigetragen hat, und Arwen, die meinen persönlichen heidnischen Werdegang sehr unterstützt hat; Stilkam für einige Textbeiträge und meiner Frau Claudia für Anregung und Kritik, für die Korrektur der Endfassung und für die Geduld, mit der sie die lange Arbeit daran ertragen hat.

Linz/Donau, September 2004
Fritz Steinbock (Asfrid, ORD)

Teil I

Grundlagen

Wesen und Sinn von Ritualen

Religion und Ritual

Fragte man in alter Zeit jemandem nach seiner Religion, hieß es nicht: "Woran glaubst du?", sondern: "Welchen Göttern opferst du?" Wie der Glaube im Christentum steht im Heidentum das Ritual im Mittelpunkt. Heidnische sind *traditionelle* Religionen: Sie sind nicht auf autoritäre Offenbarung und persönlichen Glauben gegründet, sondern auf eine organisch gewachsene Tradition, die neben der mythischen und ethischen in erster Linie eine kultische ist.

Religion im heidnischen Sinn ist Religionsausübung: *religio* nannten die Römer den Eid, eine heilige Pflicht und die Gewissenhaftigkeit, mit der sie befolgt wird. Der Philosoph und Politiker Cicero leitet das etymologisch unsichere Wort von *relegere*, dem Wiederholen der Ritualformeln aus alter Zeit, ab. Religion war für die Römer die kultische Tradition, *mos maiorum*, die Sitte der Vorfahren. Ebenso nannten die mittelalterlichen Nordgermanen das Heidentum ihrer Ahnen *forn siðr*, die "alten Sitte" – immer noch dem heidnischen Sprachgebrauch folgend, der kein Wort für das hatte, was die Christen unter "Glauben" verstanden, und Religion als "Recht und Sitte" (*lög ok siðr*) beschrieb.

Der Religionsgeschichtler Bernhard Maier sieht deshalb die germanische Auffassung von Religion überhaupt "wie im antiken Rom". Hier wie dort erscheint sie ihm "weniger als eine Sache der privaten und persönlichen Überzeugung als vielmehr des gemeinschaftlich und öffentlich vollzogenen Kults", worauf neben *forn siðr* auch andere nordische Bezeichnungen hindeuten: *blótdómr* und *blótskapr*, wörtlich "Opfertum" und "Opferschaft" für das Heidentum, für einen Heiden *blótmaðr*, "Opfermann".

Im 19. Jahrhundert prägten dann dänische Historiker, um der Religion ihrer Vorfahren einen Namen zu geben, den Begriff *Ásetro*, der über die isländische Form *Ásatrú* zum heute geläufigsten Namen für das germanische Heidentum wurde: *Asatru*, wörtlich "Göttertreue" – eine Bezeichnung, die indirekt auch wieder in die kultische Richtung weist, denn Treue muss sich durch Taten verwirklichen.

Kult und Ritual sind daher nicht bloße "Äußerlichkeiten", auf die es weniger ankäme als auf die "innere Einstellung", und sie sind auch nicht nur ein Ausdruck der heidnischen Religion, wie ein Wort ein Gefühl ausdrückt. Vielmehr *sind* sie das Heidentum – nicht das ganze, aber der Hauptteil und Wesenskern einer Religion, die sich als "alte Sitte" und tätige "Göttertreue" versteht.

Das Wesen des Rituals ist das Wesen des Heidentums selbst: Alles, womit man es charakterisieren kann, was es ausmacht und ihm seinen Wert gibt, liegt auch im Ritual.

Ritual und Glaube

Im allgemeinen sind Menschen, die heidnische Rituale ausüben, auch "gläubige" Heiden, das heißt, sie sind überzeugt, dass die Götter real sind und in der Welt wirken, dass ihr Charakter dem entspricht, was die Mythen von ihnen erzählen, und vieles mehr. Das erscheint uns natürlich und ist in den aktiven Heidengruppen von heute auch die Regel. In alter Zeit freilich waren es zwei Paar Schuhe.

Bernhard Maier, der als bislang einziger seriöser wissenschaftlicher Autor der Gegenwart auch die "innere" Seite der germanischen Religion beleuchtet hat, weist auch ausdrücklich darauf hin, dass der christliche Glaubensbegriff auf sie nicht anwendbar ist: nicht nur, weil sie eine Sache des Kults war, "dessen Wirksamkeit man von der inneren Einstellung der Beteiligten unabhängig glaubte", sondern auch, weil "die Zugehörigkeit zu einer Religionsgemeinschaft auf der Zugehörigkeit zu einem bestimmten sozialen und politischen Verband beruhte und daher nicht die formale Zustimmung zu irgendwelchen Glaubensinhalten voraussetzte." Religion war ein integrierter Teil des öffentlichen Lebens, der Tradition und Identität der Gemeinschaft, der man angehörte.

Man konnte daher sehr wohl eifrig an allen Ritualen der Gemeinschaft teilnehmen und trotzdem, wie manche Wikinger sagten, "nur an die eigene Kraft glauben" oder wie der schon zitierte Cicero als Philosoph die Möglichkeit von Weissagungen bestreiten, aber als Politiker, der seine Verantwortung für die Gemeinschaft wahrzunehmen hatte, ein Amt als Orakelpriester annehmen und gewissenhaft ausüben. Julius Caesar, dessen diktatorische Ambitionen der Demokrat Cicero politisch bekämpfte, war sogar bekennender Atheist und bekleidete das Amt des *pontifex maximus*, des obersten Priesters der römischen Staatsreligion, ohne dass jemand daran Anstoß nahm.

Natürlich waren das Ausnahmen. Sie waren aber nur möglich, weil auch in der Regel jeder über die Götter glauben und denken konnte, was er wollte, solange er nur die Riten getreu und korrekt befolgte. Das mag oberflächlich scheinen, aber es ist die logische Konsequenz einer Religion, die sich als Religions*ausübung* versteht und den persönlichen Glauben nur als subjektiven Faktor sieht, der den einzelnen Menschen betrifft, aber nicht das Ritual, das in seiner konkreten, sichtbaren Ausführung eine objektive Beziehung zwischen der ganzen Gemeinschaft und den Göttern schafft – Göttern, die für die überwiegende Mehrheit der Menschen in alter Zeit so unzweifelhaft existierten wie die Welt, der sie angehörten, und die weder jemals gefordert noch es nötig gehabt hätten, dass man an sie "glaubt" und sich zu Lehren bekennt, die vorschreiben, wie man sie sich vorzustellen hat.

Was heidnische Rituale nicht sind

Wenn Nichtheiden über heidnische Rituale, besonders Opfer, sprechen oder schreiben, ist häufig davon die Rede, dass sie dazu dienen würden, die Götter "günstig zu stimmen" oder zu "besänftigen". Das ist eine weit verbreitete Deutung, aber sie hat ihren Ursprung nicht im Heidentum, sondern in der biblischen Vorstellung eines Gottes, der den Ungehorsam der sündigen Menschheit mit ständigem Groll verfolgt und sich allen späteren Beteuerungen seiner Liebe zum Trotz nur dann wohlwollend zeigt, wenn er durch Demutsgesten und Sühneopfer besänftigt wird. Mag sein, dass auch andere antike Völker zu ihren Göttern ein ähnliches Verhältnis der Angst und des Misstrauens hatten. Den Germanen war es fremd.

In unserem Heidentum herrscht zwischen Göttern und Menschen im altgermanischen Sinn des Worts *Frieden*: ein Zustand familiärer Freundschaft und Wohlgesinntheit, der in gegenseitiger Treue gefestigt ist und nicht immer wieder neu erkauft werden muss. "Familiär" ist dabei wörtlich zu verstehen, denn die germanischen Begriffe von Frieden und Freundschaft sind direkt aus dem Zusammenhalt in Familie und Sippe abgeleitet: *Freunde* (nordisch *freyndur*) sind, wie schon im 19. Jahrhundert der dänische Kulturforscher Vilhelm Grønbech festgestellt hat, ursprünglich nur die Blutsverwandten. Erst später heißt in einigen Sprachen – etwa im Deutschen und Englischen, während die nordischen Sprachen dafür das eigene Wort *vinur* (dänisch *ven*, schwedisch *vän*) behalten – auch ein Sippenfremder ein Freund, wenn er wie ein Verwandter zu uns hält.

Dieses Verhältnis familiärer Freundschaft, von dem wir noch sehen werden, dass ihm auch eine tatsächliche Verwandtschaft zugrunde liegt, verbindet uns auch mit unseren Göttern. "Wodan ist kein Herr, und seine Kinder sind keine Diener", antwortet Hagen in einem der Nibelungenromane von Stephan Grundy einem christlichen Priester. Die Romanfigur Hagen hat es besser durchschaut als die historischen Germanen, die den Begriff "Herr" nur vom Gefolgsherrn (ahd. *trûhtin*, nord. *dróttinn*) kannten, dem seine Krieger als freie Männer folgten, und daher meinten, auch dem "here Krist" derart frei und ehrenvoll dienen zu können. Der Gott der monotheistischen Religionen aber ist ein "Herr" im Sinn des lateinischen *dominus*: ein Besitzer von Sklaven, die ihm bedingungslos unterworfen sind und ihren erzwungenen Dienst in blindem Gehorsam und Demut verrichten.

Gottes*dienst* in diesem Sinn sind unsere Rituale nicht: Wir ehren die Götter, aber wir dienen ihnen nicht. Umgekehrt ist das Ritual aber auch kein Versuch, die Götter zu bestechen oder gegen ihren Willen zu beeinflussen und zu manipulieren. Das wäre gegen ihre Ehre – und Ehre steht unter Germanen ganz oben.

Der germanischen Tradition fremd ist ferner die Meinung, religiöse Rituale wären magisch zu verstehen. Die germanische Magie *(seiðr)* arbeitet nicht wie die orientalische mit Göttern und Geistern, die regelrecht *gezwungen* werden, zu erscheinen und dem Magier zu *dienen*, sondern mit den immanenten Kräften des Menschen, der sie ausübt, oder den Kräften der Gegenstände und Praktiken, die er verwendet. Sie ist nicht Beschwörung, sondern Technik, die ohne Hilfe mächtiger Wesen aus sich selbst wirkt – in der präziseren Terminologie von Religionsforschern wie Hans-Peter Hasenfratz eigentlich nicht Magie, sondern *Zauber*. Andere machen da keinen Unterschied, differenzieren aber ebenfalls nach der Beteiligung von Göttern oder Geistern: Wenn eine rituelle Handlung ohne ihr Zutun wirken soll, ist es Magie; wenn man glaubt, dass sie es sind, die etwas bewirken, ist es Religion.

Das heißt aber in jedem Fall, dass Religion und Magie zwei grundverschiedene Bereiche sind, die im historischen Heidentum denn auch ihren je eigenen Platz und je eigene Fachleute hatten: *seiðkona* (Magierin) und *seiðmaðr* (Magier) oder althochdeutsch *zoubrara* (Zauberin) und *zaubrari* (Zauberer) für magische Aufgaben und *goði* ("Priester") und *gyðja* ("Priesterin") bzw. *cotinc, bluostrari* usw. für die religiösen Rituale, die zwar manchmal und bei speziellem Bedarf auch magische Elemente enthalten und sich magischer Mittel bedienen können, aber nicht an sich Magie sind. Wenn in esoterisch angehauchten Kreisen gerne von "magischer Religion" die Rede ist, hat das also weder mit echtem Heidentum zu tun noch ergibt es religionswissenschaftlich überhaupt einen Sinn.

Religiöse Rituale dienen schließlich auch nicht dazu, die Teilnehmer auf einen Weg der Erkenntnis, Einweihung oder Erleuchtung zu führen. Das sind esoterische Deutungen, die erst in moderner Zeit entstanden sind und ihren Ursprung in Mysterienkulten von außerhalb des germanischen Raums haben. Sie mögen auf spezialisierte Einweihungsformen wie die höhere Runenkunst zutreffen, doch mit der allgemeinen Religionsausübung – etwa zu den Jahresfesten – haben sie nichts zu tun.

Das religiöse Ritual ist weder magische Energiearbeit noch mystische Einweihung, sondern ein kultisches Fest. Es ist ein Akt der Verehrung der Götter und eine Begegnung mit ihnen auf der Basis feierlicher Gemeinschaft und wurde daher von unseren Vorfahren schlicht "Feier" (althochdeutsch *fira*) genannt. Man sagte auch, dass man diese Feier "beging" und nannte sie deshalb *bigang*.

Die rituelle Erfahrung

Wenn Rituale auch kein Erkenntnisweg im Sinn esoterischer Deutungen sind, ermöglichen sie es uns dennoch, die Götter zu erfahren, und das ist auch eine ihrer wesentlichen Aufgaben. Im Gegensatz zu autoritären Offenbarungslehren, die nur blind geglaubt werden können, ist das Heidentum eine *Erfahrungsreligion*, die statt auf Glauben auf die lebendige Begegnung mit den Göttern setzt. Diese Begegnung kann auf vielerlei Weise geschehen: im Erleben der Natur um uns und der "Natur, die wir selbst sind", in persönlichen Visionen und in kollektiven Erfahrungen, die uns Mythen und Traditionen mitteilen, an heiligen Plätzen und Kraftorten, in Ausnahmesituationen oder ganz unerwartet im täglichen Leben.

Die häufigste, für alle Menschen gleich erreichbare und auch am besten "steuerbare", von uns selbst herbeigeführte Begegnung mit den Göttern geschieht aber im Ritual. Sie hat sich seit Beginn der Menschheit in allen Kulturen unzählige Male bewährt und ist die wohl älteste und grundlegende Art, Göttliches nicht nur vage zu ahnen, sondern konkret zu erfahren – "nicht hinter, sondern in den Wirkungen", wie der moderne Philosoph Reinhard Falter sagt, der den Terminus "Erfahrungsreligion" geprägt hat. Für unsere Vorfahren bildet das Ritual offenbar die Schlüsselerfahrung, nach der sie auch ihre Begriffe formten.

Das Wort, mit dem die Germanen seit jeher die heilige Wirklichkeit bezeichnet haben, das heutige deutsche Wort "Gott", lautete in der Urform *guþ* (gesprochen *guth* mit "englischem" th wie in *think*) oder *guð* (wie in *this*), war sächlich und wurde ursprünglich nur in der Mehrzahl verwendet. Es bezeichnete wie noch das nordische *goð* die Gesamtheit der Götter beiderlei Geschlechts oder jenseits der Geschlechter, als generelle Erfahrung göttlichen Seins in all seiner Vielfalt und seinem Geheimnis. Zumindest Tacitus scheint es so verstanden zu haben, wenn er den Germanen nachsagt, sie würden "mit den Namen der Götter *jenes Geheimnis* (secretum illud) benennen, das sie in einziger Ehrfurcht schauen." Überflüssig zu sagen, dass die Einzahl des Römers falsch und jede Spekulation über einen germanischen Monotheismus, wie sie christliche Romantiker daraus entwickelten, haltlos ist: *guþ* ist eindeutig Mehrzahl – aber was sagt es aus?

Jacob Grimms bekannte, bis heute in populären Darstellungen verbreitete Ableitung aus "gut" ist philologisch nicht haltbar und hätte im Heidentum auch keine religiöse Grundlage, denn die Götter sind nicht nur in einer Welt des "Guten", sondern in der ganzen Wirklichkeit zu Hause und in ihrem Handeln oft "jenseits von Gut und Böse". Die moderne Sprachforschung, nachzulesen etwa in Dudens etymologischem Wörterbuch, leitet *guþ* aus dem indogermanischen Partizip **ghutom* ab, das "angerufen" bedeutet.

Das Göttliche der Germanen ist also "das Angerufene" – es zeigt sich, wenn es im Ritual "mit den Namen der Götter benannt" wird.

Ähnlich leitet sich das Wort für eine einzelne männliche Gottheit, nordisch *áss* und altgermanisch *ansuz,* aus der Wurzel **ans* ab, die für den Pfahl oder Balken steht. Einfache, roh behauene Kultpfähle standen in den frühgermanischen Heiligtümern. Mit ihren naturbelassenen, zufällig gewachsenen Formen und minimalistisch ausgearbeiteten Gesichtszügen konnten sie nicht wirklich dazu gedacht gewesen sein, die Götter bildlich darzustellen, sondern sollten lediglich andeuten, dass sie sich hier zeigen würden. Das Wort für den Pfahl ging auf die Götter über, weil man die Erfahrung machte, dass sie in den Riten, die man davor zelebrierte, gegenwärtig wurden. So haben beide Begriffe, *ansuz* ebenso wie *guþ*, ihren Ursprung in der rituellen Begegnung.

Natürlich ist das keine germanische Besonderheit. Angehörige aller Religionen fühlen sich in ihren Ritualen den Göttern näher als sonst, denn sie erleben dabei ihre Gegenwart in einer Weise, die über das alltägliche Leben hinausgeht. Sie sprengt auch den Rahmen des Mitteilbaren in alltäglichen Worten, ja selbst in Mythen und Dichtungen. Deshalb lässt es sich nicht erklären, was dieses Erleben ist und beinhaltet.

Es ist auch individuell verschieden und einzigartig. Manche erfahren die Götter als Vision in klaren Gestalten, andere begegnen ihnen in sich und fühlen sich von ihnen durchdrungen, und wieder anderen zeigen sie sich in den heiligen Gegenständen, im Lodern des Opferfeuers oder in der funkelnden Farbe und Kraft des Mets.

Allen gemeinsam jedoch ist die Erfahrung der besonderen, tiefen Kraft, die im Ritual hervortritt: die Erfahrung des Heils.

Die Heilswirkung des Rituals

Heil ist das Ziel aller Religionen, sie unterscheiden sich aber darin, worin sie es sehen. Für den Christen liegt es in der Erlösung von Sündenschuld, in der göttlichen Gnade und in der Erwartung des besseren Jenseits. Wenn er Heil erhofft, ist es persönliches Seelenheil, individuell, abstrakt und "nicht von dieser Welt". Ebenso sieht der Buddhist sein Heil in der Erlösung des Individuums aus dem Kreislauf des Leidens und richtet sein Streben darauf, sich von den Bindungen an die Welt zu lösen.

Solche Vorstellungen sind dem Heidentum fremd. Es betrachtet weder die Welt als schlecht und die Menschen in ihr als erlösungsbedürftig noch trennt es Geist und Seele vom Körper und den irdischen Interessen ab. Es vertritt eine ganzheitliche Sicht der Wirklichkeit, in der Geist und Materie, Natur und Götter, Diesseits und Jenseits eine einzige, ungeteilte Realität bilden, in der auch das religiöse Heil – die Kraft und der Segen der Götter – vom irdischen Glück und Wohl nicht zu trennen ist.

Das zeigt schon die Begriffsbildung selbst: *Heil*, gotisch *hails*, nordisch *heill* oder *sæll*, bedeutet wie das verwandte lateinische *salus* ursprünglich einfach "Gesundheit", deren Wiederherstellung wir heute noch "Heilung" nennen. Es ist das Heilsein an Körper und Seele, das als ein *Ganzsein* zu verstehen ist: "heil" heißt wörtlich "ganz" (englisch *whole*, griechisch *holos*). Deshalb wird es zum Begriff für das Wohlsein, Glück und Gelingen des *ganzen* Lebens, und deshalb ist auch die Heilswirkung des Rituals umfassend und ebenso irdisch und handfest wie spirituell.

Die Erfahrung lehrt allerdings, dass die Menschen nicht auf allen Gebieten gleich gesegnet sind. Einer ist ein erfolgreicher Bauer, ein anderer hat Glück auf Reisen oder im Kampf, ein dritter hat reiche Nachkommenschaft und ein vierter kann gut reden – er hat Ernteheil, Fahrtheil, Siegesheil, Kinderheil oder Wortheil, wie man im Norden sagte. Heil ist damit auch die spezielle Konstellation der Chancen und Tüchtigkeiten, das besondere Glück und das Schicksal, das einen Menschen bestimmt und von anderen unterscheidet. So hat jeder sein eigenes, ihm gehörendes Heil, das ihn formt. Es ist seines, doch er verdankt es weder sich selbst noch ist es eine persönliche Gnade, die von den Göttern willkürlich an einzelne Menschen verteilt wird.

Das Heil, das jemand hat, ist das Erbe seiner Ahnen, die es in vielen Generationen erworben haben und an ihre Nachkommen weitergeben, also kein individuelles, sondern *Sippenheil*. Es hat schon vor der Geburt des einzelnen existiert und schon die bestimmt, von denen er sein Leben hat und durch die er wurde, was er ist. Denn als Ganzheit ist der Mensch nicht von seiner Herkunft und Gemeinschaft zu trennen.

Nach germanischer Auffassung ist die Sippe nicht die bloße Summe genetisch verwandter Individuen, sondern eine wirkliche Einheit. Die Verwandten sind *ein* Körper und *eine* Seele. Man kann keinen von ihnen beleidigen, ohne alle zu kränken, und keinen ehren, ohne die Ehre aller zu mehren. Aus der Sippe empfängt der einzelne seine Identität und sein Heil, und genauso liegt umgekehrt das Heil der Sippe in den Händen jedes einzelnen ihrer Angehörigen. Weil alles, was er erreicht oder erleidet, seine Sippe als ganze betrifft, ist er nicht nur für sich allein verantwortlich, sondern in allem auch für sie.

Für die Heilswirkung des Rituals heißt das, dass sie – von rein persönlichen Ritualen abgesehen – niemals nur individuell ist, sondern immer die ganze Sippe oder, wenn größere Gemeinschaften feiern, das Dorf, den Stamm oder das ganze Volk betrifft. Wer gut opfert, wird das Heil aller stärken, und wer es schlecht tut oder ganz unterlässt, wird das Heil aller schwächen. Deshalb ist in heidnischen Kulturen die Teilnahme an bestimmten Ritualen Pflicht. Wer sich weigert, gefährdet das Heil der Gemeinschaft.

Zweitens hängt sie nicht von der Gnade der Götter ab, sondern davon, ob und wie viel Heil in den Teilnehmern und im Ritual selbst ist. Heilinge – Menschen, die viel Heil haben – lassen die ganze Festgemeinschaft an ihrem Heil teilhaben, und ebenso gewinnt sie vom Heil, das in natürlichen Kraftplätzen, alten Kultorten, heiligen Gegenständen und im Ritual selbst liegt. Manche Orte, aber auch einzelne Wesen wie Bäume oder Tiere können genauso wie Menschen Heilinge sein und ihr Heil weitergeben. Kultorte und heilige Gegenstände, besonders wenn sie Erbstücke sind, haben das Heil ihrer Besucher, Besitzer und Verwender aufgenommen, und aus demselben Grund liegt auch in einem Ritual selbst Heil.

Daher ist der dritte Faktor, der seine Heilswirkung bestimmt, die Tradition. Nur wenn es *forn siðr*, die Sitte der Ahnen ist, kann es das gleiche Heil entfalten, das ihm, wie Tacitus vom Stammesritual der Semnonen sagt, die "Weihungen der Vorväter und uralte Frömmigkeit" auch in alter Zeit gaben. Heutige und Vergangene müssen vereint sein. Es braucht den gemeinsamen Geist, aber auch Formen, die uns mit den Ahnen verbinden: Handlungen, Worte und Gesten, in denen ihr Erbe lebendig ist. Neben den traditionellen Ritualen, die leider nur bruchstückhaft überliefert sind, brauchen wir heute auch neue, die aber aus dem Geist der Tradition wachsen müssen.

Schließlich haben wir im Ritual selbstverständlich auch am Heil der Götter teil, die in ihm gegenwärtig sind. Das ist keine Segnung nach menschlichem Maß. Es ist etwas Göttliches: das Heil, das Odin, Thor oder Freyja selbst hat, strahlt im Ritual auf uns aus und erfüllt uns.

Rückverbindung zum heiligen Ursprung

Die Ahnen, von denen wir unser Heil haben, sind auch das natürliche Band, das uns mit dem Ursprung *allen* Heils in der Natur und den Göttern verbindet. In ihnen finden wir die Rückverbindung zum heiligen Ursprung, die – worauf sich die ebenfalls mögliche Ableitung von *religio* aus *religare*, wiederverbinden, stützt – das Ziel aller Religionen ist. Das Heidentum sieht den Menschen nicht als isoliertes Individuum, das einem jenseitigen Gott gegenübersteht und sich sozusagen quer zur Natur und Welt an ihn bindet. Als Teil der Natur finden wir auch den Weg zu den Göttern über die natürliche Grundlage unseres Seins – über die Kette der Generationen, die bis an den Anfang der Menschheit und des Lebens überhaupt zurückreicht: zur Mutter Erde und den Göttern, die in der Natur und eins mit ihr sind.

Die Verbindung zum heiligen Ursprung ist uns daher von Geburt an gegeben und muss durch das Ritual nicht erst hergestellt werden. So wie wir unser Heil nicht erst erbitten müssen, sondern geerbt haben, tragen wir in uns auch ein Band zu den Göttern, das naturgegeben und unverlierbar ist. Was dem Ritual zu tun bleibt, ist lediglich, es bewusst und erlebbar zu machen, in den Teilnehmern auch das subjektive Gefühl der

Verbundenheit zu stärken, das ihrer objektiven Gegebenheit entspricht, und in regelmäßig wiederkehrender enger Gemeinschaft mit den Göttern das Band zwischen ihnen und uns zu stärken und stets aufs Neue mit Leben zu erfüllen.

Das Ritual ist nicht die Rückverbindung zum heiligen Ursprung, aber es feiert und festigt sie und lässt uns die Verbundenheit von Sippe und Freunden, Ahnen, Natur und Göttern erleben.

Verwandtschaft mit Erde und Göttern

Diese Verbundenheit ist im wahrsten Sinn des Wortes *Angehörigkeit*, denn die Einheit von Natur und Göttern bedeutet, dass wir mit beiden auf gleiche, natürliche Weise *verwandt* sind. Der göttliche Grund des Seins liegt nicht jenseits des physischen, sondern ist eins mit ihm. Deshalb können Mythen regelrecht von der Abstammung einer Sippe oder eines ganzen Volkes von den Göttern berichten: der Wälsungen und der angelsächsischen Könige von Wodan, der schwedischen Ynglinge von Freyr oder der mythischen Urstämme der Germanen von den drei Enkeln des erdgeborenen Gottes Tuisto.

In ihm zeigt sich deutlich, worum es bei diesen Mythen geht: nicht um die Mystifizierung eines bestimmten Stamms oder Volkes und auch nicht um die Verherrlichung von Fürstensippen, obwohl diese ihre Abstammungsmythen bei Gelegenheit auch dazu missbraucht haben. Der ursprüngliche Sinn ist die Einheit von Erde und Göttern, natürlichem und göttlichem Ursprung, durch die wir nicht "Fremde in der Welt" und in ihr "fern von Gott" sind, sondern Natur und Göttern zugleich *angehören*. Kein Volk ist dabei bevorzugt, denn solche Mythen hat jede heidnische Religion überall auf der Welt. Alle Menschen, die Ehrfurcht vor der Natur haben und in ihr das Göttliche finden, wissen auch, dass sie von ihrem Land und ihren Göttern abstammen und mit ihnen verwandtschaftlich verbunden sind.

Heidentum ist also kein Glaube *an* Götter, sondern eine Verwandtschaftsbeziehung *zu* ihnen. Das prägt den Charakter des heidnischen Rituals. Es ist kein schwieriger Umgang mit fremden Wesen, wie der christliche Gott ein "ganz anderer" ist oder wie die Zeremonialmagie komplizierte Verrichtungen braucht, um fremdartige Kräfte zu handhaben. Das tun wir nicht. Wir laden unsere Verwandten ein, mit uns ein Fest zu feiern.

Das heilige Fest

Wenn wir das heidnische Ritual nicht als Gottesdienst oder magische Handlung definieren, sondern als Fest, so bedeutet das dreierlei.

Zunächst ist es ein Treffen von Menschen und Göttern als *Freunde* im altgermanischen Sinn, das heißt als Verwandte, die ihre Zusammengehörigkeit pflegen und einander des *Friedens*, des Zusammenhalts und der gegenseitigen Treue versichern. Es ist ein Fest, wie es die Menschen aller Zeiten und Völker feiern, wenn sie zusammenkommen: mit Essen und Trinken, ehrenvollen Reden und Geschenken. Im Ritual werden sie zum Opfermahl, dem eigentlichen Blót mit dem kreisenden Trinkhorn, den Gebeten und Anrufungen und den Opfergaben. Alle diese Handlungen sind nicht so mysteriös, wie sie scheinen oder von Esoterikern gedeutet werden, sondern haben einen sehr "normalen", nämlich sozialen Ursprung. Sie folgen den gemeinschaftsbildenden Bräuchen zwischen den Menschen und haben ihren Sinn in der Gemeinschaft mit den Göttern. Erst wenn die Götter vergessen sind, werden sie zu magischen Praktiken, die man um ihrer selbst willen ausführt, oder brauchen zu ihrer Rechtfertigung weit hergeholte "spirituelle" Deutungen.

Das zweite Merkmal des heiligen Festes ist, dass in ihm das Leben auf einer höheren Stufe steht als im Alltag. Nicht der einzelne in seiner Begrenztheit und Endlichkeit ist es, der hier lebt und handelt, sondern die ganze Gemeinschaft, in der die Verwandten und Gefährten, die Ahnen und künftige Generationen, das Land und die Götter und Geister in ihm eine Einheit sind. Sie verbinden sich zu einer Einheit des Heils, das aus Toten, Lebenden und noch nicht Geborenen, aus Gemeinschaft und Heimat, Erde und Göttern zusammenfließt und zu *einem* Heil wird, das alle erfüllt.

In der Größe und Weite dieses Heils – dieser Stärke, Macht und gestaltenden Kraft – gewinnt alles, was geschieht, unendlich größere Bedeutung, ist heiliger, machtvoller und bestimmender als jemals sonst. Jede Ehre, die man erweist, ist erhabener, jeder Eid wirksamer und jede Beleidigung tiefer. Deshalb ist der *heilige Friede*, der auf dem Fest herrschen muss, so wichtig und sein Bruch folgenschwerer als jeder andere Streit. Friedensstörer bei einem Ritual dürfen daher auf keinen Fall geduldet werden. Sie verletzen das Heil der Festgemeinschaft in einer Weise, die alle vernichten kann.

Denn das ist die dritte Eigenschaft des heiligen Festes, die natürlich auch im Guten wirkt und wirken soll: Es *schafft* die Bedingungen und Ereignisse der Zukunft. Bei den Jahresfesten danken wir nicht nur für das Erreichte, sondern gestalten durch die Art, wie wir ihn beginnen, auch den kommenden Jahresabschnitt. Bei den Lebenskreisfesten tun wir das noch viel mehr, denn wie ein Kind in die Gemeinschaft aufgenommen wird, so wird sein ganzes Leben sein, und so wie die Hochzeit verläuft, wird sich die ganze Ehe entwickeln. Alles, was wir erreichen, wird durch das Heil bestimmt, und wenn im heiligen Fest das ganze Heil gegenwärtig und wirksam ist, gibt es nichts mehr, was uns sonst noch helfen könnte. Die glückliche Ernte, die Treue der Eheleute, das erfolgreiche Leben des Kindes – all das wird im Ritual nicht nur gewünscht und erbeten, sondern geschaffen und eigentlich schon erreicht: Wenn unser Heil stark genug ist, wird es so eintreten, und alles, was dazu getan werden muss, wird getan werden, mehr noch: auf der höheren Ebene des Heils *ist* es bereits getan und muss sich im Alltag nur noch manifestieren.

Die beiden Pole der Heiligkeit

Um das auszudrücken, was die moderne Sprache unterschiedslos "heilig" nennt, hatten unsere Vorfahren zwei verschiedene Wortstämme: *hail* für die uns zugekehrte, Heil wirkende Seite der Götter, in der wir sie als Verwandte und Freunde erfahren, und den Stamm *wîh*, der in "weihen" und im nordischen Wort *vé* (Heiligtum) erhalten ist. Er bezeichnet die göttliche Eigenschaft des hoch Erhabenen, Unfassbaren oder Numinosen, denn das lateinische *numen* ist dasselbe wie das germanische *guþ* oder *guð*, nach Tacitus "jenes Geheimnis, das sie in einziger Ehrfurcht schauen."

Das Ritual spricht beide Pole der Heiligkeit an. Wir rufen die Götter um ihr Heil an, und wir verehren sie für ihre Erhabenheit und Größe, in der sie unabhängig davon, wie heilvoll ihr Wirken für uns ist, heilig im Sinn des altgermanischen *wîh* sind. Man kann auch sagen, dass *hail* den nahen und *wîh* den fernen Aspekt der Götter ausdrückt, *hail* ihre Gegenwart in Midgard, ihr Natur-Einssein um uns und in uns, und *wîh* ihre Besonderheit, in der sie in Asgard leben, oder ihre Verwandtschaft mit uns und das Mysterium ihrer Göttlichkeit. Denn obwohl das Heidentum Welt und Götter, Diesseits und Jenseits nicht kategorisch trennt, wie es die dualistischen Religionen tun, weiß es um die Unterschiede: Menschen und Götter gehören derselben Wirklichkeit an, aber sie sind natürlich verschieden. Beide Aspekte, Angehörigkeit und Verschiedenheit, gehören zusammen.

Beide lässt ein gutes Ritual auch erfahren: Wir spüren das Heil, das von den Göttern kommt, und wir sind ergriffen, von Bewunderung und Ehrfurcht erfüllt und manchmal auch erschreckt von ihrem Geheimnis, dem – wie es der Religionsforscher Rudolf Otto bezeichnete – *mysterium fascinosum* und *mysterium tremendum*, dem begeisternden und dem erzittern lassenden Geheimnis des Numinosen.

Verehrung der Götter

Ein heidnisches Ritual auszuüben hieß in altnordischer Sprache *blóta* und auf Althochdeutsch *bluozan* oder *ploazzan*. Der Begriff hat nichts mit dem Blut (nordisch *blóð*) von Opfertieren zu tun, sondern hängt mit *blotna*, nass werden, und deutsch *platschen* zusammen, bezieht sich also ursprünglich auf das Trankopfer, nordisch *blót* oder althochdeutsch *bluostrar*.

Wie schließlich *blót* jedes Opfer bezeichnete, wurde auch *blóta* für jede Opferhandlung verwendet, wobei man nicht sagte, dass man *den* Göttern Gaben opferte (*goðum gjöf*), sondern man "blotete" *die* Götter *mit* Gaben (*goð gjöfum*). Das lässt manche an ein magisches "Stärken" denken, geht in Wirklichkeit aber auf die allgemeine Bedeutung von *blóta* zurück, die schon das gotische *blotan* hatte: "verehren".

Bloten heißt im traditionellen Verständnis einfach "die Götter verehren", und das ist auch typisch für das Heidentum. Es ist eine polytheistische Religion, in deren Mittelpunkt nicht magische Kräfte, mystische Einweihungen oder Verheißungen gleich welcher Art stehen, sondern die Götter und ihre Verehrung in kultischen Riten. Was immer sonst noch mit einem Ritual verbunden sein mag – und das kann vieles Verschiedenes sein – immer wendet es sich primär an die Götter und dient dazu, ihnen die gebührende Ehre zu erweisen.

Diese Ehre ist keine *Anbetung*, denn das wäre eine Huldigung mit Demutsgesten und der inneren Haltung des Dienens und der Unterwerfung, die nach germanischen Begriffen wertlos wäre. Diener und Kriecher können den Göttern keine Ehre erweisen, denn nur wer Ehre hat, kann welche geben. Mit Würde und Stolz, die uns als ihren Verwandten auch zustehen, müssen wir vor die Götter treten, sonst würden sie uns erst gar nicht beachten. Oder schlimmer: Sich ihnen unwürdig zu nähern, wäre sogar eine Beleidigung.

Auf dem heiligen Fest sind die Götter die Ehrengäste. Wir geben es ihnen zu Ehren und stellen sie, ihre Würde und ihre ehrenvollen und heilbringenden Taten in seinen Mittelpunkt. Die übliche Art, in der unsere Vorfahren das bei verdienten Menschen taten, bestand darin, sie mit Trinksprüchen, Reden und Liedern über ihre Taten, einem festlichen Mahl und Geschenken zu ehren, und genauso verfuhren sie mit den Göttern.

Ihre Verehrung war nicht anders als die eines Helden oder erfolgreichen Königs, und wie von ihm erwartete man von den Göttern ebenfalls eine Gegenleistung. Und dazu hatte man auch das Recht.

Die Gabe will stets Vergeltung

Neben *bluostrar* gab es im Althochdeutschen für ein heidnisches Opfer auch das Wort *gelt* oder *gilt*, das manchmal davon unterschieden wurde: Die Franken mussten im christlichen Taufgelöbnis, das im genauen Wortlaut überliefert ist, *allem them bluostrum indi den gelton*, allen Blótar und Opfern, abschwören, im ebenfalls vollständig erhaltenen sächsischen Taufgelöbnis ist nur mit einem Wort von *allum diobolgeldae*, allen "Teufelsopfern", die Rede.

Gelt, gotisch *gild*, hängt mit *vergelten* zusammen, die nordische Form *gildi* bedeutet direkt "Rückzahlung, Vergeltung". Ein Opfer an die Götter wurde von unseren Vorfahren als eine Vergeltung für ihre Wohltaten aufgefasst und unterscheidet sich vom römischen Brauch nach der Formel *do ut des* – "Ich gebe, damit du gibst" – wohl darin, dass im Vordergrund nicht die Bitte um kommende, sondern der Dank um erwiesene Segnungen steht, folgt ansonsten aber derselben Logik. Opfern unterliegt den Regeln des Gabentauschs, die auch innerhalb der menschlichen Gesellschaft gelten. Die Edda bestätigt dies durch den Vers: "Die Gabe will stets Vergeltung."

Der vorangehende Satz "Besser nicht gebetet als zuviel geboten" ist vordergründig eine Warnung. Man soll die Götter nicht durch übertriebenen Dank beschämen und bei Bitten nicht versuchen, sie durch große Opfer ungebührlich in die Pflicht zu nehmen. Der Hintergrund ist, dass das Opfer genauso gesehen wurde wie das Geschenk unter Menschen, das in der germanischen Kultur mehr als nur ein Dank für erbrachte Leistungen, Zeichen der Wertschätzung oder wie auch bei den Indianern ein Maß für die Ehre der Edelmänner war, die an ihrer Freigiebigkeit gemessen wurden.

Geschenke und Gegengeschenke wurden auch bewusst eingesetzt, um gegenseitige Bindungen herzustellen und zu festigen. Ein Gefolgsherr band seine Männer nicht nur durch einen Treueeid an sich, sondern auch durch reichliche Geschenke. Ebenso wurden Ehen durch Mitgift und Morgengabe und Bündnisse zwischen Sippen und Stämmen durch den Austausch von Geschenken besiegelt. Verwandte brachten bei Besuchen Geschenke mit und erhielten welche, Freunde, die nicht verwandt waren, tauschten Geschenke aus, und Blutsbrüder festigten ihren Bund auch durch ein Geschenk.

Die Bedeutung von Geschenken ging so weit, dass Männer, die sie einander gegeben hatten, zueinander nicht mehr "frei" standen, das heißt sie durften einander nicht mehr schaden. Der Gabentausch hatte zwischen ihnen *Frieden* geschaffen, denn mit dem Geschenk geht vom einen zum anderen auch das Heil über, das jemand hat und das allen Dingen anhaftet, die von ihm kommen, zumindest allen bedeutenden. Man gibt damit nicht bloße Gegenstände, sondern einen Teil von sich selbst, ja sogar vom Wichtigsten, das man hat.

Deshalb hat es eine tiefe Bedeutung, wenn man das Opfer als ein Geschenk an die Götter definiert. Aus dem Geist der germanischen Kultur verstanden, bedeutet das sehr viel mehr als alle denkbaren anderen Deutungen. Es ist eine Bindung zwischen Göttern und Menschen, die unsere Verwandtschaft und Freundschaft immer wieder erneuert und mehr und mehr stärkt, und es ist ein Fluss des Heils, der ihres und unseres zu *einem* Heil zusammenschweißt.

Êwa - der heilige Vertrag

Dies alles mündet in einer klaren und für unsere Ahnen selbstverständlichen, in allen ihren Erfahrungen auf der Hand liegenden Regel: Götter und Menschen sind durch eine Art von "Recht" und "Sitte" verbunden, die auf Althochdeutsch *êwa* heißt, ein Begriff, der heute nur noch im Wort "Ehe" erhalten ist: durch ein Treuebündnis oder, in juristischer Nüchternheit gesagt, einen Vertrag auf Gegenseitigkeit – Gabe und Vergeltung, göttliche Segnungen gegen Opferpflicht. Ja, richtig: Pflicht.

Das wird nicht immer gern gehört. Viele, die mit der Zuwendung zum Heidentum auch das befreiende Gefühl verbinden, den Geboten und Verboten einer autoritären Religion entronnen zu sein, wollen es lieber als unverbindliches Angebot sehen, in dem man Rituale aus vielerlei Gründen durchführen *kann*, aber nicht *muss*. Alle diese Gründe haben ihre Berechtigung und machen einen wichtigen Teil des Werts aus, den Rituale für den einzelnen haben. Wenn wir die Religion unserer Ahnen aber wirklich seriös und authentisch in ihrem Geist wiederbeleben möchten, muss uns klar sein, dass für sie die Verehrung der Götter neben allen Erfahrungen, Reifungsprozessen und handfesten Vorteilen, die sie bringt, auch und vor allem eine heilige Pflicht war. Die Götter haben unsere Welt geordnet und uns mit Leben und Geist erfüllt, sie schützen und leiten uns, geben uns Wachstum und Fruchtbarkeit, Erfolg und viele andere Segnungen. Es ist nur recht und billig, sie dafür zu ehren und ihnen mit Gebeten und Opfern Dankbarkeit und Treue zu zeigen – für germanisches Denken Ehrensache: Man opfert den Göttern auch, um sich ihnen als ehrenhafter Mensch und als eine Gemeinschaft zu zeigen, die Ehre besitzt und des Heils, das sie gewähren, würdig ist.

Die *êwa* erfordert es, dass die Gemeinschaft als Ganzes und jeder nach seinen Möglichkeiten den Göttern die Ehre erweist, die ihnen gebührt. Das ist der heilige Vertrag, der zwischen ihnen und unseren Ahnen bestand und den jeder, der sich dem germanischen Heidentum zuwendet, von neuem schließt. Es ist auch alles, was die Götter von uns verbindlich erwarten. Sie fordern weder, dass wir bestimmte Dinge über sie glauben, noch dass wir ihnen gehorchen und unser Leben in ihren Dienst stellen. Was wir von ihnen lernen, wie wir uns spirituell und persönlich entwickeln, wie tief wir in ihre

Geheimnisse eindringen, welche Fertigkeiten und Kräfte wir entfalten und manches andere, was für den einzelnen in seiner heidnischen Praxis noch alles Bedeutung hat, ist seine eigene Sache. Die Götter *selbst* verlangen nur, dass wir sie gebührend verehren.

Was man für Rituale braucht

Der heilige Platz

Tacitus rühmt an den Germanen seiner Zeit, dass sie es "unter der Würde der Himmlischen finden, sie in Wänden einzuschließen", und nennt als Kultplätze *luca ac nemora*, Wälder und Haine. Zahlreiche Ortsnamen in Deutschland, England und Skandinavien, die auf *-loh*, *-low* oder *-lund* und ähnlich enden, lassen sich auf sie zurückführen. Archäologisch sind Kulthaine schwer auszumachen. Viel besser erforscht sind Opfermoore wie das berühmte Thorsberger Moor bei Schleswig oder Oberdorla in Thüringen. Feste Kultgebäude gab es aber ebenfalls. Schon für das dritte Jahrhundert ist in der Siedlung auf der Feddersen Wierde in Niedersachsen eine Halle nachweisbar, die auch für Kultversammlungen diente. In Skandinavien entwickelte sich daraus der als *hof* (mit sächlichem Geschlecht) bekannte "Tempel"-Typ der Wikingerzeit, der aus einer Blóthalle mit angebautem Altarraum bestand.

Wenn historische Quellen, teilweise sogar Tacitus selbst, von germanischen Tempeln berichten, konnte es sich allenfalls um solche Hallen, aber nicht um Götterschreine im römischen Sinn handeln, obwohl es in römisch beherrschten Gebieten auch das gab. Das Wort *templum* muss aber nicht immer ein Gebäude bezeichnen. Rudolf Simek stellt fest, dass es vielfach "wohl ganz allgemein für Heiligtum" stand, denn noch im 8. und 9. Jahrhundert wurden entsprechende germanischen Wörter wechselnd als "heilige Stätte, heiliger Hain" oder "Tempel" glossiert: gotisch *alhs*, angelsächsisch *alh* oder *ealh* und althochdeutsch und altsächsisch *alah* ("geschützter Ort"), das gleichbedeutende angelsächsische *bearo* und althochdeutsche *baro* oder *paro* sowie angelsächsisch *heargh* und althochdeutsch *harug*, das dem nordischen *hörgr* (Altar) entspricht und eine Stätte mit einem Altar beschreibt.

Eine vielsagende Bezeichnung ist das altenglische Wort *friðgeard* (neuenglisch *frithgard*), das wörtlich "Friedensgarten" bedeutet und damit einen eingefriedeten Platz unter freiem Himmel meint, der in lateinischen Texten oft *fanum* genannt wird. So berichtet die mönchische "Vita Columbani" von einem mit Holz eingefriedeten, von Bäumen umgebenen *fanum* der Langobarden Anfang des 7. Jahrhunderts, weitere *fana* werden im 6. Jahrhundert im fränkischen Gallien und in Fredegars Bericht über den Friesenzug Karl Martells erwähnt. Die nordische Bezeichnung *vé* bedeutet einfach "geweihter Ort".

Nach diesen Beispielen bevorzugen wir heute den Kult unter freiem Himmel, am besten auf Waldlichtungen oder Wiesen am Waldrand, denn dort sind wir der Natur und den Göttern am nächsten und können die Opfergaben direkt der Erde oder einem offenen Feuer übergeben. Ideal sind historische Heiligtümer und natürliche Kraftorte, die besonderes Heil in sich tragen, aber auch jeder andere geeignete Platz in der Natur kann zum heiligen Platz werden.

Dazu muss er umhegt, das heißt vor schädlichen Kräften geschützt, für die Dauer des Rituals von der profanen Umwelt abgegrenzt, dem rituellen Zweck geweiht und von den Göttern geheiligt werden. Er wird zu einem Ort zwischen den Welten, an dem wir mit Göttern und Ahnen dieselbe Gegenwart teilen. Als der Ort, der alle vereint, ist der Kultplatz für die Dauer des Rituals das Zentrum des Kosmos, in dem der Weltbaum Yggdrasil alles, was existiert, vereint. Dies symbolisiert die Irminsul, die an ihm aufgestellt werden kann und während des Rituals Yggdrasil ist.

Für die Umhegung und zeitweilige Weihe des Platzes als Kultort gibt es mehrere Möglichkeiten, die im Praxisteil beschrieben werden. Ein fixer, auf Dauer eingerichteter Kultplatz oder ein Tempel muss natürlich nicht jedes Mal neu umhegt und geweiht werden. Bei freien Plätzen empfiehlt sich eine feste Umzäunung. Im Thorsberger Moor etwa war die Stelle im See, an der von einem Steg aus die Opfergaben ins Wasser geworfen wurden, von einem Flechtwerkzaun umgeben. Das eigene Haus als natürlicher Hort des Sippenfriedens bedarf, wenn man darin ein Ritual abhält, keiner zusätzlichen Umhegung.

Die heilige Zeit

Das Ritual hat nicht nur einen heiligen Ort, der den profanen Raum überschreitet. Auch die Zeit des Rituals ist *heilige Zeit*, die vom alltäglichen Zeitlauf abgegrenzt und von ihm qualitativ verschieden ist. Wie der heilige Ort zwischen den Welten, steht sie zwischen den Zeiten und vereinigt sie zu einer zeitlosen Gegenwart. Die Ahnen sind im Ritual nicht nur *hier*, sondern auch *jetzt*, und wir selbst treten aus dem linearen Zeitablauf und haben Teil an der Zeit des Mythos, von dem es heißt: "Er war nie, ist aber immer".

So feiern wir in den Jahresfesten nicht nur die Wenden zwischen Frühling, Sommer, Herbst und Winter des aktuellen Jahres und die Segnungen, die uns die Götter in der endenden Jahreszeit gegeben haben und in der kommenden geben mögen. Wir treten, wie es der Religionsphilosoph Micea Eliade als wesentlich für das Ritual beschreibt, zugleich auch in die mythische Urzeit ein, in der die Götter die Welt und die Zeiten geordnet haben. Wir gedenken dieser Tat nicht nur. Wir vereinigen uns mit der zeitlosen Ewigkeit, in der sie immer wieder von neuem getan wird. Auch jeder andere Mythos, den wir im Ritual zelebrieren, findet jedes Mal wirklich statt und wird aktuelle Gegenwart.

Damit ist aber auch der profane Zeitpunkt, an dem wir ein Ritual halten, nicht austauschbar. Wenn wir im Ostarafest feiern, wie der Frühling den Winter besiegt und die Welt neu geschaffen und mit Leben erfüllt wird, dann kann das rituelle Geschehen nur stattfinden, wenn das auch in der Welt um uns so ist.

Heidnische Feste sind jahreszeitlich gebunden, wobei schon in der Bronzezeit als entscheidender Faktor die relative Bewegung der Sonne erkannt wurde. Sonnenwenden und Tagundnachtgleichen, bereits vor 3600 Jahren auf der in Sachsen-Anhalt gefundenen "Himmelsscheibe von Nebra" exakt markiert, wurden gewissenhaft beobachtet und bildeten nicht nur die Grundlage des bäuerlichen Arbeitsjahrs, sondern auch des Festkalenders. Das hatte allerdings nicht immer und überall die gleichen Konsequenzen. Es gab je nach Volksstamm und Zeitalter verschiedene Festtermine und zum Teil auch verschiedene Feste. Nur Jul (Wintersonnenwende) war immer allen Germanen gemeinsam.

Heute orientieren sich viele Heidengruppen wieder an den astronomischen Fixpunkten, von denen wir annehmen, dass sie von unseren frühesten Vorfahren ebenso exakt als Festtermine genutzt wie beobachtet wurden. Auch der Odinic Rite Deutschland feiert die vier großen Jahresfeste möglichst genau zu den astronomischen Jahreszeitdaten, obwohl das nicht in jedem Fall unbedingt der historischen Tradition entspricht. So zeigt der altfränkische Name *ostarmanoth* für den April, dass zumindest die Franken das Ostara-Fest nicht exakt zu Frühlingsbeginn, sondern einige Wochen später, vielleicht zum ersten Vollmond danach, feierten. Die astronomische Bindung macht aber trotzdem Sinn. Sie drückt aus, dass die Jahresfeste nicht nur "Vegetationsfeste" sind, wie sie oft auf einen einzelnen Aspekt reduziert gedeutet werden, sondern die ganze große Ordnung des Kosmos feiern.

Zusätzlich kann jede regionale Gruppe, Familie oder Einzelperson natürlich weitere Feste feiern, und darüber hinaus gibt es auch Rituale, die an aktuelle Ereignisse, und solche, die an keine bestimmte Zeit gebunden sind. So dankt man für ein Kind, wenn es geboren ist, und kann ein Blót für eine Gottheit, die man das ganze Jahr über besonders verehrt, zu jeder Zeit im Jahr abhalten.

Altar und Götterbilder

Nach Tacitus hielten es die Germanen auch für unwürdig, die Götter in Menschengestalt abzubilden. Es gab nur die schon beschriebenen einfachen, roh behauenen Kultpfähle, die keine Gottheiten abbilden, sondern lediglich ihre Anwesenheit andeuten sollten. Vermutlich handelt es sich auch noch bei den "Baummännern" (*trémenn*) der nordischen Saga-Literatur um solche bewusst sparsam bearbeiteten Baumstämme. Beschreibungen realistischer Götterbilder der Wikingerzeit, wie sie der christliche Chronist Adam von Bremen, manche Saga-Autoren und auch Snorri Sturluson liefern, werden von der heutigen Forschung angezweifelt, allerdings räumt auch der hier besonders kritische Rudolf Simek ein, dass kleine Figuren wie etwa die als Freyr-Darstellung bekannte Statuette aus Rällinge in Schweden wohl tatsächlich Götterbilder waren, die er aber eher als Amulette deutet und nicht als Kultfiguren, vor denen man Gebete sprach und Opfer brachte.

Ganz ausschließen lässt sich das freilich nicht, und zumindest im römisch beherrschten Gebiet zeigen realistisch gearbeitete Darstellungen, allen voran die zahlreichen Matronensteine aus dem Rheinland, dass es für ihre durchwegs germanischen Stifter nicht unvereinbar mit ihrer religiösen Tradition war, vor Kultbildern zu beten. Daher sollten wir auch heute für beide Möglichkeiten offen sein.

Vor den Kultpfählen oder Götterbildern stand in der Regel ein aus Steinen errichteter Altar, der althochdeutsch *harug* und nordisch *hörgr* hieß und auf dem in einem nordischen Tempel *(hof)* ein goldener oder silberner Armring lag. Er war das Amtszeichen des "Priesters" *(goði)* und ein heiliges Symbol, auf das Schwörende beim Eid "auf den Ring" ihre Hand legten. Eine andere Einrichtung wird auf Nordisch als *stallr* oder *stalli* bezeichnet, wörtlich ein Gestell, auf dem nach der Literatur auch Götterbilder gestanden haben sollen. Wahrscheinlicher ist, dass es sich dabei um Balkenkonstruktionen handelte, wie sie in West- und Nordeuropa seit der Bronzezeit belegt sind. Sie bestanden aus vier oder mehr senkrechten Pfählen, die oben durch Querbalken verbunden waren und zum Aufhängen verschiedener festlicher Dekorationen und Symbole dienten.

Es ist nur ratsam, auf einem Kultplatz auf eigenem Grund und Boden, der dauerhaft vor fremdem Zugriff geschützt ist, einen festen Altar zu errichten. Auf öffentlich zugänglichen Plätzen begnügen wir uns damit, auf einem Tuch oder an den Wurzeln eines Baumes die Opfergaben und rituellen Geräte auszulegen.

Die Ausrichtung des Altars ist – wie auch die Richtung, in die man sich für Gebete, Anrufungen und Opfer wendet und in die bei Kreisritualen der Leiter blickt – traditionsgemäß der Norden, die Richtung des Polarsterns, um den sich der Himmel scheinbar dreht.

Rituelle Geräte

Unabdingbar für jedes Ritual ist, dass zumindest einer der Teilnehmer ein Trinkhorn mitbringt, mit dem das Trankopfer, das Blót, durchgeführt werden kann. Andere Trinkgefäße sollte man nur in Sonderfällen verwenden, etwa wenn sie ein Erbstück mit besonderem Heil sind. Das Horn war in der germanischen Ritualtradition fest verankert. Leute, die sonst aus Bechern tranken, griffen beim Blót zum Horn.

Ein weiteres wichtiges Ritualgerät ist der Thorshammer, der zum Weihen und Heiligen verwendet wird. Manche Leute bezweifeln, dass es in historischen Heiligtümern einen solchen Hammer gab, und ziehen das Zeichnen des Hammerzeichen (nordisch *hamarsmark*) mit der bloßen Hand vor. Im Eddalied *Þrymskviða* wird aber beschrieben, wie Thors eigener Hammer Mjöllnir der vermeintlichen Braut zur Weihe in den Schoß gelegt werden soll, sodass wohl anzunehmen ist, dass nach dem mythischen Vorbild zumindest im Hochzeitsritual auch historisch ein geweihter Hammer benutzt wurde. Es sollte ein eigens für Ritualzwecke hergestellter und durch keine profane Verwendung entweihter Hammer sein, vielleicht in Form eines der Thorshammer-Amulette, wie sie aus der Wikingerzeit erhalten sind. Ein solches Amulett kann auch als Ersatz dienen.

Da bei allen Ritualen draußen ein Feuer brennt, das den gemeinsamen Herd bildet, um den wir uns mit Göttern und Ahnen versammeln, braucht man in geschlossenen Räumen eine Feuerschale, Fackeln oder Kerzen, die es ersetzen. Ebenfalls nötig ist ein Gefäß mit Erde, die das Trankopfer aufnimmt, das man draußen direkt auf den Erdboden gießt. Die Erde aus dem Gefäß wird nach dem Ritual am besten dort, woher man sie genommen hat, wieder verstreut. Feuer-Ersatz, Erdschale und Trinkhorn sind die wesentlichen Geräte, die man braucht, wenn man einen Hausaltar errichten will. Er kann dazu dienen, kleine persönliche Zeremonien und familiäre Feiern abzuhalten, zu meditieren oder wiederkehrende Gebete zu sprechen, eignet sich aber nicht für große Rituale, die man im Freien durchführen sollte, und ist eigentlich auch kein germanischer Brauch. In Europa kennen wir Hausaltäre eher von den Römern, die damit ihre Haus- und Sippengeister, die Laren, verehrten.

Der Besitz ritueller Geräte ist natürlich nicht Voraussetzung, um Rituale abhalten zu können. Wer kein Horn hat, muss eben einen Becher nehmen. Es ist aber ratsam, sich nach und nach rituelle Geräte zu besorgen, die man ausschließlich der Verehrung der Götter weiht und immer wieder dafür verwendet, denn bei jedem Mal nehmen sie Heil auf und werden dadurch immer mächtiger. Solche Geräte sind *heilig*, da sie Heil bringen wie das Ritual selbst. Wenn wir sie an unsere Nachkommen weitergeben, werden sie eines Tages, wie es die Ritualgeräte früherer Zeiten waren, die heiligen Erbstücke der Ahnen sein.

Kultgemeinschaft und Priester

Große Rituale, die wir im Geist der *êwa* regelmäßig abhalten, um den Göttern für das Heil zu danken, das sie uns allen erweisen, sollte nach Möglichkeit jeder in Gemeinschaft feiern und nur in Ausnahmefällen auch einmal allein zelebrieren. Man kann eine Kultgemeinschaft nach mittelalterlichem Vorbild eine *Gilde* nennen. Die historischen, vor allem im nordischen und hanseatischen Bereich verbreiteten Gilden widmeten sich zwar der Verehrung christlicher Heiliger, taten dies aber mit Trinkritualen, die auf das heidnische Blót und Minni-Trinken zurückgehen und verdanken nicht zuletzt ihrem Namen dem schon erwähnten Begriff *gildi* oder *gilt/gelt* für das Opfer.

Die kleinste natürliche Kultgemeinschaft ist die Familie, in der bei unseren Ahnen, wie Tacitus berichtet, der Hausvater (*pater familiae*) die Riten leitete. Tacitus beschränkt diese Aufgabe auf die privaten, während er bei öffentlichen Riten Stammespriester (*sacerdotes civitatis*) erwähnt. Diese hatten auch einzelne rechtliche Aufgaben, unterschieden sich ansonsten aber, da Tacitus weitere Besonderheiten gewiss ebenfalls erwähnt hätte, nicht von den römischen Priestern, die seinen Lesern vertraut waren. Das heißt, sie waren weder religiöse Lehrer noch "Seelsorger", spirituelle Führer oder "Eingeweihte", sondern reine Kultpriester, deren Aufgaben sich auf den rituellen Bereich beschränkten.

Darauf weisen auch die meisten germanischen Bezeichnungen für "Priester" hin, vor allem im Althochdeutschen: *harugari* und *parauuari* sind Männer, die am Altar *(harug)* bzw. Heiligtum (*paro*) tätig sind, *bluostrari* bedeutet "Opferer" und *êwarto* bzw. *êwawarto* oder *êsago* sind der Wart oder Sprecher der *êwa*. Die letzteren Bezeichnungen sind auch im Angelsächsischen (*æwawart*) und Altfriesischen (*âsega*) überliefert und betonen mehr die rechtliche Funktion: *êwarto* und *êsago* sind verantwortlich dafür, dass die rituellen Pflichten erfüllt werden, und erklären, wie das zu geschehen hat; der friesische *âsega* ist überhaupt ein Rechtspfleger. Die Rechtsprechung gehörte auch zu den Aufgaben der isländischen Goden (nordisch *goði*, Mehrzahl *goðar*; für Frauen *gyðja*, Mehrzahl *gyðjur*), deren Amtsbezeichnung in heutigen Heidenkreisen der geläufigste Ausdruck für "Priester" ist.

Obwohl *goði* wie auch die älteren Formen *gudja* auf Gotisch und *cotinc* auf Althochdeutsch "jemand, der mit den Göttern zu tun hat" bedeutet und die Goden die Verwalter, in der Regel auch Besitzer der Heiligtümer waren und die gemeinschaftlichen Riten ihres Bezirks leiteten, können sie aber nur bedingt als Priester bezeichnet werden, da sie, wie Bernhard Maier feststellt, "auf Island vor allem als politische Führungsschicht in Erscheinung treten und Aussagen über ihre einstigen religiösen Funktionen zumindest teilweise auf der Rückspiegelung christlicher Verhältnisse in die heidnische Vorzeit beruhen." Wie auch die meisten Religionsforscher vor ihm schließt Maier, dass es einen Priesterstand mit Ausbildung und Weihe, religiöser Lehrautorität oder privilegierter Mittlerfunktion zwischen Göttern und Menschen bei den Germanen nie gegeben hat.

Der Odinic Rite Deutschland lehnt es daher auch für unsere Zeit ab, eine "Priesterschaft" oder einen Kreis von "Eingeweihten" nach Kriterien zu schaffen, die im besten Fall spekulativ sein können. Die historisch gesicherten priesterlichen Funktionen – die Tätigkeit des Ritualleiters und die Wahrung der rituellen Gesetze, die allein Aufgabe eines Priesters im traditionellen heidnischen Sinn sind – kann jeder übernehmen, der sich dazu in der Lage sieht und das Vertrauen der Gemeinschaft hat. Das sind vor allem die Schwurmannen des ORD, jene Mitglieder also, die sich durch einen freiwilligen Eid zur Treue gegenüber den Göttern verpflichtet haben und damit garantieren, dass sie unter ihrer Leitung angemessen verehrt werden, es können aber auch Leute sein, die diesen Eid nicht geleistet haben.

Jede Kultgemeinschaft im Odinic Rite Deutschland wählt in eigener Verantwortung ihre Kultleiter, die ausschließlich für die Organisation und Durchführung der Rituale zuständig sind und keinerlei Lehrautorität oder Mittlerrolle haben. Sie heißen Blótmänner bzw. Blótfrauen. Die Begriffe *goði* und *gyðja*, die in manchen neuheidnischen Kreisen mystifiziert werden, werden im Odinic Rite Deutschland nicht verwendet.

Gedichte und Lieder

Einen sehr wichtigen Platz in den heiligen Festen unserer Vorfahren nahmen mythische Gedichte und Lieder ein, die im Ritual als Anrufungen der Götter oder beim Festgelage zu ihrem Ruhm vorgetragen wurden. Nicht von ungefähr hängt das angelsächsische Wort für ein heidnisches Opfer, *lác*, mit dem mittelhochdeutschen *leich* (Melodie, Gesang) zusammen. Das hatte natürlich auch ästhetische Gründe, denn man wollte die Feste schön und würdig gestalten, ihnen durch Wohlklang und gewählte Worte Glanz verleihen und die Götter damit erfreuen und ehren. Alle bedeutenden Dinge wecken im Menschen das Urbedürfnis nach künstlerischer Gestaltung.

Es ist aber zugleich auch so, dass das Große und Wesenhafte selbst "gesungen werden will", wie Walter F. Otto, der Sohn des bereits genannten Religionsforschers Rudolf Otto, über die religiöse Bedeutung der Dichtung bei den Griechen sagte, für die sie eine *heilige* Kunst war: "Der Geist des Gesanges gibt ihnen Kunde, von welcher Art die Götter sind. Denn er ist im Grunde ihre Stimme." Deshalb waren nicht Priester und Philosophen die religiösen Lehrer der Griechen, sondern die Dichter, deren besondere Sprache und Erzählweise, das ehrwürdige Wort des *mythos* zum Unterschied von der Alltagsprosa des *logos*, den Göttern nahe stand und ihren Werken Wahrheit und Gültigkeit gab. In der Dichtung sprach, wie auch Platon in seinem Dialog "Ion" erklärt, nicht der Mensch, sondern die Gottheit, die den Dichter ähnlich erfüllt und zu ihrem Sprachrohr macht wie den Seher. Apollon, der Gott der Seher, ist auch der Gott der Dichter, in dessen Gefolge sich die neun Musen befinden, von denen die Dichter ihre Inspirationen empfangen.

Bei den Germanen ist diese hohe religiöse Bedeutung der Dichtung, die sich bei den Kelten im druidischen Rang der Barden niederschlägt und ein indogermanisches Urerbe ist, noch viel deutlicher, denn hier ist es der höchste Gott selbst, Odin, der sich um sie kümmert. Auf seinem dreifachen Weg zu Wissen und Weisheit, der mit dem Erwerb der Seherkraft durch das Opfer eines seiner Augen im Brunnen Mimirs beginnt und sich in der Findung der Runen durch sein Selbstopfer am Weltbaum Yggdrasil vollendet, nimmt er in der Mitte zwischen diesen Ereignissen viele Mühen und Gefahren auf sich, um den Met Odrörir zu gewinnen, der ihn zum Dichter macht und fortan die Dichter der Menschen inspirieren lässt. Auch er schenkt ihnen dabei eine besondere Sprache, die in der nordischen Tradition bezeichnenderweise "runisches Reden" genannt wird. Sie gibt dem Geheimnis, altgermanisch *rûna*, Gestalt und lässt es lebendige Gegenwart werden. Deshalb ist die Dichtung wahr und deshalb will alles, was wahr und wesentlich ist, zur Dichtung werden.

Die poetische Gestaltung eines Rituals hat also nicht nur ästhetischen, sondern auch spirituellen Wert und sollte bei großen Feiern nicht vernachlässigt werden. Wenn sich passende Texte aus der Überlieferung finden lassen, ist es gut, ihre Zahl ist aber leider sehr gering, sodass wir ohne neue, selbst gedichtete Anrufungen und Lieder nicht auskommen. Traditionelle Formen wie der Stabreim und die nordischen Strophen bilden dabei eine ideale Anknüpfung an die historische Dichtung, es eignen sich aber, wenn sie im Geist der Tradition eingesetzt werden, auch moderne Metren und Reimformen oder rhythmische Prosa. Die große Bandbreite, die sich etwa in der Wikingerzeit innerhalb weniger Generationen entwickelt hat, lässt erkennen, dass die germanische Dichtung nicht auf starre Formen fixiert, sondern sehr flexibel und innovativ war. Auch Mythen und Heldenepen wurden immer wieder neu bearbeitet, sodass wir mit neuen Gestaltungen, solange der Inhalt stimmt, in guter Tradition stehen.

Symbole

Rituale sind ebenso wie Mythos und Dichtung immer auch stark von Symbolen bestimmt. In beidem, der Dichtung wie dem Symbol, geschieht eine "Verdichtung" der Realität und ihrer komplexen, oft undurchschaubaren Vielfalt auf eine signifikante Einheit, die dennoch all das zum Klingen bringt, wofür sie steht. So zeigt der Mythos in einem einzigen, exemplarischen Ereignis das ganze Wesen einer Gottheit und die Heldensage im Schicksal einer einzigen Familie alles, was Schicksal bedeuten kann. Auch das Symbol unterscheidet sich vom "Signal" im Sinn des Philosophen Ernst Cassirer dadurch, dass es nicht eins zu eins für eine einzelne Sache steht, sondern für einen ganzen Komplex an Bedeutungen.

Wir verwenden Symbole, um Vielfältiges und Vielschichtiges ausdrücken und erfahren zu können. Das beste Beispiel dafür sind die Runen, jede für sich ein Symbol für verschiedene heilige oder profane Bedeutungskomplexe, die in ihrem Aufeinandertreffen beim Loswerfen vielfältige Zusammenhänge enthüllen. Wenn wir sie im Ritual singen, sprechen wir diese Bedeutungen an. Auch die Kultgeräte, die wir verwenden, sind über ihren praktischen Gebrauch hinaus Symbole. So ist das Blóthorn Gemeinschaft mit Göttern und Mitfeiernden, Ehre für die Götter und Verbindung zu den Ahnen, der Kreis der Feiernden ist der Erdenrund, der Schutz der Umhegung und die zyklische Gestalt allen Seins, und im Kreisen des Blóthorns verbinden sich alle diese Bedeutungen.

Rituale sind somit im wesentlichen symbolische Handlungen, die in ihrer Gesamtheit alles, was uns heilig ist, in verdichteter Form ausdrücken und erfahrbar machen, komprimiert die ganze Vielfalt unserer Religion enthalten und unserer komplexen Beziehung zu den Göttern und Ahnen eine klare, greifbare Gestalt geben. Symbolisch sind unsere Riten auch im landläufigen Sinn, dass sie notgedrungen "nur" eine Geste sein können. "Die Gabe will stets Vergeltung" kann ja nicht bedeuten, dass wir den Göttern ihre Segnungen *gleich* vergelten. Auch das größte Opfer ist gering im Vergleich zu den Geschenken, die sie uns geben. Es ist eine ehrende Geste, ein Symbol. Als solches aber enthält es alles, was wir an Ehre besitzen und den Göttern erweisen können.

Heilige Bäume und Tiere

Beachten sollte man in Ritualen auch die Bedeutung von Bäumen und Tieren, die in besonderer Beziehung zu bestimmten Gottheiten und Festen stehen. Grundsätzlich gilt, was auch noch Hermann Hesse wusste: "Bäume sind Heiligtümer. Wer mit ihnen zu sprechen, wer ihnen zuzuhören weiß, der erfährt die Wahrheit." Für einige Bäume gilt das nach der germanischen Tradition aber ganz besonders.

Die Eiche nimmt dabei den ersten Platz ein. Eichen sind Kultstätten aller Götter, vor allem aber Thor geweiht. Bekannt ist die Donareiche, die das Stammesheiligtum der Thüringer war und vom Missionar Bonifatius gefällt wurde. Odins Bäume sind Esche und Eibe, die beide mit Yggdrasil verbunden werden: Die Edda nennt sie eine Esche, zugleich aber immergrün. Der Baum im Heiligtum von Uppsala soll eine Eibe gewesen sein. Alle diese Bäume eignen sich ganz besonders, um unter ihnen ein Ritual zu feiern. Als Baum bezeichnet die Edda auch die Mistel, die als Heilpflanze zu Baldur gehört, zugleich aber das Geschoss ist, das ihn tötet. Beim Julfest wird sie erneut zum Symbol seiner Wiederkehr.

Von den Tieren sind besonders die wichtigsten Tiere Odins zu nennen, Wolf und Rabe, die seine Begleiter sind, und das Pferd (Sleipnir). Die Gesellschaft von Raben bei einem Ritual ist ein sehr gutes Zeichen. Das Pferd ist auch ein heiliges Tier Freyrs, neben dem Schwein, das ihm und Freyja geweiht ist. Freyja allein gehört die Katze. Thors Tier ist der Ziegenbock, Nerthus gehört das Rind und Ostara der Hase. Die essbaren unter diesen Tieren eignen sich am besten für ein Opfermahl. Rabe und Pferd halfen den alten Sehern auch bei der Weissagung. Die genauen Methoden sind nicht mehr bekannt.

Die Formen des Rituals

Tradition und Erneuerung

Genaue Überlieferungen über germanische Rituale gibt es nur über das Blót im engeren Sinn, das zwar das wichtigste und häufigste, aber natürlich nicht das einzige religiöse Ritual unserer Vorfahren war. Unsere heutigen Rituale sind daher nicht durchwegs alte, die in exakt dieser Form auch früher ausgeübt wurden, und in manchen Fällen könnten sie es auch gar nicht mehr sein. Gleich ist aber der Geist, in dem wir sie ausüben und aus dem unsere Worte und Handlungen wachsen.

Unsere Rituale sind keine detailgetreue Wiederholung, sondern eine *Erneuerung* der Tradition unserer Ahnen. Wir stellen sie auf eine solide historische Basis und beschäftigen uns daher auch mit alten Ritualformen, die wir nicht mehr ausüben, aber verstehen wollen. Darum wird hier auch das Menschenopfer zur Sprache kommen: Wir wollen es natürlich nicht wieder einführen, aber wenn wir in Erfahrung bringen, warum unsere Vorfahren es darbrachten, lernen wir etwas über den Geist des Opferns, der auch hinter anderen Kulthandlungen steht.

Zunächst aber zu einigen wichtigen Dingen im Umfeld des Rituals.

Das Gebet

Grundform der Rituale aller Religionen ist, dass man zu den Göttern betet. Es scheint da keine Unterschiede zu geben, doch wenn man die Texte etwa des christlichen Vaterunser und des Gebets aus dem Sigrdrífumál der Edda vergleicht, tut sich eine Kluft auf.

Der erste Teil des christlichen Gebets ist eine *Anbetung*, die den Adressaten als absoluten Herrn preist, dessen Wille geschehe usw., der zweite Teil ein schuldbewusstes Bitten um Vergebung und Erlösung. Die Walküre Sigrdrífa dagegen, die am Beginn des Lieds nach ihrer Erweckung durch Sigurd (Siegfried) dieses Gebet spricht, entbietet Tag, Nacht, Erde und Göttern und Göttinnen einen schlichten Heilgruß und fordert sie stolz auf, ebenfalls Heil, Kraft der Rede, Verstand und heilende Hände zu schenken – und zwar ausdrücklich "uns zwei Ruhmreichen" *(mærum tveim)*.

Keine Spur von Demut enthält auch das im Hyndlalied zitierte Gebet an Odin: "Lasst Heervater um Huld uns bitten", sagt es einfach und schildert dann, wie er sich in früheren Beispielen aus Mythos und Heldensage huldvoll gezeigt hat – ein Appell an seine Ehre, sich so zu verhalten, wie es von ihm zu erwarten ist.

Gebete können im Voraus, wenn man etwas will, oder im Nachhinein als Dankgebete gesprochen werden. Viele Heiden halten Dankgebete für ehrenvoller und wollen lieber erst abwarten, ob ihnen die Götter helfen, und ihnen dann danken, statt im Vorhinein etwas zu erbitten. Das deutsche Wort "beten" ist aber aus "bitten" abgeleitet, das andere germanische Sprachen (nordisch *biðja,* englisch *to bid,* später *to pray* nach dem lateinischen *precare,* das ebenfalls "bitten" heißt) durchwegs auch im religiösen Sinn verwenden, was annehmen lässt, dass unsere Vorfahren Gebete wohl hauptsächlich als Bitten betrachteten.

Es ist wahrscheinlich, dass in den traditionellen zweiteiligen Gebeten, die wir noch näher besprechen werden, ursprünglich nur der zweite, den konkreten Bitten an die Götter gewidmete Teil als Gebet (althochdeutsch *gibet*) bezeichnet wurde, während der erste – im Sigrdrífumál auf einen Heilgruß reduzierte – Teil als *spill* oder *spell* bezeichnet wurde.

Von Tacitus wissen wir, dass die Germanen "mit zum Himmel erhobenen Augen" beteten. Über die Körperhaltung erfahren wir nichts, es gibt für sie aber Beispiele in Darstellungen aus derselben Zeit. Der berühmte "betende Suebe", ein Bronzefigürchen in der Nationalbibliothek in Paris, ist "mit zum Himmel erhobenen Augen" und Händen und kniend dargestellt. Freilich hat er nur *ein* Knie am Boden, bleibt also sprungbereit und hält dadurch nicht zuletzt auch sein Rückgrat gerade. In einer Szene der Marcus-Säule in Rom, die einen Überfall von Legionären auf ein germanisches Dorf zeigt, ist ein Mann dargestellt, der ebenfalls mit dem Blick zum Himmel betet, dabei aber die Hände faltet. Der römische Bildhauer stellte hier eine für ihn fremde, im Mittelmeerraum unübliche Haltung dar, die ihm wohl als Besonderheit der Germanen geschildert wurde. Auch die römischen Christen falteten die Hände ursprünglich nicht. Nach Rudolf Simek wurde diese Geste erst nach der Germanenmission ins Christentum übernommen und geht auf eine heidnische Gebetstradition zurück.

Trotzdem sind die gefalteten Hände heute, nach mehr als 1000 Jahren christlichen Gebrauchs, für unser Gefühl "christlich belegt" und können dadurch nicht mehr ausdrücken, was wir vor den Göttern empfinden. Auch das halbe Knien des "betenden Sueben" erinnert uns zu sehr an die christliche Demutshaltung. Wir bevorzugen daher das aufrechte Stehen, bei dem es über unsere Stellung als *Freunde* der Götter kein Missverständnis gibt. Dabei können wir wie die Augen auch die Hände zum Himmel erheben, entweder wie der "betende Suebe" schräg nach vorn oder seitlich, sodass wir insgesamt die Form der Algiz-Rune stellen. Bei gemeinsamen Gebeten bilden wir oft auch einen Kreis, in dem sich alle an den Händen halten.

Die Anrufung

Vom Gebet, das einen Zweck verfolgt, unterscheidet sich die *Anrufung*, die wir auch dann an die Götter richten, wenn wir nichts erbitten und uns für nichts bedanken. Im Mittelpunkt eines Gebets stehen immer unsere eigenen Interessen, bei denen uns die Götter beistehen sollen oder es bereits getan haben, während eine Anrufung keinen direkten Selbstbezug hat. Wir sprechen damit die Götter an, ohne etwas Bestimmtes von ihnen zu wollen. Landläufig wird zwar jedes Reden mit einer Gottheit "beten" genannt, doch in diesem Fall ist es eben kein Bitten, sondern ein Beten im Sinn des – dem römischen Heidentum entstammenden – lateinischen *orare*, das eher "reden" bedeutet. Darauf verweist auch die althochdeutsche Bezeichnung *spill* oder *spell*, die ursprünglich einfach "Aussage" bedeutet.

Die Anrufung im engeren Sinn ist ein Ruf, der die Götter auf uns aufmerksam macht, wozu schon der Name einer Gottheit genügen kann, oder eine Einladung zu einem Ritual. Das muss man sehr streng von der Beschwörung (Evokation) unterscheiden, die aus der – spätantik-orientalischen, der germanischen Tradition fremden – Zeremonialmagie stammt und versucht, mit Zaubersprüchen oder "Machtworten" Geistwesen zum Erscheinen zu *zwingen*, was man mit Göttern natürlich nicht machen kann. Es wäre eine eklatante Missachtung ihrer Freiheit und Ehre, die im germanischen Heidentum nichts zu suchen hat. Auch das, was Esoteriker "Invokation" nennen, ist eine Beschwörung, nur mit dem Unterschied, dass das herbeigezauberte Wesen nicht vor dem Magier erscheinen, sondern in ihn eingehen soll. In der germanischen Tradition kommt so etwas ebenfalls nicht vor. Wenn wir die Götter zu unseren Riten rufen, laden wir sie auf freier Basis und Gegenseitigkeit ein: Es ist uns eine Ehre, wenn sie zu uns kommen, und wenn es auch für sie eine ist, tun sie es.

Anrufungen im weiteren Sinn sind alle an die Götter gerichteten Reden, die ihnen Ehre erweisen. In der einfachsten Form, die bei jeder Gelegenheit passt, kann eine Anrufung schon ein schlichter Heilgruß sein, eventuell erweitert mit einem ehrenden Beinamen wie "Heil Thor, Midgards Schützer". In längerer Form ist es eine ausführliche Rede über die ehrenvollen Eigenschaften und Taten der Götter, ein hymnisches Gedicht oder eine mythische Schilderung, die nicht unbedingt poetische Form haben muss. Speziell die nordische religiöse Dichtung liebte *kenningar* (poetische Umschreibungen) und kurze Anspielungen, die in wenigen Worten einen ganzen Mythos in Erinnerung rufen.

Beim Blót war es üblich, dass jeder, bevor er trank, eine solche Anrufung sprach, die deshalb nordisch *formáli* oder *formæli* (Vorspruch) hieß. Der Begriff wurde aber auch für Gebete und Anrufungen im Lauf anderer Rituale gebraucht. Das *formáli* kann Dank für die Taten der Götter und entsprechende Bitten für die Zukunft enthalten, aber im

Mittelpunkt stehen nicht die Segnungen der Götter für uns, sondern unsere Absicht, sie zu ehren und den Mitfeiernden ihren Ruhm zu verkünden.

Dieser Absicht entsprechend, muss das *formáli* mit würdigen, also nicht salbungsvollen, sondern klaren und sachlichen, überlegten und wohlgesetzten Worten vorgetragen werden. Es hat daher manchmal auch poetische Form, am besten im Stabreim.

Das Opfer

Geschichte und Archäologie belegen viele verschiedene Arten von Opfern: vom Trankopfer *(blót, bluostrar)* über Getreide- und Fruchtopfer, Waffen, Schmuck und anderen Wertsachen bis hin zum Tier- und Menschenopfer. Das Opfer ist die wichtigste religiöse Handlung des germanischen Heidentums. Es stellt, wie Bernhard Maier schreibt, "in allen alteuropäischen Religionen und damit auch bei den Germanen eine zentrale Form der Kommunikation zwischen Mensch und Gottheit" dar. Wie schon erwähnt, wurde im Altnordischen das Heidentum überhaupt *blótdómr* und *blótskapr* ("Opfertum" und "Opferschaft") genannt, was die zentrale Bedeutung des Opfers unterstreicht. Den Göttern zu opfern, ist der wesentlichste Inhalt des "heiligen Vertrags", den wir mit ihnen haben, der *êwa*. Es ist die wichtigste Forderung und der Hauptinhalt dessen, was Heiden unter "Religion" verstehen – unsere Ehrenpflicht nach dem Prinzip "Die Gabe will stets Vergeltung."

Deshalb ist einer der am weitesten verbreiteten germanischen Begriffe für das Opfer direkt das Wort "Vergeltung" (althochdeutsch *gilt* oder *gelt*, gotisch *gild*, nordisch *gildi*). Das nordische *blót* bezeichnet auch das Opfer im allgemeinen, im besonderen aber das Trankopfer und wird deshalb gesondert besprochen. Das heutige Wort "opfern" ist erst in christlicher Zeit aus dem lateinischen *offerre* ("darbringen") entstanden. Germanische Heiden verwendeten neben den schon erwähnten Wörtern *blóta* im Nordischen, *blotan* im Gotischen und *bluozan* oder *ploazzan* im Althochdeutschen auch Begriffe wie gotisch *(ga-)saljan* ("übergeben, darbringen") und nordisch *senda* ("senden"). Alle diese Ausdrucksweisen zeigen, dass im Verständnis des Opfers der Gabentausch und die Übergabe an die Götter im Mittelpunkt standen. Motive, die in esoterischen Opferdeutungen betont werden, etwa eine "magische Stärkung" der Götter oder eine "Transformation", sind nicht zu belegen.

Es fehlt auch jeder Hinweis darauf, dass der Wert oder Sinngehalt eines Opfers an der inneren Einstellung des Opfernden oder daran gemessen wurde, wie schmerzlich es für ihn war, es zu bringen. Das Opfer ist kein Beweis von Demut oder sklavischer Bereitschaft, seinem Herrn selbstlos zu dienen. Es ist in allen heidnischen Religionen ein Geschenk nach dem auch im zwischenmenschlichen Leben geltenden Grundsatz von

Gabe und Gegengabe, den Maier mit der lateinischen Formel *do ut des* ("Ich gebe, damit du gibst") beschreibt. "Erscheint uns eine solche Einstellung im religiösen Bereich geschäftsmäßig, nüchtern und pragmatisch", fährt er fort, "so liegt dies wohl zu einem guten Teil an der unreflektierten Übernahme spezifisch christlicher Vorstellungen wie etwa der Ablehnung des Opferkults zugunsten einer rein innerlichen Frömmigkeit."

Nach dem Sinn von *gelt* als "Vergeltung", die naturgemäß im Nachhinein erfolgt, wird ein Opfer im allgemeinen als Dank für erhaltene Gaben dargebracht: nach einem Sieg, nach der Geburt eines Kindes oder nach der Ernte. Nach diesem Prinzip werden auch die Opfer zu den übrigen Jahresfesten in erster Linie zum Dank für die Gaben der vergangenen Jahreszeit dargebracht. Fast alle in historischen Heiligtümern wieder aufgefundenen Opfergaben, soweit sie sich noch zuordnen lassen, sind Relikte von Dankopfern – am deutlichsten die Waffenopfer etwa im Thorsberger und Nydamer Moor, die aus der Beute erfolgreicher Schlachten, teilweise samt den Booten der übers Wasser gekommenen Angreifer, bestehen. Solche Opfer konnten auch im Vorhinein gelobt werden, wenn der Anführer vor der Schlacht die Gegner Odin weihte, und ebenso gab es im privaten Bereich Opfergelübde für den Fall, dass eine Bitte erfüllt wurde, und direkte Bittopfer, etwa anlässlich einer Hochzeit um Kinderreichtum. Auch Opfer bei Weissagungen sind bezeugt. Dass die Frauen der Kimbern aus dem Blut geopferter Feinde weissagten, dürfte aber ein römisches Schauermärchen sein.

Menschenopfer

Berichte über Menschenopfer gehörten in der griechisch-römischen Literatur über "Barbaren" zu den Standards, die von den Lesern erwartet und von den Autoren bedenkenlos eingesetzt wurden. Einer schrieb sie vom anderen ab oder übernahm Gerüchte darüber, ohne es für nötig zu halten, ihren Wahrheitsgehalt zu überprüfen. Dass "Barbaren" Menschen opferten, galt als Tatsache, einfach weil sie "Barbaren" waren. Das führte natürlich zu Falschmeldungen, es ist aber nicht zu leugnen, dass es Menschenopfer, wenn auch seltener und in geringerer Zahl als behauptet, tatsächlich gab.

So wurden im Opfermoor Skedemosse auf der schwedischen Insel Öland neben mehreren Tausend Speerspitzen und anderen Waffenteilen, Edelmetallgegenständen und etwa 17.000 Knochenfragmenten von Pferden, Rindern und Schafen auch Gebeine von 38 verschiedenen Menschen gefunden. Sie sind über eine Periode von gut 500 Jahren verteilt. Für den Opferplatz Oberdorla in Thüringen, der 1000 Jahre lang benutzt wurde, sind 40 Menschenopfer nachzuweisen. Das ergibt ein bis zwei Fälle pro Generation, woraus Rudolf Simek zu Recht schließt, dass das Menschenopfer "keineswegs zum Normalfall der Opferpraxis gehörte, sondern vielmehr eine extreme Ausnahmesituation darstellt."

Anlässe waren vor allem Kriege, Missernten und andere Katastrophen, geopfert wurden fast ausschließlich Kriegsgefangene, Sklaven und Verbrecher, nur in seltenen Fällen freie Männer, dann aber unter Umständen sogar Könige, wie von den Schweden bei Missernten berichtet wird. Das ist dadurch erklärbar, dass der König nicht nur für seine politischen Entscheidungen, sondern für das gesamte Heil oder Unheil des Volkes die Verantwortung trug. Sein Opfertod in Unheilssituationen stellte das Heil wieder her. Das gleiche Motiv der Wiederherstellung zerstörten Heils kann auch hinter der Opferung von Verbrechern gestanden haben, wenn sie nicht einfach deshalb als Opfer ausgewählt wurden, weil sie als Geächtete außerhalb der Gemeinschaft standen und legal getötet werden konnten: Sie waren "Friedlose", für die das Friedensgesetz des Stammes nicht galt. Aus diesem Grund konnte man auch ohne Bedenken gefangene Feinde oder Sklaven opfern.

In der Regel, soweit es in einer "extremen Ausnahmesituation" Regeln gibt, waren germanische Menschenopfer daher kein Bruch dessen, was heutigen Menschenrechten entsprechen würde. Das Friedensrecht des Stammes, das alle ehrbaren Mitglieder – und Stammesfremde, wenn sie das Gastrecht genossen – vor Bedrohungen an Leib und Leben schützte, wurde auch um der Götter willen nicht angetastet. Notfalls kaufte man im Ausland Sklaven, um sie zu opfern. Papst Gregor III. befiehlt im Jahr 732 dem Missionar Bonifatius, diejenigen streng zu bestrafen, die den Heiden Sklaven zum Opfer verkauften. Auf dem isländischen Althing des Jahres 1000 höhnten die Christen, bezogen auf die Opferung von Verbrechern, die Heiden würden ihren Göttern nur die schlechtesten Menschen gönnen. Auch in Norwegen war es üblich, Sklaven oder Verbrecher zu opfern.

Aus heutiger Sicht macht es natürlich keinen Unterschied, welchen Menschen man opfert, wir müssen vergangene Bräuche aber aus dem Denken ihrer Zeit und Kultur verstehen. Sklaven, Feinde oder Verbrecher zu opfern, war etwas völlig anderes, als wenn "einer von uns" getötet worden wäre. Man darf das Menschenopfer daher nicht mystifizieren. Es war natürlich, wie ja auch seine Seltenheit zeigt, etwas Besonderes und besonders Heiliges, das nur den höchsten Göttern – nach Tacitus, der hier aber zu sehr verallgemeinert, nur Wodan – vorbehalten war und nur in Fällen höchster Wichtigkeit veranstaltet wurde, doch es muss sich im Verständnis der Opfernden prinzipiell nicht von anderen Gaben unterschieden haben. Es war kein geheimnisvolles Blutband, das da geknüpft wurde, kein heroisches "Einer für Alle" oder was sonst noch darüber spekuliert werden mag, sondern wie jedes andere Opfer ein Geschenk an die Götter – ein ungewöhnliches und besonders wertvolles, aber eben doch "nur" ein Geschenk, eine Gabe, die auf Vergeltung hofft.

Tieropfer und Opfermahl

Ganz andere Hintergründe hatte das Tieropfer, das dadurch gekennzeichnet war, dass man nur Tiere opferte, die man auch essen konnte. Archäologisch belegt sind vor allem Pferde, Rinder, Schweine, Schafe und Ziegen. Das Pferd war das vornehmste Opfertier und wurde vielleicht überhaupt nur rituell gegessen. Das würde erklären, warum die christliche Kirche im Zug der Germanenmission das Essen von Pferdefleisch verboten hat, obwohl sich christliche Speisegesetze sonst nie gegen eine ganze Tierart, sondern nur gegen den Verzehr von Opferfleisch richten. Beliebte Opfertiere waren Ferkel, wie die Glossierung von althochdeutsch *frisking* (Frischling) mit lateinisch *victima* und *hostia* (Opfertier) nahe legt. Der deutsche Ausdruck "Ungeziefer" für ungenießbare Tiere geht auf ein gemeingermanisches Wort für das Opfertier, althochdeutsch *zebar*, altenglisch *tifer* und gotisch *tibr*, zurück. Bernhard Maier verweist auch auf den engen sprachlichen Zusammenhang zwischen gotisch *saups* ("Opfer"), nordisch *sauðr* ("Schaf") und deutsch *sieden*.

Das alles lässt keinen Zweifel daran, dass der Hauptzweck des Tieropfers – wie auch in anderen heidnischen Kulturen – das Opfermahl war, das Götter und Menschen in einer rituellen Tischgemeinschaft versammelt, die das Band zwischen ihnen bestätigt und stärkt. Andere Gründe mochten mitgespielt haben, vor allem die Vorstellung, Leben für Leben zu geben, rituelle Darstellungen mythischer Ur-Opfer wie der Tötung und Zerstückelung des Urwesens Ymir durch die Götter, die aus seinen Teilen die Welt formten, oder die von Reinhard Falter dargelegte Erfahrung, dass Leben dem Tod abgerungen ist. Trotz all dem lässt die Beschränkung auf essbare Tiere aber keinen Zweifel daran, dass es vor allem um das rituelle Essen ging oder zumindest, dass es so wesentlich dazu gehörte, dass es die Opferung nicht essbarer Tiere ausschloss.

Wenn jedes Opfer ein Geschenk ist, so ist das Opfer eines Tieres eines, das nicht den Göttern alleine gegeben wird. Ihr Anteil ist traditionsgemäß mehr ideell als materiell: Sie erhalten das Blut, das bei der Schlachtung am Altar vergossen wird, den Kopf und die Haut, die man im Heiligtum ausstellte. Auch die Knochen, die in Opfermooren gefunden wurden, gehörten zum Götteranteil. Das Fleisch der Opfertiere wurde von der menschlichen Festgemeinde verzehrt. Diese Aufteilung scheint eine indogermanische Urtradition gewesen zu sein, die ganz gleich auch bei den Griechen verbreitet war und dort auf Prometheus zurückgeführt wird, der als erster einen Stier auf diese Weise zwischen Zeus und den Menschen aufteilte. Der Nachhall eines germanischen Opfermythos findet sich in Snorri Sturlusons Erzählung der Reise Thors zum Utgard-Loki: Auf dem Weg dorthin kehrt er bei einer Bauernfamilie ein, schlachtet zum gemeinsamen Mahl seine Böcke und erweckt sie danach wieder zum Leben, indem er über den in den Häuten gesammelten Knochen den Hammer schwingt.

Die Weihe mit dem Thorshammer ist sicher ein authentisches rituelles Element, klar bezeugt ist auch, dass das Opferfleisch in Kesseln gesotten, niemals gebraten, wurde. In Schweden hießen die Teilnehmer an einem Tieropfer *suðnautar,* Sudgenossen. Nach dem Opferkessel wurden auch nordische Personennamen wie Ketill (Kessel), Thorketill oder Ásketill gebildet, nach dem Opferstein heißen Steinn, Thorsteinn, Vésteinn, Adalsteinn und andere. Als nicht authentisch hat Bernhard Maier die gern zitierte, in der Eyrbyggja Saga aus dem 13./14. Jh. aufgestellte Behauptung entlarvt, heidnische Priester hätten mit einem *hlautteinn* genannten Zweig das Opferblut auf die Wände des Tempels und über die Festteilnehmer gesprengt. Ein *hlautteinn* war in Wirklichkeit ein Losstäbchen, das mit Opferblut (*hlaut*) gefärbte Runen trug, aber eben zum Runenwerfen und nicht im Opferritus verwendet wurde. Maier nennt die Stelle denn auch eine "phantasievolle Rückspiegelung in Anlehnung an den christlichen Gebrauch von Sprengwedel und Weihwasser."

Heutige Opferformen

Tieropfer werden von den meisten heutigen Heiden abgelehnt und finden im Odinic Rite Deutschland nicht statt. Wir sind nicht mehr wie unsere Ahnen ein Volk von Bauern, für die Schlachtungen zum Alltag gehörten. Vielen würde schon beim Zusehen übel werden oder das nackte Grauen kommen – beides ist einem guten Ritual abträglich. Außerdem wären blutige Opfer in der heutigen Zeit ein falsches Signal. Bei fachgerechter Durchführung würde es zwar nicht dem Tierschutz widersprechen, denn es gehörte immer zu den Voraussetzungen eines gültigen Opfers, dass das Tier nicht leiden durfte und angstfrei zum Altar gehen musste. Nach all den Jahrhunderten christlicher Todes- und Jenseitsmystik sollten wir aber deutlicher als je zuvor den lebensbejahenden Grundcharakter des Heidentums betonen.

Wir kaufen daher das Fleisch für unser Opfermahl beim Metzger oder beauftragen ein Mitglied, das Metzger oder Bauer ist, ein Tier vorzubereiten, und bringen im Ritual selbst nur unblutige Opfer dar. Wer dabei an die Tradition des Tieropfers anknüpfen will, kann als Ersatz entsprechend geformte Gebildbrote verwenden, die auch in alter Zeit schon verwendet wurden, wenn auch vermutlich nur für kleinere private Opfer, als Gaben ärmerer Leute oder bei großen Festen als Ergänzung zum echten Fleisch. Jedenfalls nennt der "Index Superstitionum" aus dem 8. Jahrhundert, in dem von der Kirche verbotene heidnische Bräuche angeführt werden, *simulacra de consparsa farina*, Bilder aus Backwerk.

Am wichtigsten aber sind die Trankopfer (*blótar*), für die wir normalerweise alkoholische Getränke verwenden, die mit ihrer berauschenden Wirkung die Kraft des Heils spüren lassen und früher eigens für die Feste gebraut wurden. Bereits das Brauen war ein Teil des Rituals. Als edelsten der germanischen Rauschtränke bevorzugen wir Met, aber auch spezielles Festbier entspricht der Tradition.

Weitere Opfergaben sind Feldfrüchte, Gebildbrote in Form heidnischer Symbole, bunte Eier für Ostara, Blumenkränze oder Wertgegenstände wie Schmuck oder Waffen. Opfer von Räucherwerk sind nicht unbedingt traditionell, aber als Ehrengaben durchaus passend, besonders wenn man echten Weihrauch aus Bernstein hat oder Räucherungen aus heimischen Kräutern verwendet. Weihesteine, Altarbilder und Statuen, die man in einem Heiligtum oder am Hausaltar aufstellt, sind eigentlich eine römische Tradition, die aber von den Germanen in römisch beherrschten Gebieten auch für ihre eigenen Gottheiten übernommen wurden. Ähnlich waren die skandinavischen "Guldgubber", dünne Goldplättchen mit gestanzten Darstellungen von Gottheiten oder Adoranten, die in Heiligtümern der frühen Wikingerzeit gefunden wurden.

Das Blót

Der nordische Ausdruck *blót* (althochdeutsch *bluostrar*) bezeichnete auch das Opfer im allgemeinen, im eigentlichen Sinn aber das Trankopfer. Lateinische Glossen des Mittelalters unterscheiden das *bluostrar* als *libamen* (Trankopfer) vom *gilt* oder *gelt*, das mit *sacrificium* übersetzt wird. Der altenglische Ausdruck *sumbel* oder *symbel* bezeichnet ebenfalls das beim gemeinschaftlichen Blót übliche Ritual. Eine weitere Bezeichnung war "Minni-Trinken", was ursprünglich aber spezielle Trinkrituale zur Erinnerung, nordisch *minni*, an Verstorbene bezeichnete. Nach Snorri Sturlusons "Heimskringla" trank man zuerst Odins Becher für Sieg und Macht, dann Freyrs und Njörds Becher für gute Ernte und Frieden. Wie authentisch dies ist, lässt sich nicht sagen. Fest steht lediglich, dass die bereits christlichen Gilden des Mittelalters, die ebenfalls den Ausdruck "Minni-Trinken" verwendeten, genaue Regeln hatten, für welche Heilige und in welcher Reihenfolge getrunken werden musste – wahrscheinlich ein Rest heidnischen Brauchtums.

Das traditionelle Trinkhorn wird für das Trankopfer (nordisch *blót*, althochdeutsch *bluostrar*), die wichtigste Opferhandlung im germanischen Heidentum, gebraucht.

Das Trinkritual selbst besteht darin, dass ein mit Met oder Bier gefülltes Trinkhorn (Blóthorn) vom Kultleiter oder Gastgeber mit dem Hammerzeichen geweiht wird. Danach sagt er einen Segensspruch, der nordisch *formáli* oder *formæli* (Vorspruch) und althochdeutsch *bluostrargaldar* (Trankopferspruch) heißt und die mit dem Fest verbundenen Gottheiten ehrt, gießt einen Teil des Opfertranks auf die Erde oder in geschlossenen Räumen in ein Gefäß mit Erde, trinkt einen Schluck und gibt das Horn in Richtung des Sonnenlaufs (Uhrzeigersinn) an die nächste Person weiter, die das gleiche tut, bis der Kreis geschlossen ist. Drei Umläufe sind üblich, mehrere sind möglich.

Welchen Inhalt die Segenssprüche der einzelnen Teilnehmer haben, bleibt im Odinic Rite Deutschland ihrer freien Wahl überlassen. Wer das Horn übergibt, ruft dem Nächsten "Trink Heil" zu, worauf dieser "Sei heil" antwortet. In alter Zeit gab es auch die Sitte, dass jeder das Horn austrinkt, bis das ganze Fass leer ist – heute nur noch möglich, wenn niemand am nächsten Tag fahren muss! Bleibt etwas übrig, wird es als Opfer auf die Erde gegossen.

Das Blót bildet bei den Festen des Odinic Rite Deutschland den krönenden Abschluss jedes Rituals und ist unsere wichtigste und einzig verbindliche Opferhandlung. Andere Opfer *können* dargebracht werden, ein Blót findet aber *immer* statt.

Weihung und Heiligung

Nach dem Unterschied zwischen den germanischen Begriffen *wîh* und *hailag*, die sich auf das erhaben Numinose bzw. auf die uns zugewandte, heilbringende Seite der Götter beziehen, muss zwischen weihen (nordisch *vigja*) und heiligen (*helgja*) unterschieden werden.

Wir weihen etwas, wenn wir es den Göttern zueignen, etwa eine Opfergabe oder einen Platz für ihre Verehrung. Etwas zu heiligen bedeutet, es mit Heil zu erfüllen. Das können wir selbst mit der Kraft unseres eigenen Heils tun oder die Götter bitten, *ihr* Heil hinein zu legen. Im üblichen deutschen Sprachgebrauch sind die Begriffe aber austauschbar. Auch im Nordischen werden *vigja* und *helgja* oft gleichsinnig verwendet.

Der weihende – oder heiligende – Gott ist Thor, der deshalb auch den Beinamen *Vingþórr* (Weihe-Thor) trägt. Er weiht mit seinem Hammer. Wir rufen Thor an, dass er unseren Kultplatz, den Opfermet, ein Amulett oder wichtige Alltagsgegenstände weihe

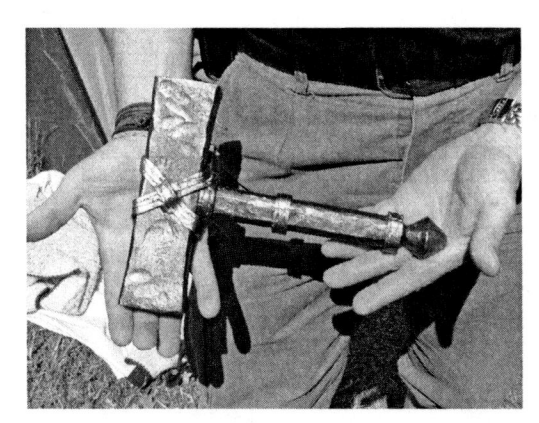

Der Thorshammer – hier aus geschmiedetem Stahl – ist Kultgerät und Symbol zugleich.

und mit Heil erfülle. Dazu machen wir das Hammerzeichen oder verwenden ein rituelles Gerät in Form des Thorshammers. Bei der Hochzeit legt der Mann der Frau den Thorshammer in den Schoß, damit Thor ihr Heil gebe und sie dem Fortbestand der Sippe weihe.

Der einfachste Weihespruch ist "Thor weihe..." Er reicht aus, wenn im Rahmen eines Festes Weihungen vorgenommen werden. Will man in einem eigenen Ritual etwa ein Amulett, ein Ritualgerät oder einen Gegenstand weihen, den man für das Alltagsleben mit der Kraft Thors heiligen will, spricht man vor der Weihung ein längeres Gebet, das Thor preist und auf seine Hilfsbereitschaft für die Menschen hinweist. Ein Beispiel dafür ist im Abschnitt "Besondere Rituale" zu finden.

Rituale der Gemeinschaft

Das germanische Heidentum ist keine Religion des einzelnen Menschen und seines persönlichen Seelenheils. Es ist organisch in der natürlichen Gemeinschaft von Familien, Sippen und Stämmen aus der *gemeinsamen* Begegnung mit Göttern, Natur und Ahnen gewachsen und hat sein Ziel im *gemeinsamen* Heil. Es ist Familien-, Sippen- und Stammesreligion – kein individueller Heilsweg, sondern ein Weg der Gemeinschaft. Deshalb ist die wichtigste rituelle Form seit jeher das Gemeinschaftsritual, das auch heute am besten im Kreis einer heidnischen Familie gefeiert wird, bei entsprechenden Anlässen auch mit nichtheidnischen Verwandten. Familie und Sippe standen für unsere Ahnen an erster Stelle und stehen auch heute im Mittelpunkt unserer Religion.

Über die Blutsverwandten hinaus gehören wir aber auch der Gemeinschaft der Heiden an, denen wir uns als Gleichgesinnte und Freunde verbunden haben. Man kann sie, wenn man ein Vorbild in alter Zeit sucht, mit einer Gefolgschaft vergleichen, in die Leute aus verschiedenen Sippen eintraten, oder besser mit einem Stamm, der ein Zusammenschluss ganzer Sippen und Landgemeinden war. Was früher die Stammesrituale waren, sind heute die gemeinsamen Feste der heidnischen Religionsgruppen.

Im Odinic Rite Deutschland werden zumindest drei der vier Jahresfeste, nämlich Ostara, Mittsommer und Herbstfest, sippenübergreifend gemeinsam gefeiert. Dies geschieht in regionalen Gruppen in allen Teilen unseres Verbreitungsgebiets in Deutschland und Österreich, wobei häufig eine dieser Gruppen auch ein Fest ausrichtet, zu dem sie Mitglieder und Interessierte aus allen Gebieten einlädt. Gegenseitige Besuche sind natürlich bei allen Festen erwünscht. Einmal im Jahr findet auch ein Thing statt, bei dem alle Mitglieder basisdemokratisch den gemeinsamen Weg mitbestimmen. Jul ist ein Sippenfest, das normalerweise im Familienkreis gefeiert wird. Nichtheidnische Verwandte und Freunde sind bei allen Festen als Gäste willkommen, ebenso Angehörige anderer heidnischer Gruppen, die, wenn sie es wünschen, auch Elemente ihrer Rituale mit einbringen können.

Beim Gemeinschaftsritual sollen möglichst viele Teilnehmer aktiv an der Gestaltung und Durchführung mitwirken. Im Odinic Rite Deutschland wird es immer zuerst besprochen, sodass jeder die Möglichkeit hat, Änderungen oder zusätzliche Elemente vorzuschlagen, und dann bekommt jeder seine Aufgabe. Auch wer noch neu im Heidentum ist, soll sich von Anfang an in der Ritualgestaltung üben können.

Wer keine Möglichkeit hat, die Jahresfeste in Gemeinschaft zu feiern, kann es auch allein tun, doch sollte das nur eine Notlösung sein. Diese Feste dienen dem Heil der Gemeinschaft und erhalten ihre volle Kraft durch die Sammlung des Heils, die das gemeinsame Feiern bewirkt. Wer gezwungen ist, eines der großen Gemeinschaftsfeste allein zu feiern, muss sich bewusst sein, dass es, obwohl sonst keiner da ist, um das gemeinsame Heil geht. Auch allein Feiernde opfern für Sippe und Gemeinschaft und nicht nur für sich selbst.

Persönliche Rituale

Natürlich gibt es auch in einer Gemeinschaftsreligion Rituale, die nur eine einzelne Person betreffen. Sie werden abgehalten, wenn es wirklich um rein persönliche Dinge geht, etwa um die Hilfe der Götter bei Krankheiten, Plänen oder Entscheidungen, die nur das eigene und nicht auch das Leben der Sippe und Gemeinschaft betreffen, aber ebenso aus spirituellen Gründen, etwa wenn man mit einer Gottheit in eine besondere Verbindung treten, Wissen erwerben oder allgemein seine Beziehung zur Natur und den Göttern vertiefen und stärken will. Das können Anrufungen, Opfer, Meditationen und vieles andere sein.

Dabei mögen die "spirituellen" Rituale eine Entwicklung der Neuzeit sein, entstanden aus dem besonderen Bedürfnis heutiger Heiden, ihre Religion in einer persönlichen Weise zu vertiefen, die unseren Vorfahren, die in einer heidnischen Gemeinschaft lebten, noch weitgehend fremd war. Es gab aber die noch zu besprechende *fulltrúi*-Verehrung der Wikingerzeit und seit jeher die in Tausenden kleinen Opfergaben in Mooren und durch die Inschriften "römischer" Weihungen an germanische Gottheiten belegten Opferungen für persönliche Anliegen, die beweisen, dass schon das historische Heidentum nicht nur eine Religion der Gemeinschaft, sondern auch des einzelnen war, der sich an die Götter wandte.

Keine persönlichen Rituale sind die Lebenskreisfeste. Die Weihe eines Kindes, sein Mündigwerden, eine Hochzeit oder schließlich eine Bestattung betreffen zwar jeweils einzelne Personen, aber ebenso auch ihre Sippe oder bei der Hochzeit sogar zwei Sippen, deren Heil in ihr verbunden wird, und genauso wird durch Geburt und Erwachsenwerden eines Kindes das Heil seiner ganzen Sippe gestärkt und durch einen Todesfall geschwächt. Es sind daher in erster Linie Sippenrituale, die wir dabei abhalten.

Ein zugleich persönliches *und* gemeinschaftliches Ritual des Odinic Rite Deutschland ist der Eid der Schwurmannen. Mitglieder, die sich dafür freiwillig entscheiden, schwören Treue zu den Göttern und zur Gemeinschaft und nehmen als Zeichen dafür einen rituellen Namen an.

Magische Rituale

Wie alle alten Völker kannten auch unsere Vorfahren eine Reihe von magischen Praktiken, die zwar nicht direkt zur Religion, die im exakten Sinn nur die Verehrung der Götter umfasst, aber mit zur Gesamtheit der heidnischen germanischen Tradition gehören und durch einige ihrer ältesten Schriftdokumente – von Runenritzungen bis zu Zaubersprüchen – bezeugt sind. Als Teil des germanischen Heidentums hat die Magie auch im Odinic Rite Deutschland ihren Platz und wird, da sie kein Teil der allgemeinen Religionsausübung, sondern ein Spezialgebiet ist, zwar nicht von allen ausgeübt, aber von den meisten geschätzt. Das war in alter Zeit keineswegs immer so.

Das Verhältnis zur Magie war ambivalent. Einerseits genoss sie als einer der Bereiche Odins, der in der Edda "Zauberherr" genannt wird, entsprechendes Ansehen und wurde bei Bedarf gerne genutzt, andererseits standen *seiðkonur* (Zauberinnen) und *seiðmenn* (Zauberer) oft in zweifelhaftem Ruf, sodass der Begriff *seiðr* (Magie, Zauber) in Misskredit geriet und für "Schadenzauber" oder eine unehrenhafte, auch "weibisch" genannte Form der Magie verwendet wurde. Die davon abgeleitete, heute oft gehörte Behauptung, *seiðr* wäre tatsächlich eine "weibliche" Form der Magie gewesen, ist allerdings ein Trugschluss, besonders wenn *seiðr* gleichzeitig als Schamanismus verstanden wird, der nirgendwo eine weibliche, oft aber eine männliche Domäne ist. Vielmehr war *seiðr* der nordische Ausdruck für die Magie im allgemeinen, ohne eine besondere Form hervorzuheben, und wurde von manchen als "unmännlich" betrachtet, weil ein "richtiger Mann" seine Probleme im offenen Kampf und nicht mit geheimen Mitteln löste – jedenfalls solange er dazu die Chance hatte. Als Egill Skallagrimsson von König Erik Blutaxt um sein Recht betrogen wurde, tat es seiner männlichen Ehre keinen Abbruch, dass er anstelle eines aussichtslosen Kampfes zum magischen Mittel der *niðstöng* griff: Er stellte eine Runenstange mit dem Kopf eines toten Pferdes auf und verfluchte Erik, der wenig später tatsächlich seinen Thron verlor.

Wie in diesem Fall, aber auch in den überlieferten Zaubersprüchen, die großteils der Heilung von Krankheiten und Verletzungen gelten, in magischen Runenritzungen und in Odins Runenlied, das die Verwendung von achtzehn Zauberliedern schildert, die Odin lernte, dient die germanische Magie zum Unterschied von esoterischen Ansichten nicht religiösen oder spirituellen, sondern rein praktischen Zwecken und arbeitet nicht mit den Kräften von Göttern oder Geistern, sondern allein mit denen, die dem Magier selbst oder den Dingen und Handlungen innewohnen, die er verwendet. Besonders in der Heilungsmagie sind die Grenzen zur Naturwissenschaft fließend, denn magische Kräfte sind Naturkräfte, die derselben Wirklichkeit angehören wie alles andere, das real und in der Welt wirksam ist. Die Zaubersprüche nennen aber in ihren mythischen Anfangsteilen, soweit sie erhalten sind, Gottheiten als Begründer, etwa im Zweiten Merseburger Zauberspruch, in dem Wodan das lahmende Pferd Balders mit dem Spruch "Bein zu Beine..." heilt.

Nicht zur Magie gehört die Weissagung, denn Seher und Seherinnen arbeiten bei aller Sonderbegabung nicht mit eigener Kraft, sondern sind Sprachrohr der Götter. In den nordischen Quellen wird eine Seherin *(vala* oder *völva*, wörtlich "Stabträgerin" nach ihrem Amtszeichen, oder *spákona*, "Spähfrau") niemals *seiðkona* genannt. Nirgendwo macht sie etwas anderes als zu weissagen, und umgekehrt üben *seiðkonur* niemals Seherkünste aus. In der Saga Eriks des Roten tritt auch eine Frau auf, die betont, dass sie weder zauberkundig noch eine Seherin sei, was nur bedeuten kann, dass beide Bereiche als verschieden angesehen wurden und von verschiedenen Personen ausgeübt wurden.

Beiden gemeinsam ist die herausragende Rolle, die Frauen dabei spielen. Obwohl es in Skandinavien und Island auch *seiðmenn* gab und schon Tacitus männliche Orakelpriester nennt, sind die meisten Weissagungs- und Zauberkundigen der nordischen Quellen und die einzigen religiösen Persönlichkeiten, die in der Römerzeit namentlich genannt werden, Frauen – allen voran die Seherin Veleda, die hinter dem Aufstand der Bataver gegen die Römerherrschaft im Jahr 69 n. Zr. stand, und Albruna. Beide erwähnt Tacitus als Beispiele, wenn er schreibt: "Sie glauben sogar, den Frauen wohne etwas Heiliges und Seherisches inne."

Runenrituale

Zur Magie wird oft auch die Runenkunst gezählt, doch das stimmt nur zum Teil, denn Runen werden nicht nur magisch, etwa für Heil-, Fluch- und Schutzzauber, sondern auch – und durch die Beschreibung des Loswerfens bei Tacitus ebenso früh bezeugt wie die ältesten magischen Runenritzungen – in der Weissagung verwendet und haben auch ihren Platz in kultischen Riten zur Verehrung der Götter und als Erkenntnisweg. Sie nehmen daher eine Sonderstellung ein, die nicht auf einen einzelnen dieser Bereiche eingeengt werden kann. Vielmehr umfassen die Runen alles und stellen die höchste Form magischen und religiösen Wissens dar. Mit der Erlangung der Runen durch sein Selbstopfer am Weltbaum krönt und vollendet Odin seinen dreifachen Weg zur Weisheit, nachdem er von Mimir die Sehergabe und von Gunnlöd den Dichtermet erworben hat.

Bedeutung und Ansehen der Runenkunst standen daher zum Unterschied von der Magie nie in Frage. Sie wie diese als unehrenhaft zu betrachten, wäre niemanden in den Sinn gekommen, es sind im Gegenteil sehr oft auch sonst hoch angesehene Männer, die als Runenmeister ihren Ruhm noch steigern können. Das eindrucksvollste Beispiel – überhaupt ein Ausnahmemensch von vielfachen Talenten und einer Lebensgeschichte, deren Intensität für ein Dutzend anderer gereicht hätte – ist wieder Egill Skallagrimsson, Islands bedeutendster Skalde und ein herausragender Runenmeister, der die Überlegenheit seiner Kunst gegen feindlichen Schadenzauber und als Heiler bewies. Für den Runenkundigen gab es auch einen eigenen Titel, der ihn sowohl vom Priester als auch von Sehern und Zauberern unterschied. Er wird schon in frühen Ritzungen *erilaz* oder *irilaz* und nordisch *erilar* genannt.

Runenrituale sind ein weites Thema, das den Rahmen dieses Buches sprengen würde. Hier haben die Runen nur insofern ihren Platz, als wir sie auch in kultischen Ritualen einsetzen, und zwar vorwiegend in Form des Runengesangs, der nordisch *galdr* (althochdeutsch *galdar, galstar* oder genauer *rûnagaldar*) genannt wird. Dabei werden die Namen der Runen je drei Mal gesungen, wobei sie eine Person vorsingt und die anderen entweder gleich oder, wenn sie noch unerfahren sind, beim zweiten und dritten Mal mitsingen. Oft singen wir einzelne ausgewählte, zum jeweiligen Fest passende Runen, oft auch die ganze Runenreihe, weil in ihr alles enthalten ist, was Runen bewirken und aussagen können.

Die Bedeutung des *rûnagaldar* ist vielschichtig. Singt man etwa die Rune Ansuz, so kann es eine religiöse Anrufung Odins sein, eine Bitte, dass er uns mit seiner Weisheit erfülle, ein magisches Aufnehmen oder Aussenden der Kraft, die der Rune selbst innewohnt, oder ein meditativer Akt, in dem wir uns ihre Bedeutung vergegenwärtigen –

oder alles zusammen und ineinander verwoben. Wir legen uns dabei nicht fest. Die besondere Stärke der Runen liegt ja gerade darin, dass sie all das und noch mehr *zugleich* sind.

Der Odinic Rite Deutschland legt natürlich auch bei den Runen Wert auf Authentizität. Wir anerkennen alle historisch gesicherten Runenreihen, das sind das ältere oder gemeingermanische, das anglo-friesische und das jüngere oder nordische Futhark, verwenden in der Praxis aber nur das ältere mit 24 Runen. Fantasien wie die von Guido List erfundene 18er-Reihe oder die von mehreren heutigen Esoterikern verwendete "leere" (25.) Rune lehnen wir ebenso ab wie Vermischungen mit fremden Traditionen, etwa Kabbala oder Tarot. Die Runen sind ein Teil des germanischen Heidentums, untrennbar und allein mit ihm verbunden und nicht mit anderen Praktiken vermischbar.

Schutzgott-Rituale

Große Rituale sind allen Göttern und Göttinnen geweiht, weil wir niemandem von ihnen die gebührende Ehre verwehren wollen, und auch wenn wir einzelne Gottheiten, die mit einem Fest enger verbunden sind als andere, besonders hervorgehen, fügen wir für die nicht namentlich genannten eine allgemeine Anrufung hinzu. Das ist in vielen polytheistischen Religionen so. Auch in römischen Weiheformeln findet sich oft der Zusatz *dis deabusque omnibus* – "allen Göttern und Göttinnen". Der germanische Brauch wird in einem dänischen Mythos, den der christliche Autor Saxo Grammaticus arg entstellt, aber im Kern richtig wiedergibt, auf Odin selbst zurückgeführt. Demnach hatte ein Widersacher Odins, der Zauberer Mitodin, den Dänen befohlen, jedem Gott einzeln statt wie bisher allen gemeinsam zu opfern, Odin aber vertrieb ihn und setzte die alten Bräuche wieder ein.

Wie bereits erwähnt, gab es neben den gemeinsamen Opfern – aber eben zusätzlich und nicht an ihrer Statt – auch immer schon die Verehrung persönlicher und kollektiver Schutzgottheiten, wie es die erwähnten Matronen im Rheinland oder Götter wie Saxnot als der sonst nirgendwo bekannte Stammesgott der Sachsen sind. Auch allgemein verehrte Gottheiten können in der persönlichen oder gruppenspezifischen Religiosität einen herausragenden Platz einnehmen. Ein solcher besonders verehrter Schutzgott wird in der nordischen Literatur *fulltrúi* genannt, wörtlich "einer, dem man voll vertraut." Gebraucht werden auch die Begriffe "Freund" (*vinr*) und "geliebter Freund" (*ástvinr*).

Bernhard Maier zweifelt die Authentizität dieser Begriffe an. Da sie erst in Quellen ab dem 11. Jahrhundert vorkommen und gleichzeitig auch in christlichen Texten für Heilige verwendet werden, hält er sie für eine Anleihe der Saga bei der christlichen Hagiographie – eine eher dünne Beweisführung, denn wer sie zuerst verwendete, lässt sich nicht sicher feststellen. Es spielt auch keine wirkliche Rolle, denn unabhängig von der Wortwahl ist die Sache an sich – eine über die allgemein ausgeübten Riten hinaus gehende Zuwendung zu einer bestimmten Gottheit – für die Wikingerzeit vielfach bezeugt. Erst sie erklärt die zweifellos noch der heidnischen Zeit angehörende, keineswegs erst von nachgeborenen Dichtern konstruierte Konkurrenz zwischen Odin und Thor, die ganz auf die sozialen Unterschiede ihrer Verehrer zugeschnitten ist: Odin ist dabei der Gott der Krieger und Herrscher, Thor der Gott der Bauern, die ihn als ihren *fulltrúi* verehrten.

Auch heute hat für viele im Odinic Rite Deutschland und anderen Gruppen die *fulltrúi*-Verehrung einen hohen Stellenwert. Einzelpersonen halten für ihre persönlichen, Familien und Gruppen für ihre kollektiven Schutzgottheiten eigene Rituale ab oder rufen auch im Rahmen der allgemeinen Feste zusätzlich, etwa während des Blót, ihren *fulltrúi* (oder die *fulltrúa*, wenn es eine Göttin ist) an. Das steht jedem frei. Wichtig dabei ist nur, dass der Geist der gemeinsamen Verehrung nicht aufgegeben wird und die Schutzgottheit keinen so überragenden Platz in Bewusstsein und Kult gewinnt, dass sie die anderen in den Hintergrund drängt. Diese Gefahr bestand in der Wikingerzeit, als manche Krieger fast nur noch Odin-Verehrer waren und das Bild, das sie sich von "ihrem Gott" machten, so maßlos steigerten, dass es schon beinahe monotheistische Züge annahm. Es kam nicht von ungefähr, dass dieselben Leute dann mit ihren Königen zum Christengott überliefen, während die bäuerlichen Thor-Verehrer, die neben der Liebe zu ihrem *fulltrúi* auch ungebrochen an der polytheistischen Tradition der gemeinsamen Kulte festhielten, am längsten göttertreu blieben.

Rituale fremder Traditionen

Der Odinic Rite Deutschland übt das germanische Heidentum aus, das heißt die traditionelle ethnische Religion der Germanen und nicht ein dubioses "Neuheidentum", das sich wahllos aus den verschiedensten Quellen bedient. Religiöse Traditionen sind nicht austauschbar. Sie sind verschieden, weil es in der Vielfalt der Natur, mit der sie eins sind, tatsächlich verschiedene Götter gibt. Jedes Land und Volk hat seine eigenen, die ihm verwandt sind und auch in der Tradition verehrt werden wollen, der sie angehören.

Das bedeutet zum einen, dass wir mit fremden Gottheiten und Ritualen keine Probleme haben. Die Götter anderer Völker gibt es ebenso wie unsere, und ihre Rituale verdienen den gleichen Respekt. Zum anderen aber heißt es, dass wir eben *unsere* Götter haben, die weder durch fremde ersetzbar noch mit ihnen vermischbar sind. Es bedeutet auch, dass wir sie so verehren, wie sie es von unseren Vorfahren kennen, und unsere rituelle Tradition nicht durch wesensfremde Elemente verfälschen lassen wollen. Wir verehren die germanischen Götter und tun es mit germanischen Ritualen.

Dennoch gibt es, wie die Indianer sagen, gewisse Zeremonien, die wir teilen können. Wir werden natürlich keine fremden Götter statt unserer anrufen, aber manche Gebete, Lieder oder auch ganze Kultbräuche aus Traditionen, die einem wesensverwandten naturreligiösen Geist folgen, lassen sich durchaus adaptieren. Man muss dabei aber genau unterscheiden können, was Aneignung und was Verfälschung ist oder, anders gesagt, ob mit fremden Formen nicht auch Inhalte kommen, die mit dem germanischen Heidentum nicht mehr vereinbar sind. Das gilt genauso für "neuheidnische" Formen, die sich äußerlich auf die germanische – häufig auch auf die keltische – Tradition berufen, aber Deutungsmuster in sich tragen, die ganz andere Ursprünge und Eigenheiten haben.

Deshalb gehen wir mit Adaptionen sehr sparsam und kritisch um. Wir sind alle erst Lernende auf dem Weg in ein erneuertes Heidentum und müssen aufpassen, nicht daneben zu treten. Intuition und persönliche Visionen sind dabei oft schlechte Führer. Gerade die übelsten Missdeutungen des germanischen Heidentums haben "Visionäre" verschuldet, deren Träume nicht von den Göttern, sondern aus dem Rassen- und Herrenmenschenwahn ihrer Zeit stammten. Was heute Zeitgeist ist, mag sympathischer und für viele persönlich ansprechend sein – eine Garantie, dass es heidnisch ist, ist das aber nicht.

Eine sichere Straße finden wir nur auf dem Weg, den unsere Vorfahren vor der Entfremdung von der Natur und den Göttern gegangen sind: in der "vorchristlichen" Tradition, die sich in unverfälschter Begegnung mit den Göttern entwickelt und immer wieder bewährt hat. Erfahrungsreligion ist das Heidentum weniger im Sinn individueller mystischer Erlebnisse als vor allem dadurch, dass es sich auf die Erfahrungen unzähliger Generationen von Heiden stützt – auf *forn siðr,* den heiligen Brauch der Ahnen.

Teil II

Praxis

Gestaltung von Ritualen

Allgemeine Regeln

Dass es in einer traditionellen Religion, zumal wenn sie sich wie die germanische als "Alte Sitte" (*forn siðr*) versteht, im Wesentlichen darauf ankommt, dass Rituale der Tradition, der Sitte der Ahnen, entsprechen, ist eigentlich selbstverständlich. Es heißt aber auch in Heidenkreisen manchmal, ein Ritual wäre umso wertvoller, je "persönlicher", spontaner und origineller es ist – eine Ansicht, die auf christliche Vorstellungen von "innerlicher Frömmigkeit" zurückgeht, die unseren Vorfahren völlig fremd waren. Treue zu den Göttern hieß für sie Treue zu den Bräuchen, mit denen sie verehrt wurden, und das schloss auch die genauen Worte der Gebete, Anrufungen und Opferformeln ein.

Darin unterscheidet sich das germanische Heidentum in nichts von anderen Religionen und schon gar nicht von anderen heidnischen, die aufgrund ihres traditionellen Charakters fast zwangsläufig "formalistisch" sind. Wenn nicht Lehre und Glaube, sondern die Überlieferung das religiöse Leben bestimmen, kann ein Ritual überhaupt nur danach beurteilt werden, ob es den bewährten Bräuchen entspricht. Schon in archaischen Kulturen stehen rituelle Formen ganz genau fest und dulden keine Abweichung. Mit den indischen Brahmanen und keltischen Druiden bildeten sich eigene soziale Kasten, deren Hauptaufgabe darin bestand, die Formen und Texte der Riten zu kennen und exakt nachzuvollziehen. Auch römische Rituale mussten einer strengen *disciplina* folgen, die von Kultbeamten bewahrt wurde. In den griechischen Stadtstaaten wurden die "heiligen Gesetze" öffentlich angeschlagen. Jeder, der ein Opfer brachte, hatte sie exakt einzuhalten.

Bei den Germanen gab es weder Brahmanen, Druiden oder Kultbeamte noch Schrifttafeln mit Ritualgesetzen, sodass man davon ausgehen muss, dass ihre Auffassung weniger eng war. Die von keiner zentralen Behörde oder Priesterschule festgelegten, mündlich und durch Teilnahme in der Familie, im Dorf oder im Stamm weitergegebenen Rituale waren vielfältig, örtlich verschieden und wohl auch innerhalb einer Kultgemeinschaft von einem zum anderen Mal nicht ganz einheitlich, da diese Form der Tradierung kaum mehr als die Sicherung eines grundlegenden Gerüsts zulässt, das bestimmte feste Eckpfeiler hat, die von Fall zu Fall durch Improvisation ergänzt werden.

Es entspricht daher der germanischen Tradition am besten, sich bei Ritualen an ein bewährtes Grundmuster zu halten, das eine mehr oder weniger große Anzahl fixer, stets gleicher Handlungen und Texte enthält, ansonsten aber flexibel ausgestaltet wird. Das ist auch die übliche Vorgangsweise im Odinic Rite Deutschland, wobei sich die schon erwähnten vorhergehenden Ritualbesprechungen gut bewährt haben. Jedem, der einen Part übernimmt, ist es selbst überlassen, ob er ihn einstudiert oder improvisiert. Es muss lediglich sichergestellt sein, dass keine groben Fehler gemacht werden, die in einem Gemeinschaftsritual auf alle zurückfallen würden. Fiele etwa ein Gebet als magische Beschwörung aus, die eine Gottheit zum Erscheinen "zwingen" will und damit beleidigt, wäre das ganze Ritual zerstört.

Für persönliche Rituale, die nur den Ausübenden selbst betreffen, trägt er natürlich allein die Verantwortung. Jeder kann sie so gestalten, wie er es für richtig hält, sei es nach einem vorbereiteten Plan oder völlig spontan. In vielen Fällen, vor allem bei Gebeten und Opfern aus einem aktuellen Anlass, für den man keine erprobten Rituale kennt, ist ohnehin nur eine spontane Gestaltung möglich, und es soll sich natürlich auch niemand zu einem Rückgriff auf "Eingelerntes" genötigt sehen, wenn er "Persönliches" für angebrachter hält. Man sollte dabei aber bedenken, dass es wie im Umgang mit Menschen auch im Umgang mit den Göttern nötig ist, eine gewisse Form zu wahren, zum Teil aus Respekt, zum Teil, um überhaupt verstanden zu werden. Entscheidend ist, dass ein Ritual den Göttern zur Ehre gereicht, den traditionellen germanischen Charakter wahrt und nicht nur subjektiv als befriedigend erlebt wird, sondern auch wirklich "stimmt".

Die Gültigkeit des Rituals

In allen, insbesondere aber den kultisch ausgerichteten heidnischen Religionen muss ein Ritual nach bestimmten Kriterien, die sich aus seiner inneren Logik oder der praktische Erfahrung ergeben, "richtig" sein und wird erst dadurch gültig. Dazu braucht es den richtigen Ort und die richtige Zeit, muss sich an die richtigen Gottheiten wenden, richtig aufgebaut sein und die unerlässlichen Grundelemente enthalten. Das bedeutet im einzelnen:

Der richtige Ort für ein Ritual ist grundsätzlich jeder Platz im Freien oder notfalls im Haus, der durch die nötige Vorbereitung, Einhegung und Weihe zum heiligen Ort wird. Darüber hinaus kommt es mitunter auf den Zweck des Rituals oder die angerufenen Gottheiten an. Für die Heilung durch eine Heilquelle etwa dankt man am besten an der Quelle selbst, für ein Opfer an Thor kann man einen Eichenhain wählen oder für ein Gebet um Kindersegen einen See oder Fluss oder ein altes Heiligtum der Vanen oder Disen.

Die richtige Zeit ist vor allem bei den Jahres- und Lebenskreisritualen wichtig und wird dort im einzelnen besprochen. Bedeutung hat sie auch bei versprochenen Dankopfern, die nicht zu spät nach der Erfüllung der Bitte dargebracht werden sollten. Bei

Ritualen für ihre Schutzgottheiten wählen manche, wenn es ihn gibt, den ihnen geweihten Wochentag. Das schadet nicht, es gibt aber keinen wirklichen Grund dafür, denn die germanischen Wochentagsnamen sind lediglich Übersetzungen der römischen und hatten nie kultische Bedeutung. Die Tageszeit eines Rituals kann man nach Zweckmäßigkeit wählen. Die häufige Meinung, heidnische Riten fänden nachts statt, geht auf heimliche Feiern in christlicher Zeit zurück und lässt sich für das "vorchristliche" Heidentum nicht aufrecht erhalten.

Die richtigen Gottheiten, an die sich ein Ritual wenden soll, sind alle, die germanische Namen tragen und in historischer Zeit von Germanen verehrt wurden. Nicht alle können aber überall in gleicher Weise verehrt werden. Njörd wird man im Binnenland als Spender von Fruchtbarkeit und Reichtum, aber nicht als Meergott anrufen, ebenso werden Stammesgötter wie Saxnot oder Fosite nicht in Bayern oder Österreich verehrt – es sei denn von gebürtigen Sachsen oder Friesen, die dorthin übersiedelt sind. Der ORD stellt es seinen Mitgliedern frei, außer den germanischen auch andere Gottheiten zu verehren, etwa keltische, wenn jemand zu ihnen eine besondere Beziehung hat. Dies ist aber eine Frage der persönlichen und privaten Religiosität. Der ORD als solcher verehrt in seinen offiziellen Festritualen nur die germanischen Götter und Göttinnen.

Richtig aufgebaut ist ein Ritual dann, wenn es die **unerlässlichen Grundelemente** in einer sinnvollen Reihenfolge enthält. Es sind dies

- Einhegung und Weihe des Kultplatzes
- Anrufungen und Festgebete
- Opferungen und Blót

Man kann also kaum etwas falsch machen, denn es ist nur logisch, dass man zuerst den Platz weiht, dann die Götter anruft und ihnen danach opfert. Aus diesen drei Grundelementen hat sich in der Praxis des ORD ein Grundschema entwickelt, das sich in neun Teile gliedern lässt. Zuvor aber noch ein paar sprachliche Hinweise:

Begriffe des Ritualwesens – der Begang

Im Folgenden werden häufig, wenn auch nicht durchgehend, für die einzelnen Elemente des Rituals "Fachausdrücke" verwendet, die der Autor aus althochdeutschen Wörtern gebildet hat, von denen die meisten in den Quellen in religiösem Zusammenhang stehen. Das mag als romantische Altertümelei und als unnötig erscheinen, da man dieselben Dinge doch genauso gut mit heutigen Begriffen ausdrücken könnte, doch es zeigt sich immer wieder, dass Wörter, die in aller Munde sind, auch verschieden benutzt werden, wodurch es zu Missverständnissen und Fehlschlüssen kommt – gerade deshalb, weil die Leute dieselben Begriffe verwenden, aber jeder etwas anderes damit meint, reden sie aneinander vorbei.

Aus diesem Grund sind überall die verschiedenen "Fachsprachen" entstanden, die oft esoterisch wirken, aber nötig sind, um Klarheit zu schaffen. Gerade im Umfeld der unterschiedlichen heidnischen und neuheidnischen Bewegungen von heute empfiehlt es sich auch für das germanische Ritualwesen, die Dinge mit eigenen Ausdrücken, die sonst nicht verwendet werden, klar zu identifizieren und von den Bräuchen anderer Traditionen zu unterscheiden. Die hier verwendete Terminologie ist erst einmal ein Versuch, der im ORD noch neu und nicht fix verankert ist. Die "Fachausdrücke" werden daher alternierend mit "gewöhnlichen" Begriffen des modernen Sprachgebrauchs verwendet.

Als Grundbegriff, der im Folgenden häufig vorkommen wird, sei hier das schon erwähnte Wort *bigang* (männlich, mit Betonung auf *gang*, da *bi-* eine Vorsilbe ist, die Mehrzahl ist *bigengi*), das vom "Begehen" eines Festes abgeleitet ist und im Althochdeutschen für die religiösen Feste der Heiden gebräuchlich war. Der Religionsforscher Karl Helm schränkt es zwar auf "Begehungen" im wörtlichen Sinn wie den Umzug der Nerthus ein, für die es vielleicht ursprünglich auch geprägt wurde, man sprach im Althochdeutschen aber auch schon wie heute vom "Begehen" im übertragenen Sinn. Hier wird daher *bigang* oder modernisiert "Begang" als allgemeiner Ausdruck für kultische Rituale verwendet.

Die neun Teile des Begangs

Außer den drei unerlässlichen Grundelementen – Einhegung und Weihe des Kultplatzes, Anrufungen und Festgebete sowie Opferungen und Blót – enthielten die Rituale des ORD immer schon mehrere weitere Teile, die sich im Lauf der Zeit fest etabliert und auch einen mehr oder weniger festen Platz in der Abfolge der Rituale erhalten haben. Vor allem sind hier das rituelle Feuer, der Runengesang und der abschließende Dank zu nennen. Als Hilfe für neue Teilnehmer und zur Einstimmung aller wurde auch meist eine kurze einführende Rede gehalten. Aus der Analyse dieser Praxis habe ich eine neunteilige Ordnung entwickelt und ihre Teile aus den erwähnten Gründen mit althochdeutschen "Fachausdrücken" bezeichnet. Der Begang besteht demnach aus

I. Haga und Wîha (Einhegung und Weihe des Platzes)
II. Heilazzen (Begrüßung und Einladung der Gottheiten)
III. Reda (einführende Rede des Blótmanns bzw. der Blótfrau)
IV. Zunten (Entzünden des rituellen Feuers)
V. Spill und Gibet (Anrufungen und Festgebete)
VI. Rûnagaldar (Runengesang)
VII. Gilt (Opferungen der Gemeinschaft und Einzelner)
VIII. Bluostrar (Blót – das Trankopfer)
IX. Ûzlâz (Dank und Öffnen des Festkreises)

Diese Ordnung kann bei Bedarf abgewandelt, ergänzt oder auch verkürzt werden, solange die drei Grundelemente erhalten bleiben. So kann man das Feuer bereits vor der Rede entzünden, den Rûnagaldar oder das Gilt auslassen oder auf das Feuer verzichten, wenn z.B. bei Trockenheit die Gefahr eines Flurbrandes zu groß wäre. Auch bei kurzen Begängen etwa zu Ehren einzelner Gottheiten, wie sie im Kapitel "Besondere Rituale" beschrieben werden, kann man auf manche Teile verzichten. Umgekehrt kann, wenn man einen Festbegang ausführlicher gestalten oder aktuelle Anliegen wie Heilungen oder Weihungen mit ihm verbunden will, die neunteilige Ordnung durch zusätzliche Elemente erweitert oder für die Feier der Lebenskreisfeste dem Anlass entsprechend abgeändert werden.

Sie ist ein sinnvolles und für die Festgestaltung hilfreiches, aber kein kanonisches Schema, an das man sich sklavisch halten müsste, da sonst das Ritual ungültig wäre. Zur Gültigkeit sind, wie gesagt, nur die drei Grundelemente erforderlich.

Vorbereitung

Einfache Rituale, etwa ein kurzes Gebet, können ohne besondere Vorkehrungen in den Alltag eingebaut werden. Ein kurzer Moment der Besinnung mag hier genügen, um die nötige Konzentration und Bereitschaft für den Kontakt mit den Göttern herzustellen. Ein Festritual oder ein Blót für eine Schutzgottheit aber braucht weiter reichende materielle und geistige Vorbereitungen, um störungsfrei ablaufen und seine Heilswirkung entfalten zu können.

Wählt sorgfältig einen Platz, an dem ihr ungestört seid und der sich durch Aussehen, Baumbestand, Geschichte oder Ausstrahlung als guter Kultplatz anbietet. Begrüßt ihn und ladet die Wesen, die ihn bewohnen, ein, am Ritual teilzunehmen. Säubert den Platz, wenn es nötig ist. Stellt die Nordrichtung fest und legt alles bereit, was ihr an Opfergaben und Ritualgeräten braucht. Richtet in der Mitte die Feuerstelle ein. Der Altar mit Gaben und Geräten, Kultpfähle oder ein *stalli* werden im Norden, der Richtung der Mittelsmitte (Polarstern) errichtet. In einem geschlossenen Raum achtet darauf, dass sich nichts in ihm befindet, was der Würde des Festes entgegen stehen würde.

Bereitet euch geistig vor, indem ihr euch mit dem bevorstehenden Fest, seinen Mythen und Bräuchen, den Gottheiten, die ihr dabei anrufen werdet, und der Ritualgestaltung selbst auseinander setzt. Legt euch auch dann, wenn ihr frei sprechen wollt, eure Anrufungen und Gebete zurecht und prägt euch den Ablauf des Rituals genau ein.

Wenn ihr den Kultplatz erreicht, kommt zur Ruhe und lasst den Ort auf euch wirken und zu euch sprechen. Achtet auf die Geräusche und visuellen Eindrücke, die Gerüche und den Wind. Lasst den Alltag von euch abgleiten und macht euch bewusst, dass ihr in den heiligen Raum und die heilige Zeit eintreten werdet. Am besten ist es, den Weg zum Kultplatz oder das letzte Stück davon schweigend zurückzulegen und seine Aufmerksamkeit auf die Eindrücke der Natur zu lenken.

Herrscht am Kultplatz dennoch Unruhe, kann der Blótmann bzw. die Blótfrau durch drei Schläge auf eine Trommel, zusammengeschlagene Hölzer oder Ähnliches den Anfang des Rituals anzeigen und eine Eröffnungsformel sprechen, etwa aus der Edda:

> **Gehör heische ich heiliger Sippen,**
> **Hoher und Niedrer von Heimdalls Stamm.**

Einhegung und Weihe - Haga und Wîha

Mit dem althochdeutschen Wort *Haga* bezeichnen wir die Einhegung, mit *Wîha* die Weihe des Kultplatzes. Für religiöse Rituale ist es nicht notwendig, eine so aufwändige Einhegung durchzuführen, wie es bei magischen Zeremonien geschieht, in denen das Ziehen der Kreise oft mehr Zeit in Anspruch nimmt als das Ritual selbst. Es spricht aber auch nichts dagegen, denn die verschiedenen Kreisrituale definieren den Kultplatz, schützen ihn vor negativen Kräften und unfreundlichen Wesen, schaffen einen heiligen Raum, der die Welten verbindet, und setzen uns in Beziehung zu den Grundlagen der kosmischen Ordnung in den vier Himmelsrichtungen und Elementen.

In der einfachsten Form erfolgt die Haga mit dem Hammerritual, das zugleich die Wîha durch die Anrufung Thors, des weihenden Gottes, ist. An sich ist das für ein religiöses Ritual ausreichend, kann aber durch weitere Kreise und Weihungen ergänzt oder auch ersetzt werden. So kann man, immer im Norden beginnend, einen Runenkreis ziehen, indem man die Runenreihe singt, während man den Platz umschreitet, oder durch Umschreiten mit blankem Schwert, Räuchern oder Ausstreuen schützender und reinigender Kräuter wie Salbei oder Salz einen Schutzkreis schaffen, den Platz mit Haselzweigen ausstecken oder Lichter an seine Grenzen stellen.

Das Platzweiheritual, das im nächsten Abschnitt beschrieben wird, ist ein Beispiel für eine ausführliche Einhegung und Weihe. Es kann je nach Ansicht der feiernden Gruppe gekürzt oder erweitert werden. In der langen Form eignet es sich auch dazu, einen ständigen Kultplatz oder ein *hof* (Tempel) auf Dauer zu weihen. In diesem Fall schließt man Gebete an die Götter, die den Platz weihen sollen, und ein Opfer an.

Anrufung der Elemente - Welhaga

Zu den Kreisriten am Beginn eines Rituals kann auch der Elementekreis gehören, der in der germanischen Tradition zwar nicht bezeugt ist, aber einen vertretbaren naturreligiösen Bezug hat. Sein Ursprung liegt in der Lehre der vier Elemente Erde, Luft, Feuer und Wasser, von denen die antiken Griechen glaubten, dass alle Dinge und Wesen aus ihnen aufgebaut seien. Mit der Entdeckung der chemischen Elemente haben sie natürlich diese Bedeutung verloren und stehen seither symbolisch für die Grundqualitäten des Stofflichen, die zugleich auch seine "innere" Dimension darstellen. Neuheidnische Gruppen haben daraus in Verbindung mit indianischen Kreis- und Himmelsrichtungsritualen den Elementekreis entwickelt, den dann auch germanische Heiden übernommen haben.

Der Bezug zur eigenen Tradition liegt darin, dass zumindest die Himmelsrichtungen in der germanischen Überlieferung eine wichtige Bedeutung haben. In der Edda werden ihnen die vier Wächter Norðri, Austri, Suðri und Vestri zugeteilt, die als Zwerge, die den Himmel tragen, wesentliche Stützen der kosmischen Ordnung sind. Da es nun darum geht, das Fest und die Feiergemeinschaft in diese Ordnung einzufügen, hat ein Himmelsrichtungsritual, das mit den – immerhin aus einer eng verwandten Tradition stammenden – vier Elementen als Symbolen für die Natur verbunden wird, in einem germanischen Ritual durchaus seine Berechtigung. Der ORD verwendet daher häufig, wenngleich nicht immer, in seinen Gemeinschaftsritualen auch den Elementekreis.

Um seine speziell germanische Form von anderen zu unterscheiden, wird sie hier *Welhaga* (etwa "Rundhegung" nach den vier Richtungen im "Erdenrund") genannt. Kennzeichnend für die Welhaga ist die Anrufung der vier Wächter, deren Richtungen mit den Elementen in den Entsprechungen Norden–Erde, Osten–Luft, Süden–Feuer und Westen–Wasser verbunden werden. Dies kann durch eine Person, die in alle Richtungen spricht, durch zwei für die jeweils gegenüber liegenden Richtungen oder durch vier Sprecher geschehen, die an die Kreislinie treten und in die angerufene Richtung gewandt eine kleine Opfergabe niederlegen oder ein Licht aufstellen. In der einfachsten Form spricht man:

Heil Norðri, Wächter des Nordens! Kräfte der Erde!
Wir rufen euch und laden euch ein zu unserem Fest!

Heil Austri, Wächter des Ostens! Kräfte der Luft!
Wir rufen euch und laden euch ein zu unserem Fest!

Heil Suðri, Wächter des Südens! Kräfte des Feuers!
Wir rufen euch und laden euch ein zu unserem Fest!

Heil Vestri, Wächter des Westens! Kräfte des Wassers!
Wir rufen euch und laden euch ein zu unserem Fest!

Eine längere Form der Anrufung ist im nächsten Kapitel zu finden.

Eröffnungsgruß - Heilazzen

Nachdem der Platz geweiht und eingehegt ist, beginnen wir das eigentliche Ritual mit einem Eröffnungsgruß, dem "Heilsagen" (althochdeutsch *heilazzen*) an alle Götter und Göttinnen. Die einfachste Form ist in der Lokasenna der Edda überliefert:

> **Heil Asen! Heil Asinnen! Und alle hochheiligen Götter!**
> (*nordisch:* **Heilir Æsir! Heilar Ásynjur! Ok öll ginnheilög goð!**)

Weitere Möglichkeiten sind im nächsten Abschnitt unter "Allgemeine Götteranrufungen" zu finden.

Nach dem Heilazzen kann das Feuer entzündet oder die Festrede gehalten werden.

Entzünden des Feuers - Zunten

Bei allen Festen im Freien brennt ein Feuer, das vielerlei Bedeutung hat. In erster Linie ist es das Herdfeuer, um das wir uns mit den Göttern und Ahnen versammeln, dann das Opferfeuer, dem wir jene Gaben an die Götter übergeben, die durch Feuer materiell vernichtet oder für eine profane Verwendung unbrauchbar gemacht werden. Außerdem ist es das verwandelnde, reinigende Element, das Signalfeuer, das den Göttern symbolisch den Weg zu uns weist, und der schöpferische Urstoff, denn aus Feuer und Eis ist nach der Edda der Kosmos entstanden. Feuer gibt Wärme und Leben, steht aber in der Brandbestattung auch am Ende des Lebens und symbolisiert so den ganzen Kreislauf des Seins.

Beim Entzünden des Feuers (althochdeutsch *zunten*) kann man sprechen:

> **Im Namen der hohen Götter entzünden wir**
> **Die heilige Flamme der Reinigung und der Schöpfung,**
> **Das erste Mysterium und die letzte Gnade.**
> **Flamme wachse an Flamme,**
> **Dass Wärme, Licht und Leben sich mehren**
> **Und nicht verlöschen vor der Zeit.**

oder aus der Edda:

> **Brand entbrennt an Brand, bis er zu Ende brennt,**
> **Flamme belebt sich an Flamme.**

oder

> **Feuer ist das Beste den Erdgebornen**
> **Und der Sonne Schein.**
> **Ein heiler Leib, wer ihn haben kann,**
> **Ohne ehrlos zu sein.**

In geschlossenen Räumen ersetzen Kerzen oder Fackeln das Feuer. Auch bei einfachen Ritualen sind Feuer oder Kerze sinnvoll, zwingend notwendig sind sie aber nicht.

Die Festrede - Reda

Bei gemeinschaftlichen Ritualen ist es sinnvoll, wenn der Blótmann einige Worte über den Sinn des Festes, die Gottheiten, die in seinem Verlauf angerufen werden, und die mit ihm verbundenen Mythen spricht. Das erleichtert Teilnehmern, die im Heidentum noch wenig Erfahrung haben, das Verständnis und dient allen als geistige Vertiefung und Übergang zu den eigentlichen kultischen Handlungen.

Die Festrede (althochdeutsch *reda* oder *firareda*, feierliche Rede) sollte möglichst kurz sein, um niemanden zu ermüden, und nicht belehrend oder "predigend" wirken, sondern sachlich und klar das Wissen vermitteln, das Neue brauchen, es den Erfahrenen in Erinnerung rufen und die Gedanken aller Teilnehmer anregen und auf die Bedeutung des Rituals lenken. Sie sollte sich auch sprachlich in den Ablauf einfügen und zur gehobenen Form der Anrufungen überleiten. Beispiele dafür sind bei jedem Fest angegeben, es ist aber besser, die Festrede selbst zu formulieren.

In diesem Buch werden Vorschläge zu Festritualen gemacht, in denen die Festrede einmal vor, einmal nach dem Entzünden des Feuers gehalten wird. Im Odinic Rite Deutschland gibt es beide Möglichkeiten. Welche man wählt, wird davon abhängen, wie es am besten in den Fluss der Festgestaltung passt oder auch, wie wichtig das Feuer für ein spezielles Fest ist oder was es den Teilnehmern zeigen soll. So steht im Ostara-Ritual die Festrede am Anfang, und erst unmittelbar vor der Anrufung Ostaras wird das Feuer entzündet. Beim Mittsommer-Ritual steht das Feuer für die Sonne, die schon den ganzen Sommer lang gebrannt hat, und wird deshalb noch vor der Festrede entzündet. Dies kann man nach jeweils eigenen, auch von Fest zu Fest wechselnden Gesichtspunkten gestalten.

Anrufungen und Festgebete - Spill und Gibet

In jedem größeren, nach Möglichkeit aber überhaupt in jedem Ritual, das nicht ausschließlich zu Ehren einer einzelnen Gottheit zelebriert wird, zumindest aber in den Jahresfesten rufen wir grundsätzlich *alle* Götter und Göttinnen an. Bei jedem Fest gibt es aber auch Gottheiten, die mit ihm in einer besonderen Beziehung stehen und mit eigenen Anrufungen geehrt werden können. Es sind dies:

Ostara – die Erde, Freyr und Freyja, Nerthus und natürlich Ostara
Mittsommer – die Sonne, Baldur, Frigg, Odin und Hermod
Herbstfest – die Erde, Thor, die Vanen und die Ahnen (als Hüter der Erde)
Jul – die Sonne, Baldur, Freyr und Freyja, die heiligen Mütter, Odin und die Ahnen

Diese Zuordnung ist nicht "kanonisch", denn wie schon bei unseren Vorfahren die Religion nicht einheitlich reglementiert war, sondern jede Festgemeinschaft ihre besonderen Riten und jeder Stamm seine besondere Beziehung zu den Göttern hatte, ihre Bedeutung und Macht in den verschiedenen Dingen anders sah und manchmal auch eigene Götter verehrte, die anderen Stämmen unbekannt waren, so gibt es auch heute unterschiedliche Sichtweisen, nach denen die einzelnen Gruppen im Odinic Rite Deutschland ihre Feste gestalten.

In den Anrufungen werden die Götter geehrt, ohne dass wir von ihnen etwas wollen, in Gebeten sprechen wir konkret Dank oder Bitte aus. Um dies klar zu unterscheiden, gab es im Althochdeutschen für Bitten und Danksagungen den Ausdruck *gibet* (Gebet, wie das heutige Wort auf der zweiten Silbe betont; die Mehrzahl lautete ebenfalls *gibet*), während die "interesselose", die Götter preisende oder ihre Taten rühmende Anrufung vermutlich *spill* oder *spell* genannt wurde (ebenfalls ein Neutrum mit gleich lautender Mehrzahl), zwei Begriffe, denen wir bei der Besprechung des Gebets selbst noch begegnen werden.

Die Unterscheidung ist wichtig, da es ein sehr schlechtes Benehmen gegenüber den Göttern wäre, sie unvermittelt mit Wünschen und Anliegen zu bestürmen. Deshalb sollte man immer im Auge haben, zuerst ein Spill zu sprechen, bevor man "zur Sache" kommt. Die Grenzen sind allerdings fließend. In überlieferten Beispielen, die wir ebenfalls beim Gebet besprechen werden, schließt das Gibet unmittelbar an das Spill an, bei poetischen Formen manchmal innerhalb einer Strophe. Besonders bei Jahresfesten sind sie auch inhaltlich untrennbar, denn wir ehren dabei die Götter für dieselben Dinge, die wir auch weiterhin von ihnen erhalten wollen. So fließt das Spill, in dem wir die Götter für ihr segensreiches Wirken preisen, nahtlos in das Gibet ein, bei dem wir ihnen für die Gaben danken, die sie uns in der Jahreszeit vor dem Fest gewährt haben, und sie bitten, uns weiterhin beizustehen.

Spill und Gibet spricht der Blótmann bzw. die Blótfrau, es kann aber auch, besonders wenn mehrere Gottheiten namentlich angerufen werden, auf mehrere Personen aufgeteilt werden. Jede von ihnen spricht dann natürlich im Namen der ganzen Gemeinschaft und betet um Dinge, die alle betreffen. Persönliche Bitten haben dabei nichts verloren. Erst nach dem allgemeinen Teil hat jeder Festteilnehmer Gelegenheit zu eigenen Gebeten, die aber, um einen klaren Festablauf zu sichern, vorher besprochen werden sollen.

Nach den Festgebeten ist auch der geeignetste Zeitpunkt, um eventuelle Sonderrituale einzufügen, die mit dem Fest verbunden werden sollen, etwa eine Heilung, eine Weihung besonderer Dinge und ähnliches.

Der Runengesang - Rûnagaldar

Den Gebeten folgt der Runengesang, der nordisch *galdr* (althochdeutsch *galdar* oder *galstar*) genannt wird. Dies ist aber auch die Bezeichnung für einen Zaubergesang oder Spruchzauber, der nicht unbedingt mit Runen zu tun hat, und in der allgemeinsten Bedeutung überhaupt für jeden rituellen Text, der laut vorgetragen wird (ahd. *galan*, rufen, singen). Genauer ist der Begriff *rûnagaldar*. Entsprechend der umfassenden Bedeutung der Runen hat er zugleich kultischen und magischen Charakter, das heißt wir ehren damit die Götter, vor allem natürlich Odin, dem wir die Runen verdanken, und nehmen auch die Kräfte der Runen auf. Beim ORD wird meist die gesamte Runenreihe gesungen, man kann aber auch einzelne zum Fest passende Runen auswählen. Beispiele dafür werden in den Beschreibungen der Feste genannt.

Opferungen - Gilt

Die obligatorische Opferhandlung bei jedem Fest ist das Blót (Trankopfer, althochdeutsch *bluostrar*), doch kann man darüber hinaus auch weitere Gaben darbringen, die zur besseren Unterscheidung als *gilt* (Opfer; Einzahl und Mehrzahl lauten gleich) bezeichnet werden. Die Gründe für ein Gilt können vielfältig sein: als zusätzliche, dem Festanlass entsprechende Ehrengabe an die Götter, als Dank für besondere Segnungen oder als Bitte um sie, als Träger für Wünsche und Gebete, aufgrund eines Versprechens, das man beim Fest einlöst, als Teil des Opfermahls oder einfach, um die alte Opfertradition weiterzuführen, in der es neben dem Blót eben auch weitere Opfer gab. Sie können sowohl von der Festgemeinschaft als ganze als auch von einzelnen Teilnehmern dargebracht werden.

Als Gilt für ein Jahresfest eignen sich am besten Kränze, die man aus den jeweiligen Blüten, Früchten und Blättern der Saison – zu Jul aus Reisig von Nadelbäumen – geflochten hat, Gebildbrote in Form von passenden Symbolen oder Opfertieren oder einfache Grundnahrungsmittel wie Brot, von denen man später auch beim Opfermahl essen wird.

Der Blótmann bzw. die Blótfrau weiht die Gabe mit dem Thorshammer oder dem Hammerzeichen, spricht einen Opferspruch und übergibt sie dann dem Feuer, dem Opfermoor oder wie immer man sie darbringen will. Zuvor können sie im Kreis weitergegeben werden, damit alle Feiernden sie berühren und dabei laut oder still ihre Gebete und Wünsche in sie legen können. Wenn die Gabe ein Teil des Opfermahls ist, etwa ein Laib Brot, isst bei der Weitergabe im Kreis jeder davon. Zusätzlich kann man weitere Opfer auf den Altar legen, der im Norden des Kultplatzes aufgebaut wurde, und dort liegen lassen.

Nach dem gemeinsamen Opfer hat jeder, der noch eine persönliche Gabe darbringen will, die Gelegenheit dazu. Die anderen unterstützen ihn, indem sie seinen Opferspruch mit Heilwünschen begleiten.

Das Blót - Bluostrar

Wenn alle anderen Opfer dargebracht sind oder in der einfachsten Form des Rituals direkt nach Spill und Gibet folgt der Abschluss und Höhepunkt jedes Festes, das Blót oder althochdeutsch Bluostrar. Da bei den Gebeten und Opferungen meist nur eine Person gleichzeitig spricht und handelt und auch beim Blót nur einer nach dem anderen agieren kann, ist es empfehlenswert, vor seinem Beginn ein kurzes Element einzufügen, an dem alle zugleich beteiligt sind, am besten ein Lied, das alle mitsingen können, oder ein Kreistanz. Beides soll natürlich nicht nur gruppendynamisch funktionieren, sondern auch entsprechend gewählt und ausgeführt sein, dass wir die Götter damit erfreuen und ehren.

Beim Blót wird auf alle, besonders aber auf die mit dem Fest verbundenen Götter getrunken, das heißt der Festtrank mit ihnen geteilt und dadurch die Gemeinschaft mit ihnen besiegelt. Der Blótmann beginnt, indem er das Horn mit dem Hammerzeichen weiht, seinen Sehensspruch (*formáli* oder *bluostragaldar*) spricht und einen gut bemessenen Teil des Opfertranks auf die Erde oder in einem geschlossenen Raum in die mit Erde gefüllte Blótschale gießt. Dann trinkt er und reicht das Horn in der Richtung des Sonnenlaufs weiter. Auch die übrigen Teilnehmer opfern einen Schluck, bevor sie trinken.

Bei den Segenssprüchen, die jeder spricht, gibt es viele Möglichkeiten. Der Blótmann wird in seinem Spruch darauf achten, dass keine der Festgottheiten zu kurz kommt, sodass die anderen in ihrer Wahl völlig frei sind. Sie können auf eine besondere Segnung der einen oder anderen Gottheit des Festes, auf ganz andere Götter, etwa ihren *fulltrúi*, auf ihre Ahnen oder das Heil einer lebenden Person trinken, Wünsche oder besondere Anliegen aussprechen. Eine schöne Tradition ist es, auf abwesende Freunde zu trinken. Für Verstorbene hält man ein eigenes Minni-Trinken (nordisch *minni*, Erinnerung) ab, es ist aber nicht unangebracht, auch beim Blót einen Schluck zu ihrem Gedenken zu weihen. Beim Julfest gehört es unbedingt dazu. Nach alter Tradition wurden beim Blót – besonders wiederum beim Julfest – auch heilige Versprechen abgelegt. Wer den Göttern ein Opfer oder eine bestimmte Tat versprechen will, kann es jetzt tun.

Solche ernsten Dinge sollten in der ersten Runde des Blóthorns geschehen, denn erfahrungsgemäß werden die Trinksprüche und Segenswünsche immer fröhlicher, was durchaus im Sinn der Götter ist. Lebensfreude und Freude an der Gemeinschaft sind ein Teil des Heidentums. Das Blót, bei dem alle ihre Aufmerksamkeit auf den jeweiligen Sprecher richten und seine Wünsche mit "Heja"-Rufen bekräftigen, sollte aber nicht fließend in den gemütlichen Teil übergehen. Üblicherweise ist beim ORD nach dreimaligem Kreisen des Horns Schluss.

Schließen des Rituals – Ûzlâz

Ist das Horn nach der letzten Runde wieder beim Blótmann angelangt, weiht er den Rest des Tranks als Opfer an die Erde und die Wesen des Platzes. Alle fassen sich an den Händen und bilden ein letztes Mal den Kreis. Der Blótmann dankt den Göttern für ihre Teilnahme und den Wesen des Platzes für ihre Gastfreundschaft, wünscht den Feiernden ein glückliches Wiedersehen beim nächsten Fest und erklärt das Ritual für beendet. Der Kreis wird geöffnet – daher die Bezeichnung *ûzlâz*, wörtlich "Hinauslassen" – und das Feuer sorgfältig gelöscht.

Das Opfermahl - Gouma

Das ans Ritual anschließende Opfermahl (althochdeutsch *gouma*, ein weibliches Wort) ist sinngemäß ein Teil des heiligen Geschehens, hat aber informellen Charakter und lässt das Fest im fröhlichen gemeinsamen Essen und Trinken ausklingen. In der Praxis kann es wegen des Rückwegs vom Kultplatz im Freien zu einem Haus mit Küche und Esstischen zu einer zeitlichen und räumlichen Trennung von Opfer und Mahl kommen, man sollte das aber nach Möglichkeit vermeiden und am besten direkt am Kultplatz essen – oder zumindest, wenn für ein ausgedehntes Mahl das Wetter nicht passt, symbolisch einen kleinen Teil des Mahls dort abhalten. Die Gouma wird mit einem gemeinsam Segensspruch begonnen, z.B. *"Für Freunde, Speis' und Trank sagen wir den Göttern Dank"*, und beinhaltet unabhängig von den Gaben, die man vorher geopfert hat, einen Teller für die Götter.

Bei den alten Germanen wurden bei dieser Gelegenheit Götter- und Heldenlieder vorgetragen. Diesen Brauch können wir auch ohne die professionellen Skalden von einst auf einfache Weise wieder aufnehmen, wenn nach dem Essen, während das erste Horn kreist, jemand ein Lied aus der Edda liest, einen Mythos erzählt oder andere Gedichte oder Erzählungen vorträgt, die in Bezug zu unserer Religion, Überlieferung und Geschichte stehen.

Grundbausteine für Rituale

Das Hammerzeichen - Hamarsmark

Häufig ist in den Sagas davon die Rede, dass Trinkhörner und Becher geweiht wurden, was natürlich im Namen Thors, des weihenden Gottes, und unter dem Zeichen seines Hammers geschah, wie auch bei manchen Runenweihungen ein Thorshammer eingeritzt ist. Direkt die Rede von einem "Hammerzeichen" (*hamarsmark*) als weihende Handgeste ist aber nur in der Hákonar saga góða, wo der christliche König Hákon am heidnischen Opferfest in Hladir teilnehmen muss und dabei das Kreuzzeichen über dem Horn macht. Sein Jarl Sigurd beschwichtigt die aufgebrachten Heiden mit der Behauptung, Hákon habe das Hammerzeichen im Namen Thors gemacht.

Daraus geht hervor, dass das Hammerzeichen leicht mit dem Kreuzzeichen zu verwechseln war, was eigentlich nur bedeuten kann, dass es ähnlich einfach aussah. Ein Hakenkreuz, wie manche Leute auch heute noch behaupten, kann es daher kaum gewesen sein. Wahrscheinlicher ist, dass es der Hammer-Grundform eines T entsprach, das dann wohl auch auf dem Kopf stand, wie die Thorshammer-Amulette mit dem Eisen nach unten getragen wurden. In dieser Form wird beim ORD das *hamarsmark* gezeichnet:

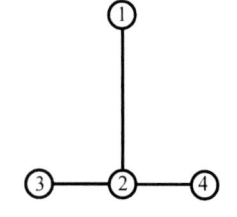

Man spricht dazu bei Weihungen entweder die überlieferte einfache Formel, z.B. über einem Trinkhorn:

Thor weihe dieses Horn (diesen Met usw.)

Oder die Formel des britischen Odinic Rite:

Im Namen von Odin, Baldur, Freyr und Thor

Das Hammerzeichen kann auch jederzeit über den eigenen Körper gemacht werden, um sich mit der Kraft der Götter zu füllen, sie zu ehren oder ein Ritual zu beginnen. Dazu führt man die geballte Faust zuerst mit der Rückseite an die Stirn (1 – Odin), dann zum Herzen (2 – Baldur) und zur rechten und linken Schulter (3 und 4 – Freyr und Thor).

Wer sich dabei zu sehr an das Christenkreuz erinnert fühlt, kann einfach die Faust auf die Brust legen.

Die nordischen Formeln zum Weihen von Opfertrank und Gaben sind:

Þórr helgi horn þetta – Thor weihe dieses Horn
Þórr helgi mjöð þennan – Thor weihe diesen Met
Þórr helgi öl þetta – Thor weihe dieses Bier
Þórr helgi gjöf þessa – Thor weihe diese Gabe

Die Hammerhegung - Hamarhaga

Zur Einhegung und Weihe eines Kultorts wird im ORD häufig die Hammerhegung – auch Hammerritual, englisch Hammer Setting oder althochdeutsch Hamarhaga – verwendet, die in ihrer geläufigen, bei vielen Heidengruppen verbreiteten Form auf Edred Thorsson, eine führende Persönlichkeit der US-amerikanischen Asatru-Szene, zurückgeht. Man braucht dazu einen Thorshammer, zumindest als kleines Amulett. Notfalls kann die Faust als "natürlicher Hammer" als Ersatz dienen.

1. Wende dich nach Norden, erhebe den Hammer und sprich:

   Hamar í Norðri, helga vé þetta ok hald vörð ok hindr alla illska!
   (Hammer im Norden, weihe dieses Heiligtum und halte Wacht und wehre allem Übel!)

2. Mache es in gleicher Weise in die anderen drei Richtungen:

   Osten: Hamar í Austri, helga vé þetta ok hald vörð ok hindr alla illska!
   Süden: Hamar í Suðri, helga vé þetta ok hald vörð ok hindr alla illska!
   Westen: Hamar í Vestri, helga vé þetta ok hald vörð ok hindr alla illska!

3. Halte den Hammer über deinen Kopf und sprich:

   Hamar yfir mér, helga vé þetta ok hald vörð ok hindr alla illska!
   (Hammer über mir...)

4. Zeige mit dem Hammer zur Erde und sprich:

   Hamar undir mér, helga vé þetta ok hald vörð ok hindr alla illska!
   (Hammer unter mir...)

5. Drehe dich mit dem hoch erhobenen Hammer, sodass er einen vollen Kreis um den Ort beschreibt, und sprich:

Hamar (Þórr), helga vé þetta ok hald vörð ok hindr alla illska!
(Hammer (Thor), weihe dieses Heiligtum und halte Wacht...)

oder breite beide Arme nach den Seiten aus und sprich:

Um mik ok í mér Ásgarðr ok Miðgarðr!
(Um mich und in mir Asgard und Midgard)

Welche der beiden Möglichkeiten man wählt, hängt vom Zweck ab, zu dem das Hammerritual ausgeführt wird. Zur Weihe eines Kultplatzes und für alle Rituale in Gemeinschaft eignet sich die erste Möglichkeit besser, die zweite passt mehr für persönliche und innerliche Rituale.

Abwandlungen der Hammerhegung

Zwei weitere Möglichkeiten, einen Ritualort mit dem Schutz Thors/Donars zu umhegen und zu weihen, hat ORD-Mitglied Stilkam ausgearbeitet. Die eine besteht darin, den Ablauf des Hammerrituals mit Anrufungen an Thor zu füllen. Stilkam dichtete dafür die Verse:

Im Norden: **Dröhnenden Donner dem Dunkel entgegen
nach Norden sende, nach Niflheim!**

Im Osten: **Durch den Eisenwald eile aus dem Osten herbei,
tapferer Thor, Töter der Thursen!**

Im Süden: **Von Süden kommt Surt mit sengender Hitze.
Schütze uns, schlagkräftiger Schleuderer der Blitze!**

Im Westen: **Dem Wanensohn im Westen, in Wäldern und Auen,
Herr des Hammers, hilf häufig ihm!**

In der Mitte: **Bei den Asen und Alben und Hels dunkler Halle –**
  Mjöllnir schütze in Midgard diese stille Stätte!

Die andere Möglichkeit besteht darin, sich in der *Algiz-Runenhaltung* (beide Arme schräg nach oben gestreckt, sodass der Körper die Algiz-Rune bildet) in die Mitte des Platzes zu stellen und das folgende Gebet zu sprechen. Vor den Text Stilkams habe ich, da sie es wert ist, bewahrt zu werden, eine überlieferte Anrufung Donars in althochdeutscher Sprache eingefügt:

> **Donar dûtigo dietêwîgo!**
> **(Donar, heimatlicher, unvergänglicher)**
>
> **Um Donars Macht ich bitte,**
> **Donars Macht nach alter Sitte.**
> **Weihe diesen Ort dem heil'gen Kult,**
> **Den Asen und Alben, die uns huld,**
> **Den Wanen und weisen Zwergen**
> **In Alfheims Auen und Midgards Bergen,**
> **Auch Ask und Emblas Söhnen,**
> **Den Starken, und Töchtern, den Schönen.**
> **Möge Donars Schutz hier walten**
> **Bis das heil´ge Blót gehalten!**

Weihe eines heiligen Platzes - Statwîha

Hier folgt der Vorschlag einer vollständigen Platzweihe, die sowohl für ein einzelnes Ritual als auch zur dauerhaften Weihe eines Ortes (althochdeutsch *stat*, Stätte, daher "Statwîha", Weihe einer Stätte) als heiliger Platz (althochdeutsch *wîh*, nordisch *vé*) vorgenommen werden kann. Benötigt werden Met oder Bier als Opfertrank, ein Blóthorn und ein Thorshammer. Muss der Platz vorher gereinigt werden, braucht man auch Salz (eventuell mit Erde vermischt), Wasser, Räucherwerk (z.B. Salbei, Beifuß oder eine Mischung) und einen brennenden Ast oder eine Fackel. Zum Reinigen umschreitet man den Platz jeweils mit einer dieser Gaben und spricht dabei:

> **Ich reinige dich mit dem heiligen Salz der Erde.**
>
> **Ich reinige dich mit dem heiligen Wasser des Lebens.**
>
> **Ich reinige dich mit der heiligen Kraft des Feuers.**
>
> **Ich reinige dich mit dem heiligen Rauch,**
> **Der die Luft erfüllt und die Götter erfreut.**

Die eigentliche Weihe des Platzes beginnt mit der Hammerhegung. Danach spricht man nach Norden gewandt:

> **Heilir Æsir, heilar Ásynjur, ok öll ginnheilög goð!**

oder deutsch:

> **Heil Asen, Heil Asinnen und alle hochheiligen Götter!**

Danach spricht man:

> **Wir weihen diesen Platz der Verehrung unserer Mutter Erde,**
> **Der Götter und Geister, der Alben und Ahnen,**
> **Der heiligen Kräfte des Lebens in uns und um uns.**

Danach folgt das dreimalige Umschreiten des Platzes, wobei man die Runenreihe singt. Das dann folgende Spill und das Gibet sollen bei Ritualen in Gemeinschaft, um möglichst viele einzubinden, von verschiedenen Teilnehmern gesprochen werden, die eigentliche Weiheformel (Wîhgaldar – der Begriff *galdar* wird hier in der allgemeinen Bedeutung "laut gesprochener Ritualtext" verwendet) und den Opferspruch (Giltgaldar) spricht der Blótmann.

Spill: Heil den Asen und Vanen.
Heil den Nornen.
Heil allem Leben. Heil unseren Ahnen,
Unseren Gesippen und Gefährten
Und denen, die kommen werden.

Heil den Geistern in Baum und Gebirge,
In Erde, Wasser, Feuer und Luft.
Heil den Geistern unseres Landes
Und Heil unserer Mutter Erde.

Gibet: Allvater Odin,
Erfülle uns mit deiner Kraft und Weisheit.
Ostara, Mutter des Lebens,
Gib uns Stärke und Wachstum.

Wîhgaldar: Wir weihen diesen Ort,
Wie es unsere Vorfahren taten,
Den Asen und Vanen
Und ihrem Stamm.

Giltgaldar: Wir danken den Alben,
Die diesen Ort bewohnen,
Für ihre Gastfreundschaft.
Empfangt diese Gegengabe
Und haltet immer mit uns gute Nachbarschaft
Auf einem Platz, der blüht und gedeiht.

Nun wird der Opfertrank auf die Erde gegossen und die Heiligkeit des Platzes erklärt:

Dieser Ort ist heilig.
Ein Frevler, der seinen Frieden bricht.
Heil allen, die ihn halten.

Anrufung der Elemente - Welhaga

Im Folgenden werden die Elemente in den vier Himmelsrichtungen von vier verschiedenen Sprechern angerufen. Bei der Welhaga ruft man nur die Kräfte des Nordens, Ostens usw. an wie in anderen Traditionen, sondern auch die Wächter der vier Richtungen, die mit ihren Namen aus der Edda genannt werden, wie es bereits in der Kurzversion im vorigen Kapitel gezeigt wurde. Hier nun eine ausführlichere Form der Welhaga:

Der erste Sprecher tritt mit einer Fackel in der Hand an den nördlichen Scheitelpunkt des Kreises um den Kultplatz, steckt die Fackel in den Boden und spricht:

Heil Norðri, Wächter des Nordens!
Heil, Kräfte der Erde!
Wir rufen euch und laden euch ein zu unserem Fest!
Erde, die uns trägt und nährt!
Erde, aus der wir gekommen sind
Und in die wir zurückkehren werden!

Der zweite Sprecher tut das gleiche nach Osten hin und spricht:

Heil Austri, Wächter des Ostens!
Heil, Kräfte der Luft!
Wir rufen euch und laden euch ein zu unserem Fest!
Heiliger Atem der Götter!
Kraft des Verstandes und der Klarheit,
Der Weisheit und Inspiration!

Der dritte Sprecher tut das gleiche nach Süden hin und spricht:

> **Heil Suðri, Wächter des Südens!**
> **Heil, Kräfte des Feuers!**
> **Wir rufen euch und laden euch ein zu unserem Fest!**
> **Feuer, das schafft und verzehrt!**
> **Glut der Wärme des Lebens!**
> **Flamme der Stärke und Leidenschaft!**

Der vierte Sprecher tut das gleiche nach Westen hin und spricht:

> **Heil Vestri, Wächter des Westens!**
> **Heil, Kräfte des Wassers!**
> **Wir rufen euch und laden euch ein zu unserem Fest!**
> **Lebensspendendes Wasser!**
> **Kraft des Wachstums und der Fruchtbarkeit,**
> **Der Heilung und des Segens!**

Der Blótmann tritt in die Mitte des Kreises und spricht:

> **Heil, ihr guten Kräfte**
> **Von Erde und Wasser, Feuer und Luft!**
> **Kräfte des Göttlichen um uns und in uns,**
> **Die alles durchdringen!**
> **Wir rufen euch und laden euch ein zu unserem Fest!**
> **Erfüllt uns mit euren Gaben,**
> **Mit Weisheit und Stärke**
> **Und mit dem Segen der Götter!**

Alle antworten:

> **Heja!**

Allgemeine Götteranrufungen - Algotspill

Die einfachste traditionelle Form des Spill an alle Götter (althochdeutsch *algot* heißt "alle Götter", da das sächliche Wort *got* stark dekliniert und daher auch in der Mehrzahl *got* lautet) wurde bereits als Möglichkeit für den Eröffnungsgruß am Beginn eines Begangs erwähnt. Sie sei hier der Vollständigkeit halber noch einmal angeführt:

Heilir Æsir, heilar Ásynjur, ok öll ginnheilög goð!
(Heil Asen, Heil Asinnen und alle hochheiligen Götter!)

Nach der allgemeinen Bedeutung des Wortes *áss* (Gottheit) schließt dieser Gruß die Vanen mit ein. Will man sie ausdrücklich nennen, spricht man:

Heilir Æsir, heilir Vanir, ok öll ginnheilög goð!
(Heil Asen, Heil Vanen und alle hochheiligen Götter!)

Eine damit verbundene Formel, die der Autor dieses Buches verfasst hat und als Blótmann häufig verwendet, ist

Wir grüßen unsere heilige Mutter Erde,
Die Götter und Geister und alle Wesen, die mit uns sind.
Heilir Æsir, heilar Ásynjur ok öll ginnheilög goð.

Weitere einfache Anrufungsformen sind zum Beispiel:

Heil allen Asen und Vanen! Mögen sie immer mit uns sein!

Heil den Göttern! Heil der Erde!
Heil allem Göttlichen um uns und in uns!

Große Anrufung nach dem *Book of Blotar* des britischen Odinic Rite, in der deutschen Form leicht abgewandelt:

Heil den Asen und Vanen!

Heil den Nornen! Heil allem Leben!
Heil unseren Ahnen, unseren Gesippen und Gefährten
Und denen, die kommen werden!
Heil den Geistern in Baum und Gebirge,
In Erde, Wasser, Feuer und Luft!
Heil den Geistern unseres Landes
Und Heil unserer Mutter Erde!
Heil allem, was heilig ist!

Stabreim-Anrufung mit besonderer Betonung Odins:

Den Rabengott ruf´ ich und alle Berater,
Odin und alle Asen und Vanen:
Gewährt uns Weisheit und heilsames Wirken,
Rede und Rat und richtige Runen,
Heil allen, die hier sind, und Heil ihren Sippen.

Namentliche Anrufung - Spill bi Namon

Das folgende Beispiel zeigt eine Anrufung aller Gottheiten – oder jedenfalls der meisten – bei ihren Namen (althochdeutsch *bi namon*) am Beginn eines Begangs. Man kann auch einzelne Absätze daraus verwenden, um nur jene anzurufen, die man besonders ehren will. In beiden Fällen gehört die abschließende allgemeine Anrufung dazu, damit keine Gottheit vernachlässigt wird. Die Anrufung kann von einer Person allein oder von mehreren gesprochen werden, etwa indem sich ein Mann und eine Frau als Sprecher und Sprecherin abwechseln:

Sprecher: **Hört, ihr Hohen in Himmel und Erde!**
Alle ihr Asen und edlen Vanen!

Alle: **Heja!**

Sprecherin: **Den Göttern und Göttinnen gilt unser Ruf.**
Die die Ahnen riefen, rufen wir auch.

Alle: **Heja!**

Sprecher: **Odin, Allvater, Erster der Asen!**
Schenker von Weisheit und Rat, Rede und Runen!
Zauberherr, Siegvater! Wirker des Schicksals!
Wir rufen dich!

Alle: **Heja!**

Sprecherin: **Frigg, Göttermutter, Herrin der Frauen!**
Schützerin der Ehe und heiligen Eide!
Frigg, die das Schicksal kennt!
Wir rufen dich!

Alle: **Heja!**

Sprecher: **Thor, Donnerer, Sohn der Erde!**
Beschützer der Götter und Menschen!
Spender fruchtbringenden Regens!

	Wir rufen dich!
Alle:	**Heja!**

Sprecherin:	**Sif mit dem goldenen Haar!**
	Beschützerin der Sippe!
	Mutter von Mut, Macht und Stärke!
	Wir rufen dich!
Alle:	**Heja!**

Sprecher:	**Freyr, Fruchtbringender!**
	Schenker von guter Ernte und Frieden!
	Von Wachstum und männlicher Kraft!
	Wir rufen dich!
Alle:	**Heja!**

Sprecherin:	**Freyja, Vanadis, Folkvangs Herrin!**
	Göttin der Fruchtbarkeit, Liebe und Lust!
	Schenkerin der Kraft der Frauen!
	Wir rufen dich!
Alle:	**Heja!**

Sprecher:	**Tyr, Herr des Things!**
	Gott der Gerechtigkeit und des Kampfes!
	Wir rufen dich!
Alle:	**Heja!**

Sprecherin:	**Ostara, Mutter des neuen Lebens!**
	Göttin des Frühlings, Erweckerin!
	Wir rufen dich!
Alle:	**Heja!**

Sprecher:	**Baldur, der Asen Edelster!**
	Gott des Lichts und der Reinheit!
	Wir rufen dich!
Alle:	**Heja!**

Sprecherin:	**Nanna, Wagemutige, Gattin Baldurs!**
	Treueste unter den Asinnen!
	Wir rufen dich!
Alle:	**Heja!**

Sprecher:	**Njörd, Vanenvater, Gott des Meeres!**
	Bringer von Reichtum und Fahrtheil!
	Wir rufen dich!
Alle:	**Heja!**

Sprecherin:	**Nerthus, Erdmutter, Segensreiche!**
	Bringerin von Frucht und Frieden!
	Wir rufen dich!
Alle:	**Heja!**

Sprecher:	**Heimdall, Wächter am Weg zu den Göttern!**
	Gemeinsamer Vater von jedem Stand!
	Wir rufen dich!
Alle:	**Heja!**

Sprecherin:	**Heilige Mütter! Huldreiche Drei!**
	Schützerinnen von Sippe, Stamm und Land!
	Wir rufen euch!
Alle:	**Heja!**

Sprecher:	**Ullr und Skadi!**
Sprecherin:	**Idunn und Bragi!**
Sprecher:	**Vali, Vidar, Vili und Vé!**
Sprecherin:	**Wir rufen euch!**
Alle:	**Heja!**
Sprecherin:	**Gefjun und Fulla!**
Sprecher:	**Hödur und Hermodur!**
Sprecherin:	**Sunna, Sinthgunt, Saga und Sjöfn!**
Sprecher:	**Wir rufen euch!**
Alle:	**Heja!**
Sprecher:	**Loki und Lodur!**
Sprecherin:	**Var und Vör!**
Sprecher:	**Forseti, Lenker gerechten Rats!**
Sprecherin:	**Wir rufen euch!**
Alle:	**Heja!**
Sprecher:	**Alle ihr Asen und alle ihr Alben!**
Sprecherin:	**Alle ihr Vanen und heiligen Wesen!**
Sprecher:	**Ihr Ahnen, die Leben und Heil uns gaben!**
Sprecherin:	**Erde und Wasser! Feuer und Luft!**
Beide:	**Wir rufen euch!**
Alle:	**Heja!**

Allgemeine Festgebete - Spill und Gibet

Für das Festgebet, das aus einem "interesselosen", die Götter ehrenden Teil (Spill) und den Festbitten (Gibet) besteht, finden sich bei jedem Fest Beispiele, die den jeweils besonders geehrten Gottheiten gewidmet sind. Ergänzend dazu als Spill und Gibet an alle übrigen oder als alleiniges Gebet für verschiedene Anlässe kann man das folgende sprechen:

> **Heil den Asen! Heil den Vanen!**
> **Götter und Göttinnen unserer Ahnen und unseres Landes!**
>
> **Himmel und Erde habt ihr geordnet,**
> **Midgard erhoben und mit Heil erfüllt.**
> **Ihr gebt Leben und Liebe, Lust und Kraft,**
> **Willen und Weisheit und Wachstum der Welt.**
>
> **Wie die Ahnen euch ehrten, lasst uns es auch tun!**
>
> **Für all eure Segnungen sagen wir Dank**
> **Und vergelten Gabe mit Gabe.**
> **Gewährt uns auch weiter, was wir erbitten**
> **Und lohnt unsere Treue mit Treue.**
>
> **So war's bei den Ahnen, so sei es bei uns.**
> **Heil allen Göttern und Göttinnen!**

Ein Gebet, das man ebenfalls bei allen Anlässen sprechen kann, ist das Wessobrunner Gebet, dessen heidnische Form im folgenden Abschnitt "Gebete" zu finden ist.

Sprüche zum Runengesang - Rûnagaldar

Um den Runengesang einzuleiten, kann man Odins Runenlied aus der Edda rezitieren. Die beiden letzten haben einen kultischen Stil und wurden sicherlich aus der rituellen Praxis in die Edda übernommen (Simrock-Übersetzung):

Ich weiß, dass ich hing am windigen Baum,
Neun lange Nächte,
Vom Speer verwundet, dem Odin geweiht,
Mir selber ich selbst,
Am Ast des Baums, dem man nicht ansehn kann,
Aus welcher Wurzel er wächst.

Sie boten mir nicht Brot noch Horn.
Da neigt' ich mich nieder,
Nahm die Runen auf, nahm sie schreiend auf,
Fiel nieder zur Erde.

Hauptsprüche neun lernt' ich von dem weisen Sohn
Bölthorns, Bestlas Vaters,
Und trank einen Trunk des teuern Mets
Aus Odrörir geschöpft.

Zu gedeihen begann ich und begann zu denken,
Wuchs und fühlte mich wohl.
Wort aus dem Wort verlieh mir das Wort,
Werk aus dem Werk verlieh mir das Werk.

Runen wirst du finden und ratbare Stäbe,
Sehr starke Stäbe, sehr mächtige Stäbe.
Die Fimbulthul färbte und die großen Götter schufen
Und der hehrste der Herrscher ritzte.

Nach dem Runengesang kann eine weitere Edda-Strophe folgen (Genzmer-Übersetzung):

> **Abgeschabt waren alle, die eingeritzt waren,**
> **Und in den mächtigen Met gemischt,**
> **Und weiten Weg gesandt.**
> **Die sind bei den Asen,**
> **Die sind bei den Alben,**
> **Die bei weisen Vanen,**
> **Die in der Menschen Macht.**

Opfersprüche - Giltgaldar

Zur Eröffnung des Opfers eignen sich zwei weitere Strophen aus dem Hávamál, die ebenfalls aus der rituellen Praxis stammen:

> **Weißt du zu ritzen? Weißt du zu raten?**
> **Weißt du zu färben? Weißt du zu forschen?**
> **Weißt du zu beten? Weißt du zu blóten?**
> **Weißt du zu senden? Weißt du zu schenken?**

> **Besser nicht gebetet als zuviel geboten;**
> **Die Gabe will stets Vergeltung.**
> **Besser nichts gesendet als zuviel geschenkt.**
> **So ritzte es Thundr zur Richtschnur den Völkern.**
> **Dorthin entwich er, von wannen er ausging.**

Bei der Darbringung der einzelnen Opfergaben spricht man am besten mit eigenen Worten konkret den Dank oder die Bitte aus, die der Grund für das Opfer sind. Als Grundmuster dafür kann das Opfergebet Thorkels in der Viga-Glums saga dienen. Nachdem besagter Thorkel von Glum gezwungen wurde, ihm seinen Besitz Thvera abzutreten, opfert er Freyr einen Ochsen und betet dabei:

> **Freyr, du bist lange mein Schutzfreund gewesen und hast viele Gaben von mir angenommen und mir wohl gelohnt. Heute bringe ich dir diesen Ochsen dar mit dem Wunsch, dass Glum einst ebenso gegen seinen Willen vom Thveraland fortgehe wie ich jetzt. Und lass mich ein Zeichen sehen, ob du meine Gabe annimmst oder nicht.**

Alternativ dazu oder für Opfer, die als generelle Ehrengabe an die Götter gedacht sind, kann man eine allgemeine Formel sprechen, etwa:

> **Wir geben euch dies als Zeichen unserer Ehrfurcht.**
> **Habt Dank für eure Gaben,**
> **Gebt uns Kraft und Heil**
> **Und haltet uns die Treue,**
> **Wie wir sie euch halten!**

ORD-Mitglied Stilkam hat eine Opfer-Anrufung verfasst, die mit den Runen von Gabe und Gegengabe (Gebo), der Götter (Ansuz) und der Menschen (Mannaz) kombiniert ist:

> Ihr Asen und Vanen,
> Euch bringen wir diese Gaben!
> Götter von Asgard und Vanaheim,
> Nehmt sie als unser Geschenk an!
> Wir geben von dem, das ihr uns gegeben.
> Gebo – Ansuz– Mannaz – Ansuz
> Auf dass das Band zwischen euch und uns gestärkt werde!

Sprüche zum Blót - Bluostrargaldar

Die einfachste Art, das Horn und den Opfertrank für das Blót zu weihen, ist die schon erwähnte Weihe mit dem Hammerzeichen und den Worten:

Thor weihe dieses Horn...diesen Met... dieses Bier...diese Gabe
(*nordisch:* **Þórr helgi horn þetta...mjöð þennan...öl þetta...gjöf þessa**)

Anschließend oder ersatzweise kann die Person, die das Horn weiht, folgendes Gedicht sprechen, das Stilkam verfasst hat:

Um Donars Macht ich bitte,
Donars Macht nach alter Sitte
Weihe diesen Trank,
Weihe diese Gaben –
Zu Ehren aller Asen und Vanen!

Ebenfalls von Stilkam stammt dieser Spruch zur Opferung des Tranks:

Den Göttern zu Ehren,
Den Menschen zum Gedeihen.
Mögen alle Wesen in allen Welten wissen,
Dass wir uns zu den Asen und Vanen bekennen.
Das heilige Band sei erneuert!

Abschlussworte - Ûzlâz

An die Abschlussworte des Blótmanns kann man wieder eine Strophe aus dem Hávamál anfügen (Simrock-Übersetzung):

Des Hohen Lied ist gesungen
In des Hohen Halle,
Den Erdensöhnen not, unnütz den Riesensöhnen.
Wohl ihm, der es kann, wohl ihm, der es kennt,
Lange lebt, der es erlernt,
Heil allen, die es hören.

Gebete

Aufbau eines Gebets

Die wenigen überlieferten Gebetstexte zeigen einen sehr variablen, im Prinzip aber einheitlichen Aufbau, der einer einfachen Logik folgt: Zuerst werden die Gottheiten, an die man sich wendet, mit ihren Namen und eventuell Funktionen und Beinamen oder mit einem Heilgruß angerufen, erst danach spricht man konkret Bitte oder Dank aus. Dies ist die traditionelle germanische Zweiteilung des Gebets, die vor die Anliegen des Sprechers im eigentlichen Gebet (Gibet) einen anrufenden, rühmenden oder erzählenden Teil setzt, für den Karl Helm das althochdeutsche Wort *spill* oder *spell* (ursprünglich "einfache Aussage", später auch "Erzählung" oder "Geschichte", da das Spill oft mythische Erzählungen enthält) als traditionellen "Fachausdruck" vermutet. Die gleiche Zweiteilung kehrt auch in den Zaubersprüchen wieder, sodass diese im Englischen *spell* heißen.

Zwischen Spill und Gibet kann man wie im zuvor zitierten Opfergebet Thorkels darauf hinweisen, dass man geopfert und seine Gaben vergolten bekommen hat, oder die Taten und Segnungen der angerufenen Gottheiten schildern.

Letzteres wird man umso mehr ausbauen, je mehr Ehre man ihnen erweisen will. Das Gebet nimmt dann eine hymnische Form an, die auch unabhängig von konkreten Anliegen Sinn hat, für allgemeine Spill zu den Festen geeignet ist und seit jeher die Dichter inspiriert hat. Jan de Vries erklärt die für die nordische Dichtung typischen *kenningar* aus der kultischen Sprache: Aus den hymnischen Zubenennungen der Götter – wie etwa "Schützer Midgards" oder "Riesentöter" für Thor – wurden feststehende poetische Umschreibungen, die dann allgemein verwendet wurden. In Snorri Sturlusons Skáldskaparmál, jenem Teil der Jüngeren Edda, der die Sprache der Dichtung behandelt, sind einige Fragmente überliefert, aus denen man sich ein Bild über die nordischen Götterhymnen machen kann.

Ein vollständig erhaltenes Beispiel der zweigliedrigen germanischen Gebetstradition zeigt das althochdeutsche Wessobrunner Gebet, das zwar in der um 820 verfassten Niederschrift christlich umgeformt ist, aber eindeutig heidnische Wurzeln hat. Ein isoliert erhalten gebliebenes Spill ist vermutlich das Odinsgebet aus dem Hyndlalied. Es ist denkbar, dass diese beiden Strophen ein fixer Bestandteil zweigliederiger Gebete waren, die von den Einzelnen je nach Anliegen mit einem wechselnden Gibet in Prosa ergänzt wurden. Nach diesem Muster lassen sich verschiedene mythische Texte – Teile aus Eddaliedern oder selbst gedichtete Strophen – für Gebete zu jedem Anlass verwenden.

Allgemein gilt der Hávamál-Satz "Besser nicht gebetet als zuviel geboten" sowohl für Gebete, bei denen man Opfer anbietet, als auch für solche, deren Gabe an die Götter "nur" ehrende Worte sind. Überschwang und Schmeichelei sind der germanischen Tradition fremd. Wo das richtige Maß liegt, lässt sich an den überlieferten Beispielen, auch wenn es nur wenige sind, ganz gut ersehen. Man sollte die Götter auch nicht um Dinge bitten, die man ohne ihre Hilfe genauso gut erreichen kann. Es ist nicht ihre Aufgabe, sich um jede Kleinigkeit zu kümmern. Wir brauchen auch nicht zu fürchten, zu wenig an die Götter zu denken, wenn wir in den Dingen des Alltags "auf unsere eigene Macht und Stärke vertrauen", wie die Wikinger sagten, denn diese Macht und Stärke (*mátt ok meginn*) kommt letztlich von ihnen und wurde uns gegeben, damit wir von ihr Gebrauch machen.

Germanische Heiden beten daher weniger als Angehörige mancher anderer Religionen, mit spröderen Worten und, wie schon ausgeführt, ohne Demut und Unterwürfigkeit, aber keineswegs weniger ehrlich und inbrünstig. Je seltener das Gebet, je wichtiger sein Anlass und je klarer und geradliniger seine Worte sind, umso wertvoller ist es auch.

Nachfolgend einige historische Gebete in Übersetzung. Die Originaltexte werden im Anhang wiedergegeben.

Gebet Sigrdrífas

aus dem Sigrdrífumál (Simrock-Übersetzung), in jeder Strophe je zwei Zeilen Spill und Gibet:

> Heil Tag! Heil Tagsöhne!
> Heil Nacht und Nachtkind!
> Mit holden Augen schaut her auf uns
> Und gebt uns Sitzenden Sieg!
>
> Heil Asen! Heil Asinnen!
> Heil fruchtschwere Flur!
> Rat und Rede gebt uns Ruhmreichen zwein
> Und Heilkraft den Händen stets!

Gebet an Odin

aus dem Hyndlalied (Genzmer-Übersetzung), vermutlich Spill eines zweigliedrigen Gebets:

> Lass Heervater um Huld uns bitten!
> Er vergilt und gibt Gold den Seinen:
> Hermod gab er Helm und Brünne,
> Schenkte Sigmund ein Schwert zu eigen.
>
> Gibt Sieg den Söhnen, Besitz den Schnellen,
> Rat und Rede Recken vielen,
> Fahrwind den Degen, Dichtkunst Skalden,
> Gibt Mannesmut manchem Helden.

Gebete an die Erde

angelsächsischer Flursegen

1. Die Erde bitt ich und den Oberhimmel:
   Erke, Erke, Erke, Erdenmutter!
   Es gönnen die allwaltenden ewigen Herrscher,
   Dass die Äcker grünen und gedeihen,
   Voll werden und sich kräftigen,
   Sie gönnen Garben
   Und des Roggens Wachstum
   Und des weißen Weizens Wachstum
   Und aller Erde Wachstum!

2. Es gönne Fro Ing, der ewige Herr,
   Und die Götter, die in Asgard sind,
   Dass diese Erde gefriedet sei
   Gegen alle und jedwede Feinde
   Und dass sie geborgen sei
   Gegen alles und jedwedes Übel
   Und Zauberlieder, die im Land sind.
   Nun bitte ich die Waltenden,
   Welche die Welt geordnet haben,
   Dass weder ein beredtes Weib
   Noch ein kundiger Mann
   Zu wenden vermöge
   Das Wort, das so gesprochen wurde.

3. Heil sei dir, Erdflur, der Irdischen Mutter!
   Sei du grünend in der Götter Umarmung,
   Mit Frucht gefüllt, den Irdischen zu frommen!

Ostara-Erdsegen

Eine enge Verwandtschaft mit den vorhergehenden zeigt das folgende Gebet, das Rudolf John Gorsleben nach einer Handschrift aus dem Kloster Corvey zitiert. Das Original nennt am Schluss die "Heiligen, die im Himmel sind". Sie wurden hier entsprechend ersetzt:

> **Ostara, Ostara, Erdenmutter,**
> **Gönne diesem Acker**
> **Zu wachsen und zu werden,**
> **Zu blühen und Frucht zu bringen. Friede ihm!**
> **Dass die Erde gefriedet sei**
> **Und dass sie geborgen sei**
> **Wie die Götter,**
> **Die in Asgard sind.**

Gebete an Thor

nach dem Hyndlalied

> **Thor will ich opfern, treu will ich bitten,**
> **Dass er immer dir hold und hilfreich sei.**

Aus dem Pariser Spruch gegen Fallsucht (althochdeutsch):

> **Donar, heimatlicher, unvergänglicher!**

Wessobrunner Gebet

Unter dem Titel "De poeta" (von einem Dichter) hat der Schreiber als Spill ein Gedicht verwendet, das ein fast wörtliches deutsches Gegenstück der Völuspá, vielleicht sogar ihr Vorbild, war, und in Prosa ein christliches Gibet hinzu gesetzt. Ich habe die mögliche heidische Urform auf Althochdeutsch zu rekonstruieren versucht und dabei die ersten sechs Langzeilen unverändert übernommen, die nächsten drei, die etwas holprig verchristlicht sind, in Anlehnung an die Völuspá umgeformt und die restlichen beiden auf gleiche Weise ergänzt. Im Gibet habe ich mich an den Stil des Schreibers und so weit wie möglich auch an seine Worte gehalten, typisch christliche Bitten aber durch heidnische ersetzt. Hier die neuhochdeutsche Fassung (althochdeutsche im Anhang):

> **Das erfuhr ich unter den Menschen als der Wunder größtes,**
> **Dass die Erde nicht war noch der Überhimmel,**
> **Noch irgendein Baum noch ein Berg war,**
> **Noch von Süden die Sonne her schien,**
> **Noch der Mond leuchtete, noch das mächtige Meer.**
> **Als da niemand noch war an Enden und Wenden,**
> **Da waren doch Wodan, Wili und We,**
> **Die freigiebigsten Männer, und manche mit ihnen,**
> **Herrliche Geister. Und die heiligen Götter**
> **Erhoben Midgard und den Himmel hoch**
> **Und gaben den Menschen manches Gut.**
>
> **Mächtige Götter, die ihr Himmel und Erde gewirkt habt und die ihr den Menschen so manches Gut gabt, gebt uns Heil und Ehre, Weisheit und Klugheit und Kraft, Feinden zu widerstehen und Übles zu bekämpfen und ehrenhafte Taten zu tun.**

Gebete des britischen Odinic Rite

Die folgenden Gebete sind eine Auswahl aus dem "Book of Blotar" des britischen Odinic Rite. Den deutschen Wortlaut habe ich an einigen Stellen aus stilistischen Gründen geringfügig verändert. Die Originaltexte finden sich im Anhang.

Gebet zum Tag

Mögen meine Taten an diesem Tag richtig sein.
Heil Tag!
Gebt mir Stärke, den Schwierigkeiten,
Die dieser Tag bringen mag,
Ins Auge zu sehen
Und sie mit der Kraft der Götter zu meistern.
Lasst mich heute und jeden Tag
Ein ehrenhaftes Leben führen.
Im Namen der hohen Götter...
(dann das Hammerzeichen)

Einfacher Dankesspruch

Für Freunde, Speis' und Trank
Sagen wir den Göttern Dank.
(dann das Hammerzeichen)

Gebet der Schwurmannen

beim Anlegen des Torc (ein Brustschild-Symbol, die "Rüstung Odins") zu sprechen

Alles Heil den hohen Göttern!
Mögen wir ihrer Gegenwart in uns und um uns gewahr sein.
Heil dem Leben!
Mögen wir, die Odins Rüstung tragen, sie in Ehren tragen.

Gebete an einzelne Götter

Die folgenden Gebete eignen sich für verschiedene Anlässe und können sowohl bei Festen als auch für sich allein gesprochen werden. Die Gebete an Wodan, Freyr und Nerthus wurden von ORD-Mitglied Stilkam verfasst, die übrigen von mir.

Gebet an Freyr

Heil sei dir, Erntegott,
Blotgud Svía!
Aus deines Nährers Halle Noatun
Zogst du aus, in Albenheim zu herrschen.
Regenschauer und Sonnenschein
Sendest du Midgard,
Wo Menschen zu dir rufen, Fro Ing!
Offenbare dich in nachtdunklen Wäldern des Nordens,
Wo Gullinburstis Gesippe lebt,
Und in lichten Laubhainen des Südlands,
Über die weiße Wolken eilen
Wie Skidbladnir mit geblähtem Segel.
Freier Gerds, gönne auch uns Lust und Liebe
Und schöne Jahre in Jörds Schoß.
König des Landes, fülle die Kornkammern uns.
Gewähre uns starken Stand in Wêwurts Wogen,
So wie du mit Waldkönigs Geweih
Surts scharfem Schwert entgegentratst.
Heil sei dir, Erntegott, Freyr!

Gebet an Nerthus

Heil sei dir, holde Nerthus,
Mutter Erde, Ernährerin!
Das goldene Getreide,
Reifend in Sunnas Strahl,
Ist dein Geschenk, Gütige.

In Winterkälte verhüllt, verharrend,
Wartest du auf deine Wiederkehr
In der Wonnezeit.
Wir werden dich willkommen heißen,
In deinen Rhythmen ruht das Leben.
Heil dir, holde Nerthus!

Gebet an Thor

Mächtiger Thor, der Thursen Töter,
Midgards Schirmer, Beschützer der Welt!
Der du schlägst die Jöten, Jörmungand trotzest,
Die Asen und Alben vor Argem bewahrst!

Du weihst die Würdigen, wehrst der Not,
Mit nährendem Nass benetzt du die Erde,
Gibst Kraft der Krume,
Stärke den Stämmen,
Segen den Sippen,
Mut jedem Menschen.

Gewähre uns, Wingthor, weiterhin Huld,
Dass Gunst und Gaben mit Treu wir vergelten.
Mit starker Hand behüte uns allzeit!
Gib Frucht den Feldern und Heil allem Volk!

Gebet an die Sonne

Sunna! Sonne! Gesegnet seist du!
Erhabene Herrscherin des hohen Himmels!
Der Zeiten Lenkerin! Lebensspenderin!
Sunna! Sonne! Segen und Heil!

Gesegnet seist du, Sonne im Osten!
Mit rosiger Hand erhebt dich Ostara
Mächtig und mild auf Midgards Flur.
Du sendest dein Licht über Land und Meer,
Verscheuchst die Schatten und Schrecken der Nacht.
Gesegnet seist du, Sonne im Osten!

Gesegnet seist du, Sonne im Süden!
Wärme wirkst du den Welten allen,
Licht und Leben mit lodernder Glut.
Dein Feuer erfüllt uns mit Freude und Kraft.
Blüten bringst du und blutvolles Sein.
Gesegnet seist du, Sonne im Süden!

Gesegnet seist du, Sonne im Westen!
Vertrauter Tagstern auf treuer Bahn!
Dein Aufgang und Untergang ordnet die Zeit.
Verlässlich lenkst du den Lauf des Jahres.
Gewiss ist die Wiederkehr, wenn du versinkst.
Gesegnet seist du, Sonne im Westen!

Gesegnet seist du, Sonne im Norden!
Wo niemals du sinkst einen Sommer lang.
Im klammer Umarmung von Kälte und Eis
Erhieltest du heiß das heilige Erbe,

Bewahrtest die Weisheit aus Wodans Mund.
Gesegnet seist du, Sonne im Norden!

Sunna! Sonne! Gesegnet seist du!
Mächtig und mild auf Midgards Flur!
Der Zeiten Lenkerin! Lebensspenderin!
Sunna! Sonne! Segen und Heil!

Gebet an Wodan

Rabengott, Herr der Wölfe, Einäugiger Weiser – höre mich!
Opfergott, strahlender Siegvater, Gungnirs Herr – höre mich!
Löser der Fesseln, erster Runenmeister, Totengott – höre mich!
Dunkler Wanderer, Walvater,
Komm von Hlidskjalf herab zu diesem Heim!
Nimm Sleipnir, den schnellen Grauen, eile herbei,
Ich rufe dich!
Dich will ich ehren mit diesem Horn voll hellem Met.
Sei willkommen, Nachtjäger, Wotan!

Preisgedicht an Ostara

Aus Winters Gewalt erwacht die Erde,
Erhebt sich in Herrlichkeit Hunderter Arten,
Grünend im Glanz der jungen Göttin,
Die aufsteht von Osten. Ostara Heil!

Gewähre Wachstum und Wohlgedeihen,
Kraft deinen Kindern und klares Wasser.
Mit Frucht und Frieden und Freude erfüllt
Dein Atem die Erde. Ostara Heil!

Abendgebet für Kinder

Danke, ihr Götter, für diesen Tag!
Thor, mein Freund, beschütze mich in der Nacht!
Mutter Erde und Allvater Odin,
Gebt mir und meiner Familie
Immer euren Schutz und euren Segen!

Die Feste im Jahreskreis

Das heidnische Jahr

Der Festkalender der germanischen Völker war, wie im ersten Teil erwähnt, nicht einheitlich und variierte regional wie auch in den einzelnen Epochen. Nach Snorri Sturluson gab es in Skandinavien drei jährliche Hauptfeste: am Beginn des Winters das *dísablót* für Fülle im kommenden Jahr, in der Mitte des Winters *jól* (Jul) für Wachstum und Korn und im Sommer das *sigrblót* für Sieg. Nach dem isländischen Kalender war das Jahr in eine Winter- und Sommerhälfte geteilt, an deren Scheidepunkten im Oktober und April nach den Sagas Opfer gehalten wurden. Das Mittwinteropfer (*jól*) fiel in die Mitte des Januars. Der angelsächsische Kalender teilt das Jahr durch die Sonnenwenden und lässt es mit der *modraniht* (Mütternacht) von 24. auf 25. Dezember beginnen. Der April heißt *eostremanoth* und ist wie der althochdeutsche *ostarmanoth* nach dem Fest der Eostre (Ostara) benannt.

Trotz aller Abweichungen lassen sich also vier Hauptfeste ausmachen: Jul und Mittsommer an oder nach den Sonnenwenden sowie je eines im Herbst und im Frühling. Mit ziemlicher Sicherheit gehen sie schon auf die Bronzezeit zurück, in der die astronomische Beobachtung weit fortgeschritten war und offensichtlich in kultischem Zusammenhang stand. Spektakuläre Funde wie die Himmelsscheibe von Nebra haben dies erneut bestätigt. Man kann annehmen, dass die später abweichend gefeierten Feste ursprünglich genau an den Eckpunkten des Jahres stattfanden oder zumindest eng an sie gebunden waren, vielleicht in dem Sinn, dass sie mit dem Vollmond nach dem astronomischen Termin begannen. Letzteres hätte zur Folge gehabt, dass das Ostara-Fest meist in den April fiel, der denn auch der *ostarmanoth* des altfränkischen Kalenders ist.

Der Odinic Rite Deutschland feiert die vier Hauptfeste, wie es viele andere Heidengruppen ebenfalls tun, genau zu den Eckpunkten des Jahres bzw. aus praktischen Gründen an den nächstliegenden Wochenenden. Das entspricht dem bronzezeitlichen Ursprung und dem dahinter stehenden Gedanken, dass nicht allein der irdische Vegetationszyklus, sondern die Ganzheit der kosmischen Ordnung gefeiert wird, von der er ein Teil ist.

Kleinere Feste

Neben den vier Hauptfesten sind auch einige kleinere Feste überliefert, die in den verschiedenen germanischen Ländern gefeiert wurden. So gab es auf Island ein Thor-Fest (*þórri*) im Januar, in Schweden ein Disen-Fest Anfang Februar, nach dem das *disting* von Uppsala benannt wurde, in England das "Brotlaib-Fest" (*hloafmæs*, modern *Lammas*) Anfang August und später in Deutschland die Walpurgisnacht als zweites Frühlingsfest.

Lammas und Walpurgis entsprechen den keltischen Festen *lughnasad* und *beltaine*, die direkt zwar nur aus Irland überliefert sind, wahrscheinlich aber auch in den keltischen Gebieten des heutigen England und Deutschland gefeiert wurden und dort über die germanische Besiedlung hinaus erhalten blieben. Die Kelten feierten außerdem noch das dem schwedischen Disen-Fest entsprechende *imbolc* und das Toten- und Ahnenfest *samhain* am 1. November, das keine germanische Entsprechung hat.

Zusammen ergeben die vier "Sonnenfeste" zu Beginn der astronomischen Jahreszeiten und die vier keltischen "Feuerfeste" jeweils etwa in der Mitte zwischen ihnen ein "achtspeichiges Jahresrad", das manche heidnischen und neuheidnischen Gruppen zum Anlass nehmen, alle acht Feste – also alle sechs Wochen eines – zu feiern. Dagegen ist nichts zu sagen, man sollte sich aber bewusst sein, dass dies eine moderne Festfolge ist, die ihren Ursprung einem unhistorischen keltisch-germanischen Synkretismus verdankt. Die Behauptung, alle acht Feste wären germanisch oder gar von allen Germanen zu allen Zeiten gefeiert worden, lässt sich aus seriösen Quellen nicht aufrecht erhalten.

Der Odinic Rite Deutschland stellt es seinen Mitgliedern frei, im Rahmen ihrer persönlichen Religiosität so viele Feste zu feiern, wie sie wollen – vier oder acht Jahreskreisfeste, Feste für ihre Schutzgottheiten, Mondfeste und vieles mehr. Als offizielle Feste der Gemeinschaft, die vom ORD und seinen Untergruppen im Namen des ORD gefeiert werden, gelten aber nur die vier Hauptfeste zu den Sonnenwenden und Tagundnachtgleichen. Daher werden in diesem Buch auch nur sie behandelt.

Anleitungen für Jahreskreisfeste

Im Folgenden werden die vier Jahreskreisfeste des Odinic Rite Deutschland einzeln erläutert und Anleitungen für ihre Feier mit Texten gegeben, die *keine* vom ORD festgelegten Ritualtexte, sondern Beispiele sind, an denen sich Gruppen und einzeln Feiernde orientieren können. Eigene Kreativität soll dadurch nicht eingeschränkt werden, sie ist im Gegenteil erwünscht und wird, wenn sie ein würdiges Ergebnis bringt, den Göttern zur Ehre und den Feiernden zum Heil gereichen. Wer sich aber lieber an eine Vorlage hält, findet hier vollständige Rituale, die für eine kurze Feiergestaltung ausreichen.

Die Rituale sind so gestaltet, dass sie allein oder in einer kleinen Gruppe, z.B. einem Herd, mit einer einzigen Person als Blótmann bzw. Blótfrau durchgeführt werden können. Daher wird als Sprecher der Anrufungen (Spill), Gebete (Gibet) und rituellen Sprüche (Galdar) meist nur ein einzelner Blótmann genannt. Seine Aufgaben können und sollen nach Möglichkeit aber auch auf mehrere Personen, Männer und Frauen, aufgeteilt werden. Ein Jahresfest ist ein idealtypisches Beispiel für ein kultisches Ritual, das man unabhängig von persönlichen Anliegen zur Verehrung der Götter "begeht" – einen Begang also.

Frühjahrs-Tagundnachtgleiche – Ostara

Ostara ist das Frühlingsfest, mit dem wir das neue Leben begrüßen und den Göttern danken, dass wir über den Winter gekommen sind. Wir sind nicht verhungert oder erfroren – Gefahren, die uns im Schutz der modernen Zivilisation fern scheinen, die aber für unsere Ahnen mit jedem Winter verbunden waren und auch heute immer noch näher sind, als wir es wahrhaben wollen. Gefährlich, lebensfeindlich und entbehrungsreich war der Winter auf jeden Fall für viele Wesen außerhalb unserer warmen Häuser: Pflanzen, Tiere, aber auch Menschen am Rand der Gesellschaft. Die Freude, das Schlimmste überstanden zu haben, und die Dankbarkeit gegenüber den Göttern, die uns die Kraft dazu gaben, war stets ein wichtiges Element des Ostara-Festes und wird es auch immer bleiben müssen.

Aber der Blick geht vor allem nach vorn. Ostara ist ein Fest des Aufbruchs, der Erneuerung und Erwartung. Die ersten Blumen, Baumknospen und der Gesang der Vögel künden vom Wiedererwachen des Lebens. Bald wird der Nachwuchs im Stall und draußen in der freien Natur geboren, und auch wir beginnen ein neues Jahr mit vielen Plänen und Hoffnungen. Es sind ganz verschiedene, die besonders für jene von uns, die in Städten leben, mit den traditionellen Frühlingshoffnungen nicht mehr viel zu tun haben. Aber was wären alle unsere Pläne, worauf immer sie sich richten, ohne die Fruchtbarkeit der Felder und des Viehs, von denen unser Leben nicht minder abhängt als das unserer Vorfahren?

Deshalb ist das Fest neben Ostara, der Göttin des jungen Lebens und Lichts, auch den Gottheiten geweiht, die am engsten mit der Fruchtbarkeit in Beziehung stehen: den Vanen. Freyr und Freyja bitten wir um ihre Gunst, und besonders Nerthus, die in vielen Eigenschaften eins mit der Mutter Erde, aber auch eine Göttin des lebensspendenden Wassers ist. Tacitus beschreibt ihren Umzug auf einem von Kühen gezogenen Wagen.

Über Ostara berichtet er nichts, es sei denn, sie wäre identisch mit der angeblichen "Isis", von der er schreibt, dass ein Teil der Sueben ihr opferte. Diese Stelle ist völlig ungeklärt. Sie kann auf einen Übermittlungsfehler – ein Lateiner konnte leicht "Isis" verstehen, wenn sein Gewährsmann von "Idis", Dise oder Göttin, sprach – oder auf die *interpretatio romana* einer fruchtspendenden Göttin zurückgehen, wie auch die keltische Noreia in Südösterreich als Isis interpretiert wurde. Wie dem auch sei, klar belegt ist die Verehrung Ostaras durch den Festnamen, der althochdeutsch die Mehrzahlform *ostarun* hatte, also ein Fest bezeichnete, das sich über mehrere Tage erstreckte. Das entsprechende angelsächsische Wort führt der Chronist Beda Venerabilis auf die Göttin Eostre zurück, die an diesen Tagen verehrt wurde. Es scheint ein spezifisch englisches und deutsches Fest gewesen zu sein, das anderen Germanenvölkern zumindest in dieser

Form – und mit demselben Bezug auf Ostara/Eostre – fehlte. Nur im Deutschen und Englischen hat sich der germanische Name Ostern bzw. Easter auch für das christliche Fest durchgesetzt, das überall sonst nach seinem Ursprung im jüdischen Passah-Fest benannt ist.

Heidnisch wie der Festname sind auch die Ostersymbole Hase und Ei, die als Zeichen der Fruchtbarkeit geopfert und als Opfermahl verspeist wurden. Der Missionar Bonifatius hat deshalb im Jahr 755 das Essen von Hasenfleisch verboten.

Zu den Riten des Ostara-Festes gehört das Schöpfen des Osterwassers, das am Morgen der Tagundnachtgleiche durchgeführt wird. Frauen oder Mädchen schöpfen bei Sonnenaufgang schweigend aus einer natürlichen Quelle Wasser, das für Heilungen und Weihungen verwendet wird. Es muss keine auch sonst heilkräftige Quelle sein, denn Osterwasser erhält durch die heilige Zeit und ihre Gottheiten eine eigene Kraft.

Heidnischen Ursprung haben auch die vielerorts brennenden Osterfeuer, die mit ihrer gewaltigen Größe und Hitzeentwicklung die Wiederkehr von Licht und Wärme auf eindrucksvolle Weise feiern, sowie Weihungen von Zweigen und Ruten, die für Fruchtbarkeit in die Felder gesteckt werden, Flurumgänge und Bräuche, die den Sieg über den Winter darstellen. Letztere wurden bei den Gemeinschaftsfeiern des Odinic Rite Deutschland schon mehrmals in Form eines Schaukampfs zweier Männer, deren älterer besiegt wurde, in die Ostara-Feier mit eingeflochten.

Beim Opfermahl (Gouma) trägt man Mythen und Geschichten vor, die mit dem Sieg über den Winter und/oder der Erweckung des Lebens in Gestalt einer Frau in Zusammenhang stehen. Das sind Thors Kämpfe gegen die Frostriesen, vor allem die Wiedergewinnung des Hammers von Thrym, die im Eddalied Thrymskvida erzählt wird. Im Alvismál erscheint der Winter als Zwerg, den Thor durch sein Wissen bezwingt. Auf gleiche Art gewinnt im Fjölvinsmál der Held Svipdag Zutritt zum Palast Menglöds.

Vorschlang zum Begang des Ostarafests

I. Haga und Wîha

Welhaga (Anrufung der Wächter der Himmelsrichtungen und der Elemente) und Wîha mit der Hammerhegung. Dem Festanlass entsprechend, kann man in der Welhaga auf das Wiedererwachen der Natur besonders eingehen:

Erster Sprecher: Heil Norðri, Wächter des Nordens!
Heil, Kräfte der Erde,
Die sich erneuert und neues Leben gebiert!
Wir rufen euch und laden euch ein zu unserem Fest.

Zweiter Sprecher: Heil Austri, Wächter des Ostens!
Heil, Kräfte der Luft,
Die lau und milde den Frost bezwingt!
Wir rufen euch und laden euch ein zu unserem Fest.

Dritter Sprecher: Heil Suðri, Wächter des Südens!
Heil, Kräfte des Feuers,
Das mit neuer Kraft Licht und Wärme bringt!
Wir rufen euch und laden euch ein zu unserem Fest.

Vierter Sprecher: Heil Vestri, Wächter des Westens!
Heil, Kräfte des Wassers,
Das frei vom Eis neues Leben hervorbringt!
Wir rufen euch und laden euch ein zu unserem Fest.

Blótmann: Heil, ihr guten Kräfte
Von Erde und Wasser, Feuer und Luft!
Kräfte des Göttlichen um uns und in uns,
Die alles durchdringen!
Wir rufen euch und laden euch ein zu unserem Fest!
Erfüllt uns mit euren Gaben,

> Mit Weisheit und Stärke
> Und mit dem Segen der Götter!

Alle antworten: **Heja!**

II. Heilazzen

Blótmann: **Wir grüßen unsere heilige Mutter Erde,**
Die Götter und Geister und alle Wesen, die mit uns sind.
Heilir Æsir, heilar Ásynjur ok öll ginnheilög goð.

III. Reda

Blótmann: Ostara. Zeit des Erwachens. Zum ersten Mal nach den kalten Winternächten versammeln wir uns auf der wiedererwachten Erde und stehen dankbar und stolz vor den Göttern und Göttinnen. Wir danken ihnen für die Kraft, die sie uns gaben, die Dunkelheit und die Kälte zu überstehen, und wir blicken mit Stolz auf den neuen Aufbruch in der Natur, denn wir sind ein Teil von ihr und erheben uns mit ihr zu neuen Taten. Lasst uns die Ströme des Lebens, die neu in uns fließen, zu heilvollem Schaffen nutzen! Mögen Hoffnung und Stärke uns füllen und uns wie die Erde erneuern. Mögen uns die Götter jetzt und immerdar Sonnenschein und erfrischenden Regen senden. Mögen die Felder, Weiden und Wälder immer erfüllt sein vom neuen Leben des Frühlings. Mögen unser Land, unsere Sippen und unser Volk immer blühen und gedeihen. Möge, was aus guten Wurzeln erwacht, wachsen und reifen. Von der Erde, aus der wir gekommen sind, durch unsere Ahnen und uns bis in ferne Zukunft. Heil dem Leben!

IV. Zunten

Feuerwart: **Im Namen der hohen Götter entzünden wir**
Die heilige Flamme der Reinigung und der Schöpfung,
Das erste Mysterium und die letzte Gnade.
Flamme wachse an Flamme,
Dass Leben, Licht und Wärme sich mehren
Und nicht verlöschen vor der Zeit.

Während das Feuer entzündet wird und den Holzstoß erfasst, bedenken die Festteilnehmer kurz die Worte des Blótmanns und singen dann ein Frühlingslied.

V. Spill und Gibet

Der Blótmann allein oder abwechselnd mit einer Blótfrau oder mehrere Personen, die sich die Aufgabe teilen, sprechen mit erhobenen Händen

Spill: **Ostara, Mutter des neuen Lebens!**
Göttin des Frühlings, Erweckerin!
Dir weihen wir dieses Fest.

Nerthus, Erdmutter, Segensreiche!
Bringerin von Frucht und Frieden!
Dich rufen wir in unsere Mitte.

Thor, Beschirmer der Götter und Menschen!
Bezwinger der Mächte von Kälte und Not!
Wir sagen dir Dank.

Freyr und Freyja, freundliche Vanen!
Schenker von Wachstum und Fruchtbarkeit,
Glück und Segen!
Wir laden euch zu uns ein.

Gibet: **Alle ihr Asen und alle ihr Alben!**
Alle ihr Vanen und heiligen Wesen!
Wir bitten euch:

Erfüllt mit Freude und Frucht die Erde,
Die Wiesen und Wälder mit Wachstum und Kraft!
Gebt Fülle den Feldern,
Den Tieren Trächtigkeit,
Lust den Liebenden,
Leben dem ganzen Land!

Lasst Blumen blühen und Blätter sprießen
Und unsere Werke wachsen und reifen!
Gebt Segen unseren Sippen,
Dem Volke Frieden,
Gute Ernte der Erde
Und Heil allen Heimdallskindern!

So beten wir, so bitten wir,
So vergelten wir gern eure Gaben.

Alle: **Heja!**

VI. Rûnagaldar

Nach einem weiteren Lied oder gleich anschließend folgt nun der Runengesang (Rûnagaldar). Ein vor dem Fest bestimmter Vorsänger singt nach einer Einleitung (siehe "Sprüche zum Runengesang") oder auch ohne sie jede Rune drei Mal. Alle singen spätestens ab dem zweiten Mal mit. Man kann entweder die ganze Runenreihe singen oder unter den folgenden wählen:

Berkano (Ostara) – **Fehu** (Nerthus) – **Laguz** und **Ingwaz** (Freyr/Freyja) – **Uruz** (Erde) – **Kaunaz** (Lebenskraft) – **Wunjo** (Wonne) – **Jera** (Jahr/Ernte) – **Dagaz** (Morgendämmerung) und allgemein **Ehwaz** (Partnerschaft zwischen Göttern und Menschen) und **Gebo** (Gabe und Gegengabe).

VII. Gilt

Danach werden die Opfergaben – z.B. ein Kranz aus Frühlingsblumen, Gebildbrote in Form eines Hasen oder Strohfiguren und ein Korb mit roten Eiern, die teils zum Opfern, teils für die Feiernden bestimmt sind – vom Altar genommen und zum Blótmann getragen. Er schwingt darüber den Thorshammer oder macht das Hammerzeichen und spricht den Wîhgaldar:

Von Asgard zu Midgard,
Von Midgard zu Asgard:
Thor weihe diese Gaben!

Ein Helfer geht mit dem Korb geweihter Eier durch den Kreis und lässt jeden Mitfeiernden eines nehmen. Eventuell erhält auch jeder ein Stück von einem Gebildbrot. Den Rest bringt der Helfer wieder vor den Blótmann, der die Gaben hoch hebt und spricht:

> **Wir geben euch dies als Zeichen unserer Ehrfurcht.**
> **Habt Dank für eure Gaben,**
> **Gebt uns Kraft und Heil**
> **Und haltet uns die Treue,**
> **Wie wir sie euch halten!**

Der Blótmann übergibt die Opfergaben dem Feuer. Andere Festteilnehmer, die zusätzliche Opfer darbringen wollen, schließen sich an. Auch verschiedene Weihungen können an dieser Stelle vorgenommen werden.

VIII. Bluostrar

Dem Blótmann wird das Blóthorn gebracht und der Met eingeschenkt. Er weiht das Horn, hebt es hoch und spricht:

> **Den Göttern zu Ehren,**
> **Den Menschen zum Gedeihen.**
> **Mögen alle Wesen in allen Welten wissen,**
> **Dass wir uns zu den Asen und Vanen bekennen.**
> **Das heilige Band sei erneuert!**

Der Blótmann gießt Met auf die Erde, trinkt einen Schluck und reicht das Horn weiter. Jeder Teilnehmer spricht seinen Segenswunsch, opfert und trinkt. Dabei werden auch die Eier und Gebildbrote als Opfermahl gegessen.

IX. Ûzlâz

Am Ende des Begangs spricht der Blótmann eine Abschlussformel, dankt den Wesen des Ortes für ihre Gastfreundschaft und löst den Kreis auf.

Sommersonnenwende – Mittsommer

Das Mittsommer- oder Sonnwendfest ist nach Jul das zweitwichtigste Fest der germanischen Tradition, das in zahlreichen Volksbräuchen die christliche Zeit überdauert hat. Die Tradition des Festes reicht bis in die Megalith- und Bronzezeit zurück, deren Heiligtümer astronomisch exakt ausgerichtete "Sonnentempel" sind. Im Norden wurden auch "Trojaburgen" angelegt, das sind labyrinthische Steinsetzungen, in denen der Weg der Sonne zwischen den Wendepunkten durch kultische Tänze dargestellt wurde.

Mittsommer ist ein Naturfest, das den Sieg der Sonne, den Gipfelpunkt ihrer Macht und ihres Segens am längsten Tag des Jahres feiert. Dank an die Sonne und die lichten Gottheiten, allen voran an Baldur, den hellsten der Asen, bestimmen das Fest. Zugleich aber ist es die Wende: Die Sonne zieht sich wieder zurück, die Tage werden wieder kürzer, das Jahresrad dreht sich wieder abwärts, auf die dunkle Hälfte zu.

Daher verbindet sich mit der Sonnenwende nicht nur der Triumph Baldurs, sondern auch sein Tod, der so unausweichlich ist wie der Lauf des Jahresrads. Wie der Aufstieg mit dem Abstieg der Sonne ist auch Baldur schicksalhaft mit seinem blinden, d.h. dunklen Bruder Hödur verbunden, der ihn tötet und mit dem er sich nach Ragnarök versöhnt und gemeinsam herrscht: wie Tag und Nacht, helle und dunkle Hälfte des Jahres. Baldur ist aber kein jährlich sterbender und wiedergeborener Sonnengott, denn die Sonne ist in den germanischen Sprachen weiblich (altdeutsch *Sunna*, nordisch *Sól*) und wurde nie einem männlichen Gott zugeordnet, und sein Tod und seine Wiederkehr sind keine zyklischen Ereignisse, sondern einmalig und beziehen sich auf das Schicksal der gesamten gegenwärtigen Welt und den Aufgang eines völlig neuen Weltenzeitalters.

Gleichwohl ist Baldur als Gott des Lichts, der Reinheit und der heilenden Kräfte von sonnenhaftem Wesen – ein "Sohn der Sonne" oder der höchsten Göttin des Himmels, Frigg – und sein Schicksal mit dem der Sonne zwar nicht gleichzusetzen, aber analog. So wie sie jedes Jahr absteigt und wieder aufsteigt und damit den Kreislauf der Natur bestimmt, lenken Tod und Wiederkehr Baldurs den Untergang der alten und den Aufgang der neuen Welt. So verbinden wir beim Mittsommerfest im Gedenken an Baldurs Tod und der Hoffnung auf seine Wiederkehr den jährlichen Zyklus der Natur mit dem Werden und Vergehen des ganzen Kosmos. Wir begreifen das ewige Stirb und Werde, in dem alles Einzelne vergehen muss, aber das Leben an sich unvergänglich ist und sich immer wieder erneuert. Wir erleben seinen Sieg in der Kraft der sommerlichen Fülle, der Sonne und des Feuers.

Im Mittelpunkt des Festes steht das Sonnwendfeuer, das in traditioneller Art mit dem Feuerbohrer entzündet wird. Wenn man das nicht beherrscht, legt man eine Fackel an den Holzstoß. Das Sonnwendfeuer ist kein Mittel, um die Sonne magisch zu stärken, denn dafür wäre es zu spät: Ihr Werk für Feld und Wald ist getan; was bis zur Sonnenwende nicht geworden ist, wird nicht mehr. Aber das Feuer spiegelt die Sonne und ihre Segnungen. Es ist Zeichen ihres Triumphs, Kraft und Leben lodern in ihm, und es reinigt und heiligt, was mit ihm in Berührung kommt. Deshalb werden in Volksbräuchen mancherorts brennende Räder zu Tal gerollt, um das Land von schädlichen Kräften zu reinigen und ihm Heil zu bringen, deshalb springt man über das Feuer und wirft "Sorgenscheiter" hinein, in die man seine Sorgen gesprochen hat, damit sie im Feuer vergehen.

Labyrinth- oder Kreistänze können das Ritual bereichern. In alter Zeit hielt man auch Reiterspiele ab, denn Pferde sind wegen ihrer Verlässlichkeit ein Symbol der Gestirne und ziehen im Mythos die Sonne über ihre Bahn, wie es schon der bronzezeitliche Sonnenwagen von Trundholm darstellt. Solche Sonnenwägen oder Sonnenräder in Form von Gebildbroten eignen sich auch als Opfergaben, ebenso Nachbildungen von Pferden aus Teig oder Stroh als Ersatz für das Pferdeopfer, das in alter Zeit zur Sonnenwende dargebracht wurde, und Pferdefleisch für das Opfermahl. Passend ist auch ein Kranz aus Sommerblumen und Kräutern, der dem Feuer übergeben wird.

Zum Vortrag beim Opfermahl (Gouma) eignet sich das Edda-Gedicht Baldrs draumar oder die Baldur-Erzählung aus der Jüngeren Edda.

Vorschlag zum Begang des Mittsommerfests

I. Haga und Wîha
Welhaga (Anrufung der Wächter der Himmelsrichtungen und der Elemente) und Wîha mit der Hammerhegung.

II. Heilazzen

Blótmann: **Heil dem Leben!**

              Heil dem Rad von Werden, Vergehen und Wiederkehr!

              Heil der Sonne!

              Spenderin von Leben, Licht und Wärme!

              Heil Mutter Erde!

              Heil allen Göttern und Göttinnen

              Und allen Wesen, die mit uns sind!

III. Zunten

Während des Feuerbohrens, das einige Minuten dauern kann, ist Zeit für ein Musikstück oder ein Lied. Wenn der Zunder Feuer gefangen hat, geht der Feuerwart damit durch die Runde und lässt jeden Teilnehmer das Feuer anblasen. Schließlich entzündet er den Holzstoß.

Feuerwart: **Im Namen der hohen Götter entzünden wir**

              Die heilige Flamme der Reinigung und der Schöpfung,

              Das erste Mysterium und die letzte Gnade.

              Flamme wachse an Flamme,

              Dass Leben, Licht und Wärme sich mehren

              Und nicht verlöschen vor der Zeit.

Anstelle dieses Spruches kann man auch einen der folgenden wählen oder mehrere Feuersprüche von mehreren Personen sprechen lassen:

So lodre du Flamme gen Himmel mit Macht,
Leucht' weit in die Lande in der Sommernacht
Als Opferspende
Zur Sonnenwende!

Feuer, wenn du zum Himmel flammst,
Grüße die Sonne, der du entstammst!
Künde, dass treu wir gehütet die Glut,
Heiliges Erbe, das in uns ruht!

Feuer ist das Beste den Erdgeborenen
Und der Sonne Schein.
Gesundheit sei ihm nicht versagt
Und lasterlos zu leben.

IV. Reda

Blótmann: Mittsommer. Sonnenwende. Mitte des Jahres. Wendepunkt am Rad des Lebens. Wir feiern den Sieg der Sonne, des Lichts und des Lebens über Kälte und Dunkelheit. In diesen Tagen, den längsten des Jahres, sind wir der Sonne am nächsten, erfüllt mit ihrer größten Macht und ihren größten Segnungen. Von nun an dreht sich das Rad wieder abwärts, dem Dunkel und der Kälte zu. Doch von dort werden Wärme, Licht und Leben zu einem neuen Kreis wiedererstehen. Wir feiern diesen ewigen Kreis des Lebens, in dem nichts von Dauer ist, aber immer wieder Licht und Stärke über Finsternis und Tod triumphieren. Wir feiern die ewige Ordnung der Natur und den ordnenden Geist der Götter, die in ihr und in uns sind.

V. Spill und Gibet

Blótmann: **Heil Asen! Heil Vanen! Heil Erde und Sonne!**
Wir danken euch für die Gaben des Sommers,
Für Wachstum und Fruchtbarkeit, Fülle und Glück!
Gebt uns gute Ernte und Frieden,
Gesundheit und Kraft und heilvolles Wirken!

Wir feiern die Macht der Sonne.

Hier folgt das Gebet an die Sonne aus dem Abschnitt "Gebete"

Wir feiern Baldur, den sonnenhaften Gott.

Heil dir, Baldur, hellster der Asen!
Strahlend in Fülle, Frieden und Licht!
Gott der Reinheit und des Lebens
Auf der Höhe seiner Kraft!
Wie die Sonne erhellst du die Welt
Und erfüllst sie mit deinem Segen.
Wie die Sonne sinkst du
Vom Höhepunkt deiner Macht
Hinab in das Dunkel des Todes.
Und den Tod bringt die Hödur,
Dein blinder Bruder,
Dein dunkler Zwilling
Im ewigen Kreis
Von Licht und Dunkelheit,
Leben und Tod.
Wir betrauern dich, Baldur,
Beweint von allen Wesen.
Doch wenn das Rad wieder wendet
Und sich Asgard und Midgard erneuern,
Wirst du wiederkehren
Und versöhnt mit deinem dunklen Bruder
Herrschst du Seite an Seite mit ihm
Über einen neuen Kreis.

Unbesät werden die Äcker tragen,
Böses bessert sich, Baldur kehrt heim.
Hödur und Baldur hausen im Sieghof
Froh, die Walgötter – wisst ihr noch mehr?

VI. Rûnagaldar

Nach einem Labyrinth- oder Kreistanz folgt der Runengesang. Ein vor dem Fest bestimmter Vorsänger singt nach einer Einleitung (siehe "Sprüche zum Runengesang") oder auch ohne sie jede Rune drei Mal. Alle singen spätestens ab dem zweiten Mal mit. Man kann entweder die ganze Runenreihe singen oder unter den folgenden auswählen:

Sowilo (Sonne) – **Wunjo** (Wonne) – **Dagaz** (Morgendämmerung, auch für jeden Wechsel geeignet) – **Othala** (Erbland, hier für das Heil des Landes) und allgemein **Ehwaz** (Partnerschaft zwischen Göttern und Menschen) und **Gebo** (Gabe und Gegengabe).

VII. Gilt

Danach werden die Opfergaben – z.B. ein Kranz aus Blumen und Kräutern des Sommers und ein Gebildbrot in Sonnenform – vom Altar genommen und vor den Blótmann getragen, der sie weiht. Die Gaben werden in Sonnenrichtung (Uhrzeigersinn) durch den Kreis der Feiernden gereicht, wobei jeder still für sich seine Segnungen und Wünsche auf den Kranz spricht und ein Stück vom Brot abbricht und aufbewahrt. Der Blótmann spricht den Opferspruch, hebt die Opfergaben hoch und spricht:

> **Ihr Asen und Vanen,**
> **Euch bringen wir diese Gaben!**
> **Götter von Asgard und Vanaheim,**
> **Nehmt sie als unser Geschenk an!**
> **Wir geben von dem, das ihr uns gegeben.**
> **Gebo – Ansuz – Mannaz – Ansuz**
> **Auf dass das Band zwischen euch und uns gestärkt werde!**

Der Blótmann übergibt die Gaben dem Feuer. Andere Festteilnehmer können zusätzliche Opfer darbringen oder Weihungen vornehmen. An dieser Stelle können auch Sorgenscheiter verbrannt werden, in die alle ihre Sorgen und Leiden, Irrtümer und Fehler sprechen und sie im Feuer reinigen und zu Erfahrungen wandeln, die sie stärker und weiser machen.

VIII. Bluostrar

Zuletzt wird dem Blótmann das Blóthorn gebracht und der Met eingeschenkt. Er weiht das Horn, hebt es hoch und spricht das Formáli:

> **Den Göttern zu Ehren,**
> **Den Menschen zum Gedeihen.**
> **Mögen alle Wesen in allen Welten wissen,**
> **Dass wir uns zu den Asen und Vanen bekennen.**
> **Das heilige Band sei erneuert!**

Der Blótmann gießt Met auf die Erde, trinkt einen Schluck und reicht das Horn weiter. Jeder Teilnehmer spricht seinen Segenswunsch, opfert und trinkt. Dabei werden die Stücke des Gebildbrotes als Opfermahl gegessen.

IX. Ûzlâz

Am Schluss spricht der Blótmann eine Abschlussformel, dankt den Wesen des Ortes für ihre Gastfreundschaft und löst den Kreis auf.

Herbst-Tagundnachtgleiche – Herbstfest

In der heutigen Zeit, da nur noch die wenigsten Leute Bauern sind, hat das Herbstfest für viele seine Bedeutung als Erntefest verloren. Ohne direkten Bezug zu Acker, Vieh und bäuerlicher Arbeit begehen sie es im übertragenen Sinn als Fest der verschiedenen "Ernten", die man in Beruf, Privatleben und persönlicher Entwicklung eingebracht hat. Daran ist nichts auszusetzen, doch ginge es nur um diese "Ernten", könnten wir sie auch zu jeder anderen Zeit feiern, etwa zum Abschluss des Geschäftsjahres, zu Geburtstagen und persönlichen Jubiläen oder wenn ein Projekt beendet ist.

Im Herbstfest geht es um die Ernte in ihrem ursprünglichen Sinn, mit deren Feier wir uns auch als Städter unsere Einbindung in den Kreislauf der Natur, unsere Abhängigkeit von ihm und unsere Wurzeln in der Erde und den Ahnen, die sie bebaut und für uns und künftige Generationen bewahrt haben, vergegenwärtigen und uns so unseren Platz in der Welt bewusst machen. In der bäuerlichen Ernte ist alles enthalten. Sie ist nicht nur ein Geschenk der Erde und der Götter, sondern auch das Werk menschlicher Arbeit, die, wenn sie dauerhaft Segen und nicht nur kurzfristig Gewinn bringen soll, in Einklang mit der Erde und den Göttern getan werden muss – die lebendige Frucht einer Beziehung, in der jeder sein Teil zum Heil des Ganzen beiträgt. Heilig ist die Ernte, heilig das Land, auf dem wir sie einbringen, heilig sind die, von denen wir es geerbt haben. Die Ernte, das Land, die Ahnen und wir bilden eine heilige Einheit.

Heimat und Herkunft spielen daher im Herbstfest eine bedeutende Rolle. Wir feiern die Segnungen *unseres* Landes, das *unsere* Ahnen bebaut haben. Wir feiern unsere Verwandtschaft mit der heimatlichen Erde, in die ihr Schweiß und ihr Blut geflossen und in die sie zuletzt ganz zurückgekehrt sind. "Sie ist der Staub aus den Knochen unserer Vorfahren", wie die Indianer von der Erde *ihres* Landes sagen. Wir sind ein Teil unserer heimatlichen Erde und sie ist ein Teil von uns. Dies darf nicht mit den "Blut und Boden"-Klischees der NS-Zeit verwechselt werden, die ins Politische gewendet waren und nichts Heidnisches mehr an sich hatten. Die heidnische Auffassung ist vielmehr mit der indianischen "Landheiligkeit" und den von ihr mit angeregten Konzepten der modernen Tiefenökologie verwandt, die eine ganz ähnliche spirituelle Verwurzelung sucht.

Daran mag man die Bedeutung des Herbstfestes als Erntefest auch für heutige Städter erkennen, die selbst keine Ernte einbringen und nicht einmal ein Stück Acker besitzen, deren Leben aber wie seit jeher von der fruchtbaren Beziehung zwischen Erde, Göttern und Menschen abhängt, die von unseren Ahnen aufgebaut wurde und sich uns in der Ernte zeigt. Wir feiern das von ihnen urbar gemachte Land, aus dem wir kommen, als Quelle unseres natürlichen und spirituellen Lebens und unsere Ahnen als diejenigen, die es für uns und künftige Generationen gepflegt und fruchtbar erhalten haben. Ihre Partnerschaft mit dem Land und seinen Göttern und Geistern, bewusst oder unbewusst, ließ die Ernte gedeihen und ist auch Vorbild für die "Ernten" im übertragenen Sinn, die wir beim Herbstfest mit feiern können – weder als ein Geschenk, das uns Erde und Götter in den Schoß fallen lassen, noch als eigene Leistung allein, sondern als Frucht der Gemeinsamkeit von Land, Ahnen, Göttern und uns selbst, des Zusammenwirkens von Gabe und Gegengabe.

Ein Beispiel für die Gestaltung des Altars, der hier – bei einem Herbstfest – zusätzlich zu den Opfergaben mit weiteren Früchten der Ernte geschmückt ist.

Im Sinn dieses dreifachen Ursprungs der Ernte rufen wir beim Herbstfest die Erde, die Götter, die ihr Fruchtbarkeit geben, und die Ahnen an. Im folgenden Beispielritual wird das Festgebet stellvertretend für alle Götter an Thor gerichtet, weil er der Sohn der Erde und der Spender des Regens ist. Angemessen ist natürlich auch ein Dankgebet an die Vanen. Auch Odin als Stammesgott kann angerufen werden. Für das Opfer kann man wie zu Ostara und Mittsommer wiederum einen Kranz flechten. Er besteht vorwiegend aus Getreideähren, in die andere Früchte der Saison, Kräuter und regionale Besonderheiten, z.B. Weinlaub in Weinbaugebieten, eingeflochten werden können. Stellvertretend für alle Nahrungsmittel wird Brot geweiht und an die Feiernden verteilt.

Nicht direkt zum Herbstfest, aber in seinen Sinnkreis gehört der bei allen indogermanischen Völkern bekannte Brauch der letzten Garbe. Wer selbst Getreide anbaut, lässt die letzte Garbe stehen – in Norddeutschland heißt es: für Wodes (Wodans/Odins) Ross. Andernorts heißt sie "Kornmutter" und ist eine Gabe an die Erde. Auch wer nur einen Gemüsegarten hat, sollte die letzte Frucht als Opfer zurücklassen.

Zum Vortrag beim Opfermahl (Gouma) wählt man als Bezug zu Heimat und Ahnen am besten lokale Überlieferungen, die über Besonderheiten des Landes und die Geister, die es bewohnen, berichten. Passend sind aber auch die großen gemeinsamen Sagen aus Ahnenzeiten, etwa Teile des Nibelungenstoffs.

Vorschlag zum Begang des Herbstfests

I. Haga und Wîha

Welhaga (Anrufung der Wächter der Himmelsrichtungen und der Elemente) und Wîha mit der Hammerhegung.

II. Heilazzen

Blótmann: **Wir grüßen unsere heilige Mutter Erde,**
Die Götter und Geister und alle Wesen, die mit uns sind.
Heilir Æsir, heilar Ásynjur ok öll ginnheilög goð.

III. Reda

Blótmann: Heute feiern wir den Herbstbeginn, die Tagundnachtgleiche, an der wir uns vom Sommer verabschieden und die neue Jahreszeit begrüßen. Die Ernte wurde eingebracht, und mit Hilfe der Götter haben wir die Geschenke der Erde vermehrt und das Erbe der Ahnen bewahrt. Wir danken für Wärme und Licht des Sommers, für die Blüten und Früchte und alles Schöne, das wir in dieser Zeit erlebt haben, für die Ernte der Felder und Gärten und alles, was in der hellen Zeit wachsen und reifen konnte. Nun folgt die dunkle Zeit, da die Nächte länger sind als die Tage, die Zeit, da die Erde ruht, um sich wieder erneuern zu können, eine Zeit der Ruhe und Besinnung, des Insichkehrens und Sammelns, damit aus der Dunkelheit und der Kälte von neuem das Licht und die Wärme, neue Kraft und neues Leben entstehen. Möge das Gute, das uns der Sommer geschenkt hat, weiterbestehen, und möge das Schlechte, das uns widerfahren ist, in der dunklen Zeit abfallen wie die dürren Blätter des Herbstes.

IV. Zunten

Feuerwart: **Im Namen der hohen Götter entzünden wir**
Die heilige Flamme der Reinigung und der Schöpfung,
Das erste Mysterium und die letzte Gnade.
Flamme wachse an Flamme,
Dass Leben, Licht und Wärme sich mehren
Und nicht verlöschen vor der Zeit.

Während er mit der Fackel das Feuer entzündet und die Flammen langsam das ganze Holz erfassen, bedenken die Festteilnehmer jeder für sich, wofür sie den Göttern danken wollen und welche Wünsche sie in die kommende Jahreszeit begleiten sollen. Wenn ein Musiker dabei ist, kann er dabei ein leises Lied spielen.

V. Spill und Gibet

Blótmann: **Heil Mutter Erde!**
Gebärerin und Bewahrerin allen Lebens,
Von der wir gekommen sind
Und zu der wir zurückkehren werden!
Wir danken dir für deine Gaben,
Die du uns geschenkt hast
Und die wir von dir ernteten
Mit der Kraft der Götter und Göttinnen.
Beschenke uns weiterhin, reichlich Spendende,
Und lass uns ernten, was unser Anteil ist
Im Einklang mit deinen Gesetzen.

Alle: **Heil Mutter Erde! Wir danken dir!**

Blótmann: **Heil Thor, Sohn der Erde!**
Donnerer und Spender fruchtbringenden Regens!
Beschützer von Asgard und Midgard!
Wir danken dir für deine Segnungen,
Deinen Schutz und deine Hilfe
Im Kampf gegen die Kräfte der Zerstörung,
Der Finsternis, Kälte und Fruchtlosigkeit.
Schütze uns weiterhin, treuer Freund,
Und bewahre deine und unsere Mutter,
Die Erde, vor bleibendem Unheil.

Alle: **Heil Thor! Wir danken dir!**

Blótmann: **Heil unseren Ahnen!**
   Den heiligen Müttern und Vätern unserer Sippen!
   Ihr habt die Erde bebaut, die wir von euch geerbt haben,
   Und unser Land reich und fruchtbar erhalten
   Zum Heil aller künftigen Generationen.
   Nicht Räuber wart ihr, sondern Bewahrer der Erde,
   Die Gabe mit Gabe vergalten.
   Dies war euer Heil und eure Ehre.
   Uns ist es Erbe und heilige Pflicht.
   Lasst uns eure Ehre bewahren,
   Damit wir teilhaben an eurem Heil
   Und euer Stamm blühe,
   Solange die Welt besteht.

Alle: **Heil den Ahnen! Wir danken euch!**

VI. Rûnagaldar

Nach einem Lied oder gleich folgt der Runengesang mit allen Runen oder

Gebo (Gabe und Gegengabe) – **Ehwaz** (Partnerschaft) – **Uruz** (Erde) – **Othala** (Erbland und Ahnen) – **Thurisaz** (für Thor) – **Laguz** und **Ingwaz** (für die Vanen) – **Ansuz** (für Odin).

VII. Gilt

Der Erntekranz und das Brot werden vor den Blótmann gebracht. Das Brot sollte, wenn nicht selbst gebacken, von einem Bauern aus der näheren Umgebung stammen und so groß sein, dass es für das Opfermahl reicht. Der Blótmann weiht das Brot und reicht es weiter. Jeder Feiernde bricht ein Stück ab (der Rest wird für das Opfermahl aufbewahrt), während der Blótmann den Kranz weiht und mit dem Giltgaldar opfert:

> **Wir geben dieses Geschenk**
> **Der Mutter Erde als Dank für ihre guten Gaben,**
> **Thor als Dank für seinen Schutz und den befruchtenden Regen**
> **Und unseren Ahnen zum Gedenken und Dank für ihr Erbe.**
> **Heil allen Göttern und Göttinnen!**
> **Heil unserem Land und den Ahnen!**

Alle: **Heil allen Göttern und Göttinnen!**
Heil unserem Land und den Ahnen!

VIII. Bluostrar

Wenn nicht noch weitere Opfer oder Weihungen durch die einzelnen Teilnehmer folgen, weiht der Blótmann nun das Blóthorn und spricht:

> **Den Göttern zu Ehren,**
> **Den Menschen zum Gedeihen.**
> **Mögen alle Wesen in allen Welten wissen,**
> **Dass wir uns zu den Asen und Vanen bekennen.**
> **Das heilige Band sei erneuert!**

Der Blótmann gießt Met auf die Erde, trinkt einen Schluck und reicht das Horn weiter. Jeder Teilnehmer spricht seinen Segenswunsch, opfert und trinkt.

IX. Ûzlâz

Am Schluss spricht der Blótmann eine Abschlussformel, dankt den Wesen des Ortes für ihre Gastfreundschaft und löst den Kreis auf.

Wintersonnenwende – Julfest

Das Julfest ist das größte Fest des heidnischen Jahres, das mit ihm endet und neu beginnt. Sein Name hängt mit dem alten germanischen Wort für "Rad" (nordisch *hvel*, englisch *wheel*, althochdeutsch *wel*, rund) zusammen und bezieht sich auf das Rad des Jahres, das zur Wintersonnenwende seinen Umlauf vollendet hat. Zum Abgleich zwischen Sonnenjahr und Mondmonaten wurden im alten Kalender vermutlich Schalttage "zwischen den Jahren" eingefügt: die Raunächte (in neuer Rechtschreibung) oder besser Rauhnächte, denn der Name kommt vom Rauch, mit dem in dieser Zeit Haus und Hof gereinigt werden. Deshalb ist der nordische Name *jól* ein Mehrzahlwort wie auch das deutsche *Weihnachten*, das die "geweihten Nächte" der Julzeit meint, also ursprünglich das heidnische Fest bezeichnete.

Es hat mehrere Aspekte. Der grundlegende ist die Wintersonnenwende, mit der die Tage wieder länger werden und das Leben, das wie tot in der Erde ruht, in der dunkelsten Zeit wieder seinen neuen Kreislauf beginnt. Jul ist damit das Gegenstück zur Sommersonnenwende und ebenfalls ein Fest der Sonne und des Lichts, die in vielerlei Formen durch das Brauchtum gefeiert werden: durch Lichterkränze und -bögen, die das Sonnenrad bzw. den Lauf der Sonne über den Himmel darstellen, den Julleuchter mit der Kerze, die zuerst darunter und erst am Sonnwendtag auf den Leuchter gestellt wird, und natürlich den Lichterbaum, der in der bekannten Form zwar neuzeitlich ist, aber als Symbol des neuen Lichts über Yggdrasil gesehen werden kann. Dass Tannenbäume bei bronzezeitlichen Schiffsumzügen, die auf Felszeichnungen zu sehen sind, Vorläufer des Weihnachtsbaums waren, ist zwar reine Spekulation, seine Symbolik passt aber ins Heidentum.

Höchst unwahrscheinlich ist, dass Jul in alter Zeit, wie es heute manche tun, als Geburtsfest Baldurs gefeiert wurde. Es ist zwar die Wiedergeburt der Sonne, aber Baldur ist eben, wie erwähnt, kein Sonnengott wie der römische *Sol Invictus*, dessen Wiedergeburtsfest zur Wintersonnenwende von den Christen erst im Jahr 354 in ihrem Sinn umgedeutet wurde. Wie die Sonne im Germanischen weiblich ist, ist die Lichtgestalt in germanischen Julbräuchen eine junge Frau oder ein Mädchen wie die schwedische "Lucia" mit der Lichterkrone. Die einzige Verbindung zu Baldur, die sich im Festbrauchtum wiederfindet, ist die Mistel, die ihn tötet, nun aber, ihrer eigentlichen Natur als Heilpflanze entsprechend, ein Symbol von Heil und neuem Leben wird.

Mit zum Hauptaspekt von Jul als Fest der Erneuerung und des kommenden neuen Lebens gehört natürlich auch die Verehrung der lebensspendenden Vanen-Gottheiten, traditionell vor allem Freyrs, dem der Jul-Eber geweiht ist. Wir bitten ihn um "gute

Ernte und Frieden" (*ár ok friðr*) für das kommende Jahr, um die Fruchtbarkeit der Felder und, wenn wir Nachwuchs für unsere Sippe planen, um Zeugungskraft. Für die weiblichen Aspekte von Fruchtbarkeit und Sexualität beten wir zu Freyja. Auch Njörd für Wohlstand und Nerthus für die Kräfte des kommenden Frühlings kann man anrufen.

Der zweite Aspekt, der sich über die christliche Zeit bis heute in der Feier von Weihnachten als Familienfest mit Verwandtentreffen und Geschenken erhalten hat, ist der von Sippe und Ahnen, der in den Julnächten, der Wende des Lebens, besondere Bedeutung hat. Wie die Sonne und die Natur sind die Ahnen in die Dunkelheit des Todes zurückgesunken, doch von dort wächst aus ihnen durch uns, die es weitertragen, das neue Leben. Auch dafür stehen die immergrünen Zweige des Julbrauchtums, seien es Misteln, Stechpalmen oder der Tannenbaum. Sie verkünden uns das größere Leben der Sippe, das den persönlichen Tod ihrer Mitglieder überdauert.

So ist das Julfest in einem dritten Aspekt auch den toten Ahnen geweiht, zu deren Erinnerung wir das Julbier trinken, und dem Gedenken an verstorbene Freunde. Ihre Gegenwart in der Wendezeit, wenn die Tore zwischen den Welten offen sind, drückt der Mythos der Wilden Jagd aus, in der Odin, der Allvater, an der Spitze der toten Ahnen über ihr Land reitet. Ihn als Toten- und Ahnengott beim Julbier anzurufen, ist angemessen, ebenso die anderen Ahnengötter: Heimdall, in der Edda der gemeinsame Ahn aller Stände, oder Tuisto und seinen Sohn Mannus, über deren Verehrung als göttliche Ahnen der drei germanischen Urstämme Tacitus berichtet.

Vor allem aber werden beim Julfest die Mütter verehrt, die im altenglischen Festnamen *modraniht* (Mütternacht) angesprochen werden. Es sind sowohl die menschlichen Mütter der Sippe und des Stammes, die noch namentlich bekannten und die Urmütter aus längst vergessener Zeit, als auch die göttlichen Mütter, Frigg und jene Drei, die im römischen Einflussbereich, etwa am Rhein, unter dem lateinischen Namen *Matres* oder *Matronae* mit verschiedenen germanischen, oft von Stammes- und Flurnamen abgeleiteten Beinamen verehrt wurden. Es sind die Disen, die Land und Stamm schützen und über ihr Wohlergehen und ihre Fruchtbarkeit wachen. Sie hüten das Leben im Land, helfen den Frauen bei der Geburt und schützen die Männer in Kampf und Arbeit für ihr Land und ihre Sippe.

Beim Julfest opfern wir Met oder eigens gebrautes starkes Julbier, das wir auch zum Minni-(Gedächtnis-) Trinken brauchen, für das an der Wende des Jahres die richtige Zeit ist. Es ist auch die Zeit für Eide für das kommende Jahr, die traditionell auf den Jul-Eber abgelegt wurden. Haus und Hof werden mit Salbei geräuchert, um sie von der Last des alten Jahres zu reinigen. Alle Feuer und Lichtquellen werden gelöscht und neu entzündet. Geschenke werden ausgetauscht, um die Bande von Sippe und Gemeinschaft neu zu festigen.

Zum Vortrag beim Opfermahl (Gouma) eignen sich die Völuspá, mit der man für das ganze Jahr den Kreis der germanischen Mythen umfassen kann, mythische Lehrgedichte wie das Vafþrudnismál, Mythen über die Wilde Jagd und als Verweis auf die göttlichen Ahnen das Rigsmál oder die Tuisto-Passage aus der Germania des Tacitus.

Vorschlag zum Begang des Julfests

Der folgende Vorschlag ist sehr kurz gehalten, damit das Ritual auch bei strenger Kälte im Freien durchgeführt werden kann. Eine heidnische Familie kann es in dieser Form vor einer Feier von Weihnachten als Familienfest mit nichtheidnischen Verwandten abhalten.

I. Haga und Wîha
Einfache Wîha mit der Hammerhegung.

II. Heilazzen
Blótmann: **Wir grüßen unsere heilige Mutter Erde,**
Die Götter und Geister und alle Wesen, die mit uns sind.
Heilir Æsir, heilar Ásynjur ok öll ginnheilög goð.

III. Reda
Blótmann: Heute vor einem halben Jahr haben wir Mittsommer gefeiert, den Tag, an dem die Sonne wendete und die zweite Hälfte des Jahres anfing, die Hälfte, in der die Tage kürzer wurden und das Jahr in die Dunkelheit abstieg, bis es jetzt die dunkelste Zeit erreicht hat, den Tiefpunkt des Jahresrades, an dem der Weg vollendet ist und von neuem beginnt. Heute feiern wir die Vollendung des Jahresrades und den neuen Anfang, die Wiedergeburt der Sonne, des Lichts und des neuen Lebens, das noch im Schoß der Mutter Erde ruht.

Eine andere Person spricht das Gedicht:

> **Wenn Winterstarre alles Leben zwingt**
> **Und Todesahnung alles Leben streift,**
> **Schon neues Leben aus der Tiefe dringt**
> **Und tief verborgen neuer Frühling reift.**

Blótmann: Am tiefen Wendepunkt des Jahresrades begegnen sich Leben und Tod. Beide sind eine Einheit im ewigen Kreis des Seins. Darum gedenken wir heute, wenn wir das kommende neue Leben begrüßen, auch derer, die ihren Lebenskreis schon vollendet haben und wieder zur Erde zurückgekehrt sind, aus der sie gekommen sind. Wir gedenken unserer Ahnen, die uns durch die endlose Kette der Generationen mit unserem Ursprung im Anfang allen Lebens, in der Erde und in den Göttern verbinden. Sie leben weiter in der Erde, von der sie wieder ein Teil geworden sind, und in uns und unseren Nachkommen. Gedenken wir still derer, die uns vorausgegangen sind, und löschen wir dann die Lichter.

Nach dem Gedenken spricht der Blótmann in die Dunkelheit:

> **Das Licht des alten Jahres ist verloschen.**
> **Der Kreis ist vollendet, ein neuer Kreis beginnt.**

IV. Zunten

Der Feuerwart entzündet eine Fackel oder eine Kerze (die im Freien durch eine Laterne geschützt werden muss), an der dann die Mitfeiernden ihre Lichter entzünden. Dabei spricht er:

> **Im Namen der hohen Götter entzünden wir**
> **Die heilige Flamme der Reinigung und der Schöpfung,**
> **Das erste Mysterium und die letzte Gnade.**
> **Flamme wachse an Flamme,**
> **Dass Leben, Licht und Wärme sich mehren**
> **Und nicht verlöschen vor der Zeit.**

V. Spill und Gibet

Blótmann: Dies ist das erste Licht des neuen Jahres. Der Kreis des Lebens schließt sich. Wir danken den Göttern und Göttinnen, der Erde und den Ahnen für das Leben, das wir durch sie haben. Wir danken den Müttern, den Schöpferinnen und Hüterinnen des Lebens.

> **Heil sei dir, Erdflur, der Irdischen Mutter!**
> **Sei du grünend in der Götter Umarmung,**
> **Mit Frucht gefüllt, den Irdischen zu frommen!**

> Heil sei dir, Baldur, rein und licht!
> Wie du wiedererstehst aus Dunkel und Nacht,
> Mögen Licht und Leben wachsen und sich mehren
> Im neuen Kreis des Jahres!
>
> Heil Freyr und Freyja, Nerthus und Njörd!
> Spender von Freude und Fruchtbarkeit,
> Wohlstand und wiederkehrendem Leben!
> Gebt uns Frieden und gute Ernte,
> Glück und Kraft und starke Sippen!
>
> Heil den Müttern unserer Familie und unseres Volkes!
> Wir danken euch für Leben und Trost,
> Nahrung und Schutz!
> Möge die Flamme des Lebens,
> Die ihr gegeben habt, niemals sterben,
> Sondern für immer brennen!

VI. Rûnagaldar
Entfällt in der Kurzversion oder beschränkt sich auf Gebo, Othala und Dagaz.

VII. Gilt
Entfällt in der Kurzversion ebenfalls, ansonsten opfert man Julsymbole, z.B. Gebildbrote.

VIII. Bluostrar
Der Blótmann weiht das Blóthorn, hebt es hoch und spricht:

> Wir weihen diesen Trank der wiedergeborenen Sonne,
> Der Mutter Erde und den Müttern unseres Stammes.

Das Blóthorn macht eine einzige Runde, bei der alle Mitfeiernden ihren Dank an die Gottheiten und ihre Segenswünsche für das kommende Jahr aussprechen.

IX. Ûzlâz

Am Schluss spricht der Blótmann eine Abschlussformel, dankt den Wesen des Ortes für ihre Gastfreundschaft, löst den Kreis auf und spricht den isländischen Neujahrswunsch:

Viel Glück im neuen Jahr und danke für das alte!

Die Feiernden nehmen in Laternen das neue Licht mit nach Hause. In einer heidnischen Festgemeinschaft folgen dort das Opfermahl und auf Wunsch weitere Gebete, Weihungen und Blótar. Das Minni-Trinken auf Verstorbene kann auch bei Familienfeiern mit nichtheidnischen Verwandten, sofern sie dafür Verständnis haben, durchgeführt werden. Von jedem verstanden wird es, wenn man für die Ahnen ein Licht in ein Fenster stellt.

Lebenskreis-Rituale

Leben mit Göttern und Sippe

Jede Religion hat Rituale, mit denen sie die grundlegenden Übergänge im Leben eines Menschen begleitet. Diese Übergangsriten oder *rites of passage* dienen dazu, das einzelne Leben in den Kosmos einzuordnen, seinen Platz in der Welt und der Gemeinschaft zu definieren, es zu gliedern und natürlich auch, es zu heiligen und unter den Schutz und Segen der Götter zu stellen. Die großen, grundverschiedenen Abschnitte des Lebens werden begrüßt und wieder verabschiedet, und ebenso geschieht es in den Riten zu Geburt und Tod mit dem Leben als Ganzem.

Bewusster Beginn, bewusste Aufnahme und auch bewusstes Abschließen und Loslassen in einem nach ewigen Gesetzen vorbestimmten Kreis, der für jedes Leben gleich ist und sich in jedem Leben wiederholt, prägen den Charakter der Übergangsriten. Nur eine einzige der in ihnen zelebrierten Veränderungen, die Eheschließung, unterliegt der freien Wahl – die anderen sind vorgegeben: Geburt, Erwachsenwerden und Tod.

Die Lebenskreisriten des Heidentums folgen ausschließlich dem natürlichen Lauf des Lebens und geben ihm religiöse Weihe. Das ist ein wesentlicher Unterschied zu den Riten des Christentums, die den gleichen Anlässen gelten, aber nicht den natürlichen Lebenskreis selbst zum Inhalt haben, sondern an religiöse Absichten gebunden sind. Die Taufe ist, obwohl sie heute bereits an Neugeborenen vorgenommen wird, keine Begrüßung des neuen Lebens und Aufnahme in Welt und Gemeinschaft, sondern eine magische Reinigung von der "Erbsünde" und ein Ritual zur Bindung an die christliche Religion. Genauso werden bei Firmung oder Konfirmation nicht der Übergang ins Jugend- und Erwachsenenalter und die Mündigkeit gefeiert, sondern der "heilige Geist" beschworen und die Bindung an Religion und Kirche erneuert. Die Ehe wird zum "Sakrament", das nicht mehr dem freien Willen der Partner unterliegt, und selbst der Tod wird durch die "Sterbesakramente" eine Frage des religiösen Bekenntnisses und der kirchlichen Priestermacht.

Im Heidentum ist kein einziger Übergangsritus mit einem Bekenntnis oder sonst einer Bindung an die Götter oder die heidnische Religion verbunden. In der Kindsweihe wird das Kind nicht zum Heiden geweiht, Jugendliche müssen den Göttern nicht Gefolgschaft schwören, um mündig zu werden, die Ehe wird nicht "im Himmel" geschlossen, sondern als Vertrag zwischen freien Partnern, und jeder Tote wird mit gleichen Ehren bestattet und in das nächste Leben geleitet, für das jeder die gleichen Erwartungen hegen kann. Heidnische Lebenskreisriten zelebrieren keinen religiösen Werdegang, sondern das Leben selbst.

Sie stellen es aber natürlich in die Zusammenhänge, die von der heidnischen Religion erkannt und vertieft werden. Sie lassen den Einzelnen sein Leben nicht als sinnlosen linearen Ablauf erleben, sondern als strukturierte Ganzheit nach den ewigen Gesetzen von Werden, Vergehen und Wiederkehr, sinnvollem Wandel und Schicksal. Sie stellen das Kind, den Jugendlichen, das Ehepaar und die Familie unter den Schutz der Götter und geben den Besonderheiten, die jeder Lebensabschnitt hat, ihre Weihe und Richtigkeit. Auch der Tod wird durch sie rituell in den heiligen Kreis eingeordnet und als sinnvoller Teil des Ganzen gesehen.

Entscheidend für die Lebenskreisfeste ist aber auch die Gemeinschaft, vor allem die Sippe. In ihren Kreis wird der Einzelne aufgenommen, erhält seinen Platz im Leben, seine Aufgabe und Bedeutung, seine Geborgenheit und sein Heil. Keinen Teil seines Weges muss er allein gehen, stets beginnt und beendet er ihn in der Gemeinschaft von Lebenden, Ahnen und Nachkommen. Umgekehrt ist das Leben des Einzelnen auch das Leben der Sippe. Jede Geburt ist Zukunftshoffnung, jeder neue Erwachsene Stärkung und jeder Todesfall ein Verlust für die Sippe, jede Hochzeit eine Verbindung mit einer anderen Sippe und die Verschmelzung beider Schicksale in den gemeinsamen Nachkommen.

So sind die heidnischen Lebenskreisfeste von Natur aus Sippenfeste, die man nach Möglichkeit auch gemeinsam mit nichtheidnischen Verwandten feiern sollte. Das kommt freilich auf deren Bereitschaft dazu an. Wer – wie es leider viele erleben müssen – in der eigenen Sippe auf Unverständnis und Ablehnung gegen das Heidentum stößt, feiert sie besser in der Kleinfamilie und im Kreis Gleichgesinnter.

Um sie von den kultischen Ritualen zu Ehren der Götter, den Begängen, zu unterscheiden, kann man die Lebenskreisfeste "Feiern" (althochdeutsch *fira*) nennen.

Kindsweihe

Traditionell ist die Kindsweihe in erster Linie eine feierliche Aufnahme in die Sippe, mit der das Neugeborene gleichsam erst zum richtigen Menschen wird. Unsere Vorfahren werden von fremden Zeitzeugen und in den Sagas als äußerst kinderlieb beschrieben und sahen in einer großen Kinderschar eine der höchsten Segnungen, doch die harten Lebensumstände zwangen sie dazu, in Notzeiten behinderte Kinder oder solche, die sie nicht mehr ernähren konnten, nach der Geburt auszusetzen. Deshalb stellte das germanische Recht ein Kind erst dann unter den Schutz der Sippe, wenn es formal anerkannt und aufgenommen war.

Normalerweise geschah das in einem ersten Schritt gleich nach der Geburt einfach dadurch, dass das Kind in die Arme genommen wurde. Im Zweifelsfall galt dies auch als Anerkennung der Vaterschaft: Der Vater hob das Kind hoch und präsentierte es den Anwesenden als sein eigenes. Ein anderes Kriterium war die Aufnahme von Nahrung, praktisch also führte dabei die Mutter unabhängig vom Vater das Kind in die Sippe ein, indem sie es stillte. Innerhalb von neun Tagen – Zeit genug, um Verwandte anreisen zu lassen – wurde dann das eigentliche Fest ausgerichtet, bei dem das Kind der ganzen Sippe vorgestellt wurde und seinen Namen erhielt. War es zunächst nur von den Eltern und ihrer Hausgemeinschaft aufgenommen worden, so wurde es nun ein vollwertiges Mitglied der ganzen Sippe und unter den Schutz aller Verwandten gestellt. Nicht nur die Eltern, sondern die ganze Sippe trug nun Verantwortung für ihr neues Mitglied.

Im Prinzip ist das auch heute so. Natürlich setzen wir keine Kinder mehr aus, aber die Anerkennung und Aufnahme in die Sippe ist ein wichtiger symbolischer Akt, der allen zeigt, welchen Platz und welche Bedeutung das neue Leben im Kreis der Gemeinschaft und der Götter hat. Das Kind wird nicht allein in eine feindliche Welt gestellt, sondern in die Geborgenheit und den Sinnzusammenhang der großen Einheit von Lebenden, Ahnen und Nachkommen seiner Sippe, in ihr Schicksal und in ihr Heil aufgenommen. Es ist nicht ein bloßes Individuum, sondern eine Person: ein Mensch in all den Beziehungen zu seiner Welt, die ihm erst Ganzheit geben.

Dazu gehört natürlich auch die Beziehung zu den Göttern, die mit der Aufnahme in die Heilsgemeinschaft der Sippe grundangelegt, aber nicht wie in der christlichen Taufe beschworen wird. Durch Sippe und Ahnen sind wir auf natürliche Weise auch Angehörige der Götter und müssen uns nicht erst durch ein Gelöbnis mit ihnen verbinden. So sind sie bei der Kindsweihe Zeugen und Angehörige, denen wir das neue Sippenmitglied vorstellen und die wir um ihr Heil und ihren Segen für seinen Lebensweg anrufen. Wir weihen es aber nicht ihrem Dienst und verpflichten es nicht zur Göttertreue.

Die Weihe des Kindes ist also ein Erfüllen mit dem Sippenheil, gleichsam eine Übergabe des Erbes, und ein Erfüllen mit dem Segen der Götter. Sie wird traditionell mit dem Heilselement Wasser vollzogen. "Mit Wasser weihen" (*vatni ausa*), wie es in den Sagas heißt, ist ein uralter heidnischer Ritus, der nicht erst, wie manchmal behauptet wird, als Nachahmung der christlichen Taufe in Mode kam. Die Christen tauften damals noch durch Untertauchen, bei der heidnischen Wasserweihe dagegen wurde das Wasser auf das Kind gesprengt. Das war normalerweise die Aufgabe des Vaters, der dabei dem Kind auch den Namen gab.

Die Namensgebung ist besonders wichtig, denn der Name ist keine bloße Bezeichnung, die man beliebig nach momentanen Moden oder nur nach dem Klang wählen sollte, sondern ein wesentlicher Teil des Menschen, der ihn sein Leben lang begleitet und bestimmt. Er ist buchstäblich ein Teil der Seele: Wie mit den Charaktereigenschaften, die sie ihm vererben, geben die Eltern dem Kind mit einem bedeutungsvollen Namen auch etwas von ihrer Seele und ihrem Geist, ihren Wünschen, Hoffnungen und Erwartungen mit auf den Weg. Man muss daher wissen, was ein Name bedeutet, und ihn nach dieser Bedeutung auswählen.

Wichtig ist oft auch, wer ihn früher trug. Unsere Vorfahren nannten Kinder oft nach verstorbenen Ahnen, um so auszudrücken, dass sie in ihnen weiterlebten oder sogar direkt wiedergeboren wurden. Das Wort "Enkel" bedeutet eigentlich "kleiner Ahn", also den wiedergeborenen Großvater. Aber auch Nichtverwandte können durch die Namensgebung – zumindest in der Erinnerung – weiterleben. So berichtet Vilhelm Grønbech von einem sterbenden Krieger, der seinem Gegner das Versprechen abnahm, einen Sohn nach ihm zu nennen. Häufig waren auch "theophore" Namen, d.h. solche mit einem Götternamen. Thorbjörn, Thordis usw. sind Menschen, die von ihren Eltern unter den besonderen Schutz Thors gestellt wurden.

Gruß an ein neugeborenes Kind

Den folgenden Gruß hat der Autor dieses Buches an seine jüngste Tochter Emma gerichtet. Gleich nach ihrer Geburt nahm ich sie als ersten Schritt der Aufnahme in die Sippe in meine Arme und flüsterte ihr zu:

> **Du liebes Kind, willkommen daheim.**
> **Willkommen auf deiner Erde**
> **Und unter deinem Himmel.**
> **Willkommen bei Mutter Erde und Allvater Wodan.**
> **Willkommen bei deiner Mutter und deinem Vater,**
> **Bei deinem Bruder und deiner Schwester,**
> **Deinen Ahnen und allen deinen Verwandten,**
> **Die wie du Kinder der Erde sind.**
> **Mögest du stark und gesund,**
> **Klug und gerecht sein.**
> **Mögest du selbst einst Kinder haben**
> **Und sie so liebevoll begrüßen,**
> **Wie wir dich willkommen heißen.**
> **Heil sollst du sein und dein Glück finden.**
> **Das geben die Götter und Göttinnen,**
> **Die Alfen, Ahnen und Nornen**
> **Und alle wohlwollenden Wesen.**

Vorschlag zur Feier der Kindsweihe

Im Odinic Rite Deutschland werden Kindsweihen je nach Wunsch der Eltern auf verschiedene Weise durchgeführt: als eigenständige Feier, in Verbindung mit einem Jahresfest oder auch gemeinsam mit der Hochzeitsfeier, wenn die Eltern, wie es heute oft vorkommt, erst nach der Geburt des Kindes heiraten. Kindsweihe und Hochzeit lassen sich gut in einem durchgehenden Festablauf kombinieren. Will man die Kindsweihe aber mit einem Jahresfest verbinden, ist es besser, sie vom Festbegang zeitlich getrennt abzuhalten, also etwa am Nachmittag vor dem Sonnwendfest. Die Mutter sollte genügend Zeit haben, das Kind zu versorgen, damit sie am Fest teilnehmen kann. Die Leitung der Kindsweihefeier soll nach Möglichkeit der Vater innehaben, er kann dafür aber auch einen Blótmann bestellen. Auf jeden Fall nimmt er die Wasserweihe und Namensgebung selbst vor.

Im folgenden Vorschlag, der aus Teilen verschiedener Kindsweihe-Feiern im ORD zusammengestellt ist, habe ich versucht, beide Möglichkeiten zu kombinieren. Ein Blótmann gestaltet den Rahmen der Feier, deren zentrale Teile die Eltern übernehmen. Außerdem wirken die älteste Verwandte als Trägerin des Lebensleuchters und ein Treumund oder Pate mit. Die Treumundschaft ist eine Art "Versicherung", bei der ein Verwandter oder Freund die Verpflichtung übernimmt, in Fall des Todes der Eltern für das Kind zu sorgen. Heute kann an die Stelle des Treumunds ein Pate mit den in der heutigen Gesellschaft üblichen Aufgaben treten.

Zu Beginn der Feier stehen die Eltern mit dem Kind wie alle anderen Teilnehmer im Kreis um die "heilige Mitte", d.h. einen Altar, auf dem der Lebensleuchter, eine Schale mit Wasser – am besten Osterwasser oder eigens für die Kindsweihe geschöpftes Wasser aus einer besonderen Quelle, z.B. einer Heilquelle – und die übrigen Gegenstände wie Opfermet, Blóthorn, Geschenke usw. stehen. In der Mitte brennt eine Kerze oder Fakkel, an der später der Lebensleuchter entzündet wird.

I. Haga und Wîha

Die Feier beginnt mit Haga und Wîha (Einhegung und Weihe) durch die Hammerhegung. Wer es wünscht, kann davor auch eine Welhaga (Anrufung der Wächter der Himmelsrichtungen und ihrer Elemente) mit besonderen Wünschen für das Kind durchführen.

II. Heilazzen

Blótmann: **Heil Asen! Heil Asinnen! Und allen hochheiligen Göttern!**
Heil den Vanen und Disen! Heil den Ahnen!
Heil dem Kind und allen, die kommen mögen!

III. Reda

Die Mutter mit dem Kind im Arm und der Vater treten in die Mitte des Kreises. Der Vater erklärt mit eigenen Worten, dass dies sein Kind ist, das er nun in seine Sippe aufnehmen wird. Wer es persönlicher haben will, kann auch über den gemeinsamen Wunsch nach dem Kind, besondere Ereignisse wie Träume, die es angekündigt haben, oder ähnliches sprechen.

Während der Rede des Vaters hat der Blótmann die älteste Verwandte und den Treumund in den Kreis geführt. Er übergibt der ältesten Verwandten die Kerze und den Lebensleuchter und dem Treumund die Schale mit dem Wasser.

IV. Gibet

Blótmann: **Mächtige Götter und Göttinnen, gebt uns euren Schutz**
Und in eurem Schutz Stärke
Und in der Stärke Verstehen
Und im Verstehen Gerechtigkeit,
Weisheit und Liebe zu allem, was existiert.
Denn alles ist mit allem verwandt
Und Blatt und Blüte, Zweig und Frucht
Am einen Baum der Welten.

V. Wasserweihe und Namensgebung

Der Vater nimmt das Kind und hält es hoch, so dass alle es sehen können, während der Treumund der Mutter die Schale mit dem Wasser übergibt. Die Eltern stehen einander gegenüber.

Vater: **So nehmen wir dich auf und begrüßen dich in unserer Mitte,**
Auf der heiligen Mutter Erde und im Kreis aller Wesen,
Die ihre Kinder sind.

> **Ich weihe dich mit dem Wasser des Lebens,**
> **Der göttlichen Kraft des Wachstums und der Fruchtbarkeit,**
> **Und gebe dir den Namen ...**

Er erklärt die Bedeutung des Namens und warum er ihn dem Kind gibt. Dann spricht er:

> **Sei willkommen in unserer Sippe,**
> **Bei deinem Vater und deiner Mutter,**
> **Deinem Bruder und deiner Schwester**
> **Und allen Verwandten.**
> **Wir sind ein Fleisch und Blut**
> **Und werden immer zu dir stehen,**
> **Dich lieben und für dich sorgen,**
> **Solange wir leben.**

VI. Übergabe des Lebensleuchters

Die Mutter gibt die Wasserschale an den Treumund zurück, der sie wieder in die heilige Mitte stellt, und bekommt von der ältesten Verwandten den Lebensleuchter und die Kerze, an der sie ihn entzündet. Sobald das Licht brennt, nimmt sie in einen Arm das Kind und hält mit der anderen Hand den Leuchter in seine Nähe.

> *Mutter:* **Ich will dich nun mit deinem schönen Namen rufen,**
> ***(Name des Kindes)*, mein liebes Kind.**
> **Auf diesem Leuchter entzünde ich das Licht deines Lebens,**
> **Das ich dir gegeben habe.**
> **Brenne hell und brenne lang,**
> **Gib viel Wärme und wenig Schlacke.**
> **Bringe keinem Unheil, sondern leuchte vielen voran.**
> **Sei gesund, stark und klug,**
> **Finde Liebe und Glück,**
> **Lebe lange und in Frieden.**

VII. Übergabe des Geburtsgeschenks

Der Vater stellt den Lebensleuchter in die heilige Mitte und holt von dort das Geschenk, das er der Mutter übergibt. Dabei spricht er:

> **Ich gebe dir dieses Geschenk als Zeichen meiner Liebe**
> **Und als Dank dafür, dass du mir** *(Name des Kindes)* **geschenkt hast.**
> **In ihm/ihr werden wir für immer zusammen sein**
> **Und weiterleben, auch wenn wir sterben.**
> **Er/sie wird die Flamme des Lebens**
> **Unserer Sippen in die Zukunft tragen.**

VIII. Dank an die Mutter

Blótmann: **Im Namen aller, die von deinem Stamm sind,**
> **Vom Stamm deines Mannes**
> **Und von unserem Volk und unserer Gemeinschaft,**
> **Danke auch ich dir,** *(Name der Mutter)*,
> **Für das neue Leben, das du uns geschenkt hast.**
> **Mögest du mit deinem Kind glücklich werden!**

IX. Treumundschaft

Wenn es einen Treumund gibt, erklärt er mit eigenen Worten, warum er sein Amt übernommen hat und was das Kind von ihm erwarten kann. Dann übergibt er das Treumundsgeschenk, z.B. ein geweihtes Amulett, das er dem Kind selbst umhängen kann. Danach können Eltern, Verwandte und Gäste dem Kind weitere Geschenke übergeben.

X. Schutzgottweihe

Wer es wünscht, kann an dieser Stelle auch das Kind dem Schutz einer besonderen Gottheit weihen. Dies kann aber auch erst bei der Muntfeier geschehen, wenn der/die Heranwachsende die Schutzgottheit selbst wählt. Ein Vorschlag, der sich für beide Gelegenheiten adaptieren lässt, ist im Abschnitt "Besondere Rituale" zu finden.

XI. Bluostrar

Der Blótmann weiht das Horn mit dem Hammerzeichen und spricht:

> **Thor weihe dieses Horn!**
> **Wir danken den Göttern und Göttinnen für dieses Kind**
> **Und bitten sie, ihm treu zur Seite zu stehen.**
> **Mögen die Nornen sein Schicksal mit Weisheit bestimmen,**
> **Möge es heil sein und ehrenhaft leben!**

Er opfert, trinkt und gibt das Horn so weiter, dass zuerst die Eltern, dann Treumund und älteste Verwandte und schließlich alle opfern und trinken.

XII. Ûzlâz

Der Blótmann dankt den Göttern und den Wesen des Ortes und erklärt die Feier für beendet. Wenn nicht bereits beim Part des Treumunds die Geschenke übergeben wurden, soll es jetzt geschehen, bevor die Teilnehmer zum Festmahl (Gouma) gehen.

Muntfeier

Der Übergang von der Kindheit zum Jugend- und Erwachsenenalter ist die schwierigste Zeit im Leben eines Menschen und ein bedeutender Einschnitt im Leben seiner Sippe. Psychische, geistige und sexuelle Reifung, der Eintritt in die Selbständigkeit und eigene Verantwortung, die Suche nach Beruf, persönlichem Werdegang und allgemeiner Lebensorientierung stellen den Einzelnen vor Aufgaben von großer Tragweite, zu deren Bewältigung ihm noch keine eigene Erfahrung helfen und auf die ihn auch die beste Erziehung nur zum Teil vorbereiten kann. Er muss sich auch ablösen von der sicheren Leitung, der "Hut und Munt" seiner Eltern und lernen, seinen eigenen Weg zu gehen. Halb Kinder, halb junge Männer und Frauen, stehen die Jugendlichen an einer Schwelle, deren Überschreiten sie in ein unbekanntes Land voll Gefahren und Irrwegen führt.

Ein Übergangsritus kann die jahrelange Vorbereitung durch Erziehung, Vorbild und Lehren nicht ersetzen, aber er markiert die Schwelle, setzt eine klare Grenze und gibt den jungen Menschen ein Vorher und Nachher, das ihr Leben gliedert und in der langen, gleitenden Zeit der Entwicklung einen Punkt festlegt, an dem sie sich orientieren und ihre Identität festmachen können. In vielen Kulturen bedarf dies einer Initiation, d.h. einer Einführung in die Rechte, Pflichten und manchmal auch besonderen Riten der Erwachsenen, die mit einer Prüfung beendet wird, in der sich die Jugendlichen durch Disziplin, Geschick oder Härte bewähren müssen.

In der germanischen Tradition sind solche Initiationen, die vor allem für Jägervölker typisch sind, nur noch in der Erinnerung vorhanden, etwa in der Sage von der Lehrzeit Siegfrieds und der abschließenden Tötung des Drachens. Die jungen Menschen wuchsen langsam in ihre Pflichten als Erwachsene hinein und mussten sich weder einer besonderen Lehre noch Prüfung unterziehen. Die Muntfeier, üblicherweise mit etwa 14 Jahren, war ein einfaches Fest, bei dem der junge Mann im Kreis seiner Gesippen seine Waffen erhielt und damit aus der väterlichen Munt (Schutz) heraus trat und selbst mündig wurde: fähig, berechtigt und verpflichtet, sich selbst und andere zu schützen.

Dies markiert den wesentlichen Einschnitt im Leben der Sippe: Aus dem Kind, das sie schützen und versorgen musste, ist ein wehr- und rechtsfähiger Mann geworden, der nun seinerseits die Sippe stärkt: ein Mann mehr, den sie gegen ihre Feinde aufbringen kann, eine Stimme mehr im Thing, einer mehr, der Unrecht gegen sie rächen kann, einer mehr, der ihre Ehre und ihr Heil schützt und mehrt.

Die junge Frau trägt ebenfalls dazu bei. Ihr Übertritt ins Jugend- und Erwachsenenalter bedeutet für die Sippe nicht nur, dass sie eine heirats- und gebärfähige Frau mehr hat, mit der sie ihre Kraft durch weitere Nachkommen und Schwagerbande mit einer anderen Sippe erhöhen kann. Das ist zwar sehr wichtig, doch anders als in Kulturen, in denen die Frauen auf ihre mütterliche und häusliche Rolle beschränkt werden, stand die germanische Frau ebenso in der Öffentlichkeit wie der Mann und trug wie er durch ihr persönliches Verhalten Verantwortung für die Sippenehre.

Germanische Frauen mussten nicht nur ehrenhaft im gewöhnlichen Sinn sein, sondern sich genauso wie die Männer durch Eintreten für die Interessen der Sippe, Mut, Entschlusskraft und praktische Tüchtigkeit auszeichnen. Da sie Hoferbinnen sein konnten und in den isländischen Sagas sogar große Wirtschaften führten, mussten sie darauf vorbereitet sein, auch einmal "ihren Mann" zu stehen. In vielen Sagas sind es auch in männlich geführten Familien oft die Frauen, die den Durchblick haben und die Männer zu den Taten veranlassen, die für Ehre und Heil ihrer Sippe notwendig sind.

Die Muntfeier hat deshalb für beide Geschlechter dieselbe Bedeutung. Der Unterschied zwischen Mann- oder Frauwerdung liegt allein auf der Ebene der natürlichen Unterschiede, aber nicht auf jener des persönlichen oder gesellschaftlichen Werts und auch nicht auf der Ebene des Rituals. Es mag manchen passend erscheinen, geschlechtsspezifische Riten, etwa zur ersten Menstruation, zusätzlich abzuhalten, aber in der Muntfeier selbst gibt es keine Unterschiede. Männer und Frauen stehen vor den gleichen Anforderungen. Daher bekommt auch die junge Frau eine Waffe, traditionell einen Dolch, als Zeichen der Mündigkeit.

Heute sind diese Waffen natürlich nur noch Symbole und sollten daher auch entsprechend gewählt werden. Da wir zwar Wehrhaftigkeit, Schutzkraft und Durchsetzungswillen, aber nicht Kriegslust symbolisieren wollen, nehmen wir keine modernen Waffen, sondern Schwert und Dolch, deren historische Rolle als Kriegswaffen heute von ihrer traditionellen Bedeutung als Zeichen der Mündigkeit und Freiheit überwogen wird.

Vorschlag für die Muntfeier

Als typisches Sippenfest sollte die Muntfeier, weil die Sippenzugehörigkeit nach germanischem Recht der männlichen Linie folgt, vom Vater des jungen Mannes bzw. der jungen Frau oder vom Ältesten der väterlichen Sippe geleitet werden, nur in Ausnahmefällen sollte es ein Verwandter mütterlicherseits oder ein nicht verwandter Blótmann sein. Der junge Mensch selbst spielt ebenfalls eine aktive Rolle in der Feier, denn er soll zeigen, dass er die Pflichten Erwachsener auch gegenüber den Göttern zu übernehmen bereit und imstande ist. So führt er sich selbst sowohl in die Sippe als auch in die Kultgemeinschaft ein.

Im folgenden Vorschlag geschieht dies gleich zu Beginn durch die Vorstellung mit eigenem, Eltern- und Familiennamen bzw. germanischem Sippennamen, der aus dem Namen des frühesten bekannten oder eines herausragenden Ahns und der Silbe –*ing* oder –*ung* gebildet wird (wie z.B. Ynglinge und Völsungen). Einige deutsche Familiennamen sind aus dieser Tradition entstanden, andere lassen sich aus der Geschichte oder Herkunft einer Familie bilden, im allgemeinen wird man aber den offiziellen Familiennamen wählen.

I. Haga und Wîha
Welhaga und Wîha mit der Hammerhegung.

II. Heilazzen
Vater: **Heil Asen! Heil Asinnen! Und allen hochheiligen Göttern!**
Heil den Vanen und Disen! Heil den Ahnen!
Gestärkt nun steht unser Stamm vor euch,
Freudig zu feiern ein stolzes Fest!

III. Vorstellung
Der junge Mann bzw. die junge Frau tritt mit einer Fackel den Kreis und spricht:

Ich bin *(Vorname)*, Sohn/Tochter von *(Vornamen der Eltern)*
Aus der Sippe der *(Familienname oder germanischer Sippenname)*.
Alt genug und bereit, meine Pflichten als Mann/Frau zu tragen,
Trete ich vor euch, Gesippen und Freunde,
Das Heil und die Ehre der Meinen zu mehren.

Vater: **So soll es geschehen!**

IV. Zunten

Jungmann/frau legt die Fackel an den Feuerstoß und spricht:

> **Im Namen der hohen Götter entzünde ich**
> **Die heilige Flamme der Reinigung und der Schöpfung,**
> **Das erste Mysterium und die letzte Gnade.**
> **Flamme wachse an Flamme,**
> **Dass Leben, Licht und Wärme sich mehren**
> **Und nicht verlöschen vor der Zeit.**

V. Fragen des Vaters

Vater: **So wie dieses Feuer zu Ehren der Götter**
Möge die Ehre deiner Sippe in deinem Herzen brennen.
Bist du bereit, als mündiger Mann / mündige Frau
Verantwortung zu tragen für all deine Taten?

Jungmann/frau: **Ich bin bereit.**

Vater: **Bist du bereit, in all deinen Taten das Heil und die Ehre deiner Sippe**
Zu achten und zu wahren, von Unheil und Schande frei zu halten,
Mit all deinen Kräften zu schützen und so gut du vermagst zu mehren?

Jungmann/frau: **Ich bin bereit.**

Vater: **Bist du bereit, den Männern, Frauen und Kindern deiner Sippe**
Allzeit treu zur Seite zu stehen, wie sie auch dir die Treue halten,
Sie zu schützen und ihnen zu helfen, wann immer sie deiner bedürfen?

Jungmann/frau: **Ich bin bereit.**

VI. Erklärung der Mündigkeit

Vater: **So magst du hinaustreten aus meiner väterlichen Munt**
Und als Herr/Herrin deiner Selbst deinen Weg gehen,
Frei und nach eigenem Willen, doch Seite an Seite mit uns,
Als Mann unserer Sippe und Kampfgefährte
(Als Frau unserer Sippe und Weggefährtin),
Dir selbst und uns allen zum Heil.

Er übergibt dem jungen Mann sein Schwert bzw. der jungen Frau ihren Dolch:

Als Zeichen deiner Mündigkeit und Freiheit,
Deiner Fähigkeit, deines Rechts und deiner Pflicht,
Dich selbst und die Deinen zu schützen,
Gebe ich dir dieses Schwert / diesen Dolch.
Trage es/ihn stolz und in Ehren!

Jungmann/frau: **Dies schwöre ich bei den heiligen Göttern:**
So helfe mir Njörd und Freyr und der allmächtige Ase!

VII. Geschenke an die Eltern

Er/sie übergibt nun Gegengeschenke an Vater und Mutter und dankt dabei für ihre Fürsorge und Erziehung, ihren Schutz und ihre Leitung, durch die er/sie heranreifen konnte. Am besten gibt man dauer- und zeichenhafte Geschenke wie etwa Schmuckstücke oder Gürtelschnallen, mit denen die Eltern zeigen können, dass sie mündige Kinder haben.

VIII. Spill und Gibet

Anschließend spricht für den jungen Mann der Vater und für die junge Frau die Mutter ein Gebet, bei dem die Gottheiten angerufen werden, nach deren Wesen sich das Leben eines Mannes bzw. einer Frau gestalten soll. In den folgenden Beispielen sind es

Odin, Thor und Freyr – nach dem Vorbild ihrer Verehrung als Dreiheit im Tempel von Uppsala – bzw. Frigg, Freyja und Sif. Man kann aber auch andere Gottheiten wählen.

Gebet des Vaters: **Heil Odin! Herr der Weisheit und Macht!**
Heil Thor! Treuer Schützer von Asgard und Midgard!
Heil Freyr! Schenker von Manneskraft und guter Ernte!
Ihr, die ihr das Wesen des Mannes bestimmt,
Dass er weise und mächtig sei,
Heim und Herd vor Gefahren bewahre,
Liebe und arbeite für Frau und Kinder,
Gebt diesem Manne hier, meinem Sohn,
Einsicht und klugen Verstand,
Macht und Stärke und hohen Mut,
Kinderheil und erfolgreiche Werke!

Gebet der Mutter: **Heil Frigg! Mutter der Götter und Herrscherin Asgards!**
Heil Freyja! Herrin von Liebe und Lust, Macht
und Zauber!
Heil Sif! Herrin fruchttragender Felder zum Frommen
der Sippe!
Ihr, die ihr das Wesen der Frau bestimmt,
Dass sie Herrin im Haus sei und holde Gemahlin,
Vieler Künste kundig, mit Kindern gesegnet,
Nährend und heilbringend Heim und Sippe,
Gebt dieser Frau hier, meiner Tochter,
Stolz und Kraft und klugen Sinn,
Mannheil und Mutterschaft, Macht und Würde,
Erfolg und Fruchtbarkeit, Freude und Glück!

IX. Schutzgottweihe

Soll der junge Mann / die junge Frau eine bestimmte Schutzgottheit erhalten, so wäre jetzt der geeignete Zeitpunkt dafür. Ein Vorschlag, der sich leicht für die Muntfeier adaptieren lässt, ist im Abschnitt "Besondere Rituale" zu finden.

X. Gilt

Wer es für geboten hält, kann allen Göttern und Göttinnen oder der gewählten Schutzgottheit ein zusätzliches Opfer bringen. Am besten ist es, wenn der junge Mann / die junge Frau selbst dieses Opfer darbringt, das so wie bei den Jahresfesten zu gestalten ist.

XI. Bluostrar

Ansonsten beginnt der Vater oder Sippenälteste mit dem Blót, indem er das Horn weiht und ein Formáli für alle Götter und Göttinnen spricht. Gleich nach ihm erhält der junge Mann / die junge Frau das Horn und weiht es den Ahnen der Sippe. Hat er/sie bei der Muntfeier auch eine Schutzgottheit erhalten, wird ihr das Horn ebenfalls geweiht. Alle anderen Mitfeiernden sprechen Segenswünsche für den jungen Mann / die junge Frau und seine/ihre Sippe.

XII. Ûzlâz

Der Vater oder Sippenälteste dankt den Göttern und Wesen Platzes, erklärt die Feier für beendet und lädt die Anwesenden zum Festmahl (Gouma).

Hochzeit

Die Ehe hat in der germanischen Tradition eine völlig andere Bedeutung als im Christentum und in der heute gängigen Vorstellung. Unsere Vorfahren sahen sie weniger als private Zweierbeziehung denn als Verbindung zweier Sippen, die beide stärken und in gemeinsamen Nachkommen ihren Fortbestand sichern und ihr Heil und ihre Ehre mehren soll. Im Hinblick darauf wurden Ehen auch oft arrangiert, dabei konnte aber keine Frau gezwungen werden, einen Mann zu heiraten, den sie nicht wollte. Waren umgekehrt die Eltern mit der Wahl ihrer Tochter nicht einverstanden, konnte sie Tatsachen schaffen, indem sie sich "rauben" ließ. Um die Ehre zu wahren, musste die Ehe dann nach Zahlung einer Buße anerkannt werden. Daraus entstanden der Brauch des "Brautlaufs" und der Brautpreis.

Der Begriff *Ehe* selbst ist völlig nüchtern: Er kommt von *êwa*, dem Vertrag auf gegenseitige Treue, den wir schon vom Verhältnis zwischen Göttern und Menschen kennen. Im zwischenmenschlichen Leben ist *êwa* ein klarer Rechtsbegriff zwischen gleichwertigen Partnern. Die Ehefrau wechselt nach germanischen Recht nicht in die Sippe des Mannes, sie wird nicht "ein Fleisch" mit ihm wie im Christentum, sondern bleibt Mitglied ihrer Herkunftssippe und ist ihm nicht durch unbedingte Sippentreue verpflichtet, sondern durch Vertragstreue, die nur gilt, solange beide ihre Pflichten einhalten. Behandelte ein Mann seine Frau ungerecht, konnte ihn ihr Zorn mit voller Härte treffen. Scheidungen nach dem Willen der Frau waren dabei noch die sanfteste Möglichkeit.

Die germanische Ehe wird daher zum Unterschied von der christlichen nicht "im Himmel" geschlossen und ist auch nicht unauflöslich. Nicht die Götter verbinden die Eheleute, sondern sie selbst binden sich aneinander durch ihr Treugelöbnis und schaffen damit einen Vertrag, den sie in eigener Verantwortung abschließen und auch selbst wieder lösen können. Voraussetzung eines solchen Vertrages ist das Gleichgewicht der Partner. Damit er gültig sein kann, müssen beide seine Erfüllung mit gleichem Recht einfordern können. Gerade die Nüchternheit des germanischen Eheverständnisses garantierte den Frauen Rechte, die sie unter der christlichen Mystifizierung der Ehe als "Sakrament" nicht hatten.

Was das innere Wesen der germanischen Ehe ausmacht, zeigt der Satz, den Bergthora in der Njálssaga spricht: "Jung wurde ich Njál gegeben, das habe ich ihm versprochen: *Ein* Schicksal soll uns beide treffen." – Es geht nicht nur um eheliche Treue im üblichen Sinn, sondern um eine echte Schicksalsgemeinschaft. Als solche ist die Ehe heilig.

Diese Heiligkeit liegt aber in ihrer Bedeutung für das Heil der Partner und ihrer Sippen und ist nicht das Ergebnis einer religiösen Zeremonie. Allein wegen ihrer Wichtigkeit wird bei der Heirat ein Blót gehalten. Man spricht das Treuegelöbnis nicht nur vor Verwandten und Freunden, sondern auch vor den Göttern und Ahnen als Zeugen, tauscht nicht nur untereinander Geschenke aus, sondern gibt auch ein Opfer und ruft die Götter und Ahnen um ihren Segen und um Fruchtbarkeit an.

Die zentralen Elemente einer Hochzeitsfeier sind daher das Ehegelöbnis, die Anrufung der Götter und Ahnen, das Blót (Bluostrar) und – als eine der wenigen rituellen Einzelheiten, die gut überliefert sind – die Weihe der Braut mit dem Hammer Thors. Wesentlich, aber nicht mehr direkt Teil des Rituals, ist auch der Austausch von Geschenken, der traditionell jede Verbindung und jeden Vertrag festigt. Nach germanischen Recht wird die Ehe nicht durch den "Vollzug" in der Hochzeitsnacht gültig, sondern erst, wenn die Braut das Geschenk, das ihr der Mann am Morgen danach gibt, die Morgengabe, angenommen hat.

Darüber hinaus gibt es eine Vielfalt von Hochzeitsbräuchen, die man mit dem Ritual verbinden kann: altüberlieferte wie der Brautlauf, eine gespielte Entführung mit einer symbolischen Buße in Form eines Umtrunks, die Reichung von Brot und Salz und der gemeinsame Brauttrunk, oder neuere, die in der jeweiligen regionalen Tradition stehen oder auch erst in jüngster Zeit von heidnischen Gruppen entwickelt wurden, etwa die Übergabe eines Eheleuchters, dessen Kerzen Mann, Frau und Kinder symbolisieren, das Flechten eines Hochzeitskranzes, durch den hindurch sich das Paar küsst, das Lösen mit dem Schwert, wodurch es frei in einen neuen Lebensabschnitt gehen soll, und vieles mehr. Jedes Paar sollte das Fest so gestalten, wie es ihm am besten gefällt.

Von den Göttern kann man alle anrufen, die für die Brautleute und ihre Sippen besonders wichtig sind, vor allem aber diejenigen, die eng mit der Ehe, ihrem Schutz und ihrer Fruchtbarkeit verbunden sind, also Frigg, Sif, Thor, Freyr und Freyja. Es gibt auch eine eigene Göttin, Vár, die für Schutz und Gelingen der Ehe sorgt und bei Hochzeitsriten angerufen wird. Allvater Odin und Erdmutter Jörd werden als Urbilder von Vater- und Mutterschaft angerufen und die Ahnen als Schutzgeister ihrer Sippen, die über ihren Fortbestand wachen, denn die Hochzeit verbindet nicht nur die Lebenden: Auch die toten Ahnen werden in den gemeinsamen Nachkommen vereint sein.

Vorschlag für die Hochzeitsfeier

Anders als in Ländern wie Island, Dänemark oder mehreren Staaten der USA, wo anerkannte Asatru-Priester rechtsgültige Eheschließungen vornehmen können, haben in Deutschland und Österreich religiöse Hochzeitszeremonien generell keine Rechtsgültigkeit, es ist aber teilweise möglich, einen Standesbeamten für die erforderlichen Formalitäten beizuziehen. Wo dies nicht geht, sollte vor der rituellen Hochzeit die standesamtliche Trauung erfolgen, damit die Ehe, wenn sie vor Sippen und Göttern geschlossen wird, auch schon staatlich gültig ist, denn anders wäre sie nicht die in jedem Sinn vollwertige Rechtsgemeinschaft, die sie nach heidnischer Tradition sein muss.

Die Gestaltung der Hochzeit sollte man in der Planung ganz den Brautleuten überlassen, mit der Durchführung aber einen Blótmann beauftragen, der am besten *nicht* zu einer der beiden Sippen gehört oder zumindest nicht allzu eng verwandt ist – die Aufregung naher Gesippen ist bei Hochzeiten erfahrungsgemäß ziemlich groß und könnte sich störend auswirken. Ein naher Verwandter eignet sich aber sehr wohl aus Trauzeuge, der im folgenden Ritualvorschlag nach angelsächsischem Vorbild der "beste Mann" genannt wird und jemand sein sollte, auf den die Brautleute große Stücke halten. Selbstverständlich kann es auch eine "beste Frau" sein. Ebenfalls auf angelsächsische Bräuche geht die Frage nach Einwänden zurück, die heute auch von der anglikanischen Kirche gestellt wird, aber ihren Ursprung in der mündlichen Rechtskultur der heidnischen Germanen hat. Nicht germanischen, sondern römischen Ursprungs sind die Eheringe, die aber als gemeinsames Symbol unserer heutigen Kultur, der auch wir angehören, in der heidnischen Hochzeit durchaus ihren Platz haben.

Der unten stehende Vorschlag folgt weitgehend einer tatsächlichen Hochzeit, die im ORD abgehalten wurde, nämlich zwischen mir und meiner Frau. Blótleute waren insgesamt vier wichtige heidnische Freunde, die ich hier der Einfachheit halber auf zwei, einen Mann und eine Frau, reduziert habe. Da meine Frau und ich zum Teil keltische Vorfahren haben, findet sich im Feiertext auch eine Anrufung keltischer Gottheiten. Sie kommt in *offiziellen* Ritualen des ORD nicht vor, kann hier aber als Beispiel dafür stehen, wie man – wenn es gute Gründe gibt – in *privaten* Ritualen Anrufungen nichtgermanischer Gottheiten *zusätzlich* zur obligaten Verehrung der germanischen einbauen kann. Außerdem haben wir in unserer Feier im Anschluss an das Eheversprechen auch ein Gebet der amerikanischen Dineh (Navajo) aufgenommen, da wir auf unserer ersten gemeinsamen Reise dieses Volk und ein paar seiner Traditionen kennen und schätzen gelernt haben und sie damit ehren wollten.

I. Haga und Wîha

Die Feier, an der auch nichtheidnische Verwandte und Freunde teilnehmen, findet in einem angemieteten Raum statt, der zuvor mit Salz, Wasser und Räucherwerk gereinigt wird. Dazu umschreiten Blótmann und Blótfrau den Patz für das Ritual jeweils mit einer Gabe und sprechen dazu:

> **Ich reinige dich mit dem heiligen Salz der Erde.**
>
> **Ich reinige dich mit dem heiligen Wasser des Lebens.**
>
> **Ich reinige dich mit der heiligen Kraft des Feuers.**
>
> **Ich reinige dich mit dem heiligen Rauch,**
> **Der die Luft erfüllt und die Götter erfreut.**

Um den Platz für die Feier wird ein Kreis aus Blüten gezogen, der im Osten offen bleibt. Braut, Bräutigam und Trauzeuge werden an dieses "Tor" geführt und die Gäste außerhalb des Kreises aufgestellt. Nachdem der Blótmann den Kreis mit der Hammerhegung geweiht hat, führt er den Bräutigam und die Blótfrau die Braut in die Mitte des Kreises. Danach sprechen sie eine besondere Form der Welhaga:

Blótmann: **Ich rufe dich, Wächter des Nordens,**
Kraft der Erde!
Wir laden dich ein zu diesem Fest.
Schenke dem Ehepaar
Den Schild der Ausdauer und der Geduld!

Blótfrau: **Ich rufe dich, Wächter des Ostens,**
Kraft der Luft!
Wir laden dich ein zu diesem Fest.
Schenke dem Ehepaar
Das Schwert des Austausches und der Achtung!

Blótmann: **Ich rufe dich, Wächter des Südens,**
Kraft der Sonne!
Wir laden dich ein zu diesem Fest.
Schenke dem Ehepaar
Den Speer der Leidenschaft und der Kraft!

Blótfrau:	Ich rufe dich, Wächter des Westens,
	Kraft des Wassers!
	Wir laden dich ein zu diesem Fest.
	Schenke dem Ehepaar
	Den Kelch der Behutsamkeit und der Hingabe!
Beide:	Wir rufen euch, gute Kräfte!
	Wir laden euch ein zu diesem Fest.
	Verleiht dem Ehepaar
	Die Gabe des Verständnisses,
	Der Harmonie, der Treue, der Freude, der Liebe!

II. Heilazzen

Blótmann: **Heil Asen! Heil Asinnen! Und allen hochheiligen Göttern!**

III. Reda

Der Blótmann hält eine kurze Rede, in der er das Wesen der germanischen Ehe erläutert, den nichtheidnischen Festteilnehmern erklärt, dass sie nicht von den Göttern, sondern vom Brautpaar als freier Vertrag zwischen gleichberechtigten Partnern geschlossen wird, und das Brautpaar selbst auf seine Pflichten hinweist. Er schließt mit den Worten:

Wenn jemand unter den Anwesenden gewichtige Gründe vorzubringen hat, warum *(Name des Bräutigams)* **und** *(Name der Braut)* **einander das Eheversprechen nicht geben sollen, so möge er jetzt sprechen oder für immer schweigen.**

IV. Spill und Gibet

Blótfrau:	Ich rufe dich, Vár, wissende Asin,
	Hüterin der Verträge und Treueversprechen!
	Die Eide wahrst du und weihst die Ehe.
	Mit freundlichem Sinn sieh auf uns herab,
	Hör den Eid der Eheleute
	Und gib ihm starken Bestand!

V. Rûnagaldar

Der Blótmann erklärt den Anwesenden die Runen **Wunjo – Gebo – Ehwaz**, die nun für das Brautpaar gesungen werden. Für unsere Hochzeit hatte ich einen Thorshammer geschnitzt, auf dem diese Runen zu sehen waren, sodass sie der Blótmann zeigen konnte.

Die Blótfrau singt jede Rune einmal vor, beim zweiten und dritten Mal singen zumindest die heidnischen Anwesenden mit. Bei der Rune Ehwaz stehen die Brautleute einander gegenüber und fassen sich an den Händen, sodass sie gemeinsam die Runenform nachstellen.

VI. Der beste Mann

Blótmann: **Nun möge der beste Mann vortreten und erklären,**
Ob dieser Mann und diese Frau würdig sind,
Einander das Eheversprechen zu geben.

Trauzeuge: **Sie sind es.**

VII. Eheversprechen

Der beste Mann tritt in den Kreis und hält den Ring für die Braut bereit. Besitzt der Bräutigam ein Schwert, so hält es ihm der Trauzeuge hin, damit er den Griff erfassen und so das Eheversprechen auf sein Schwert sprechen kann.

Bräutigam: **Vor allen Göttern und Göttinnen,**
Meinen Verwandten und Ahnen
Und allen, die hier versammelt sind,
Nehme ich dich zu meiner Frau,
Meiner einzigen Geliebten und Gefährtin meines Lebens.
Ich will dir treu sein und beistehen
Wie meinem eigenen Fleisch und Blut,
Dich lieben und ehren, solange unser Bund besteht,
Und *ein* Schicksal soll uns beide treffen.
Das schwöre ich bei meinem Glück und meiner Ehre
Und gebe dir als Zeichen dafür diesen Ring.

Er nimmt vom Trauzeugen den Ring und steckt ihn der Braut an. Der Trauzeuge stellt sich mit dem Ring für den Bräutigam neben die Braut.

Braut: **Vor allen Göttern und Göttinnen,**
Meinen Verwandten und Ahnen
Und allen, die hier versammelt sind,
Nehme ich dich zu meinem Mann,
Meinem einzigen Geliebten und Gefährten meines Lebens.
Ich will dir treu sein und beistehen
Wie meinem eigenen Fleisch und Blut,
Dich lieben und ehren, solange unser Bund besteht,
Und *ein* Schicksal soll uns beide treffen.
Das schwöre ich bei meinem Glück und meiner Ehre
Und gebe dir als Zeichen dafür diesen Ring.

Sie steckt dem Bräutigam den Ring an.

VIII. Weihe des Ehepaars
Blótmann: **In Freiheit habt ihr euch gefunden,**
In Freiheit habt ihr euch verbunden.
Möget ihr frei und mit gleichen Rechten zusammen leben
Und euren Kindern ein Leben in Freiheit und Würde schenken.
Thor weihe dieses Ehepaar!

Er zeichnet über beide mit dem Thorshammer das Hammerzeichen.

IX. Hochzeitshorn und andere Bräuche
Die Blótfrau reicht dem Bräutigam das Blóthorn mit Met und spricht:

Mögest du in jeder Frau das Antlitz der Erdmutter Jörd erkennen.
Mögest du sie ehren, die dich gebar und dir das Leben schenkte,
Die dir Mutter ist und Gemahlin.

Der Bräutigam trinkt einen Schluck und sagt: **So sei es.**

Der Blótmann reicht der Braut das Blóthorn und spricht:

> **Mögest du in jedem Mann das Antlitz des Himmelsvaters Odin erkennen.**
> **Mögest du ihn ehren, der dich zeugte und dir das Leben schenkte,**
> **Der dir Vater ist und Gemahl.**

Die Braut trinkt einen Schluck und sagt: **So sei es.**

Blótfrau: **Nun spürt ihr keinen Regen mehr.**
Denn einer wird dem anderem Schutz sein.
Nun spürt ihr keine Kälte mehr.
Denn einer wird dem anderen Wärme sein.
Nun gibt es für euch keine Einsamkeit mehr.
Denn einer wird dem anderen Gefährte sein.
Ihr seid zwei Wesen, doch ein einziges Leben liegt vor euch.
Mögen eure Tage auf der Erde gut und lange sein!

Blótmann und Blótfrau halten einen aus mehreren Arten Laub und Kräutern geflochtenen grünen Kranz hoch, durch den hindurch sich die Eheleute küssen.

Danach werden zwei Stühle in den Kreis gestellt.. Die Braut setzt sich, der Bräutigam legt ihr den Thorshammer in den Schoß und setzt sich neben sie.

Blótmann und Blótfrau übergeben den Eheleuten Brot und Salz sowie andere symbolische Gaben, z.B. Erde aus einem Heiligtum und andere Dinge ihrer Wahl

Mit einem Stoffband werden beiden die Hände zusammengebunden. Der Blótmann schwingt im Bogen über beide von links nach rechts und von rechts nach links das Schwert, um Altes und Hinderndes zu lösen. Dabei singt die Blótfrau den Ersten Merseburger Zauberspruch:

>   Eiris sazun Idisi, sazun hera duoder.
>   Suma hapt heptidum, suma heri lezidun,
>   Suma clubodun umbi cuoniouuidi:
>   Insprinc haptbandun, inuar uigandun!

X. Spill und Gibet

Blótmann: Ich rufe Odin, Thor und Freyr,
Die Götter der Weisheit, des Schutzes und der Fruchtbarkeit.
Lasst *(Bräutigam)* ein guter Ratgeber und Schützer seiner Familie,
Liebender Gatte und treu sorgender Vater sein!

Blótfrau: Ich rufe Frigg, Freyja und Sif,
Die Göttinnen der Ehe, der Liebe und der Familie.
Lasst *(Braut)* eine gute Hausherrin und Mutter,
Liebevolle Gattin und starke Hüterin ihrer Familie sein!

Blótmann: Wir rufen die Geister der Ahnen von *(Bräutigam)* und *(Braut)*
Blótfrau: Möget ihr stolz auf sie sein und euch eurer Nachkommen freuen!
Blótmann: Gebt ihnen euren Schutz und Segen!

Braut: Ich rufe die heiligen Mütter der Erde und all ihrer Wesen.
Habt Dank, dass ihr unser Schicksal so glücklich gelenkt habt.
Wacht weiterhin über uns, unserer Kinder und Enkel
Und alle, die nach uns kommen!

Bräutigam: Ich rufe die Gottheiten unseres Landes:
Teutates, den Stammvater unserer keltischen Ahnen,
Cernunnos, den Herrn des Waldes und der freien Natur,
Die Götter des Wassers und der Berge
Und Ostara, Schützerin unseres Landes:
Wacht weiter über unser Land und seine Bewohner,
Damit unsere Kinder und Enkel und alle, die nach uns kommen,

In Freiheit und Frieden, Glück
Und Einklang mit allen Wesen der Erde hier leben können.

Blótfrau: **Wir rufen die Erde, dem Himmel und die Gestirne,**
Blótmann: **Den Regen, den Wind und die flammende Glut,**
Blótfrau: **Die Alfen und Disen und alle guten Geister der Erde:**
Blótmann: **Gebt euren Schutz und Segen!**

XI. Bluostrar

Der Blótmann erklärt den nichtheidnischen Teilnehmern den Ablauf eines Blót, weiht das Horn mit dem Hammerzeichen und beginnt mit seinem Segenswunsch. Nach ihm trinkt die Blótfrau, danach der Trauzeuge, die Verwandten und alle übrigen Anwesenden. Zum Schluss kommt das Brautpaar und dankt für die Segenswünsche.

XII. Ûzlâz

Blótmann und Blótfrau danken den Göttern und öffnen den Kreis.

Bestattung

Das germanische Heidentum hat keine einheitliche Lehre über das Leben nach dem Tod. Die Grundüberzeugung unserer Vorfahren war, dass der Tod sein Geheimnis nicht preis gibt. Deshalb blieben sie, was das individuelle Weiterleben betrifft, für viele Visionen offen, die sich in der Überlieferung in einer Vielzahl von Totenreichen niederschlugen. Welcher dieser Visionen ein Mensch folgt, ist seine persönliche Entscheidung, die man natürlich auch bei der Bestattung respektieren muss. Man darf z.B. in einer Grabrede nicht über Wiedergeburt sprechen, wenn der Verstorbene nicht daran glaubte, oder ihn verbal zur Hel oder nach Valhall schicken, wenn er überzeugt war, wiedergeboren zu werden.

Als Naturreligion sieht das germanische Heidentum den Tod aber nicht nur aus der individuellen Perspektive. Er ist ein Teil des natürlichen Kreislaufs von Werden und Vergehen, ohne den Leben – ständig sich wandelndes und erneuerndes Leben – nicht möglich wäre. Aus dieser Sicht ist der Einzelne zwar sterblich, aber Teil eines größeren Seins. Er lebt überhaupt nur, indem er am übergeordneten Kreislauf des Lebens teilhat, ist eigentlich nur eine zeitlich begrenzte Erscheinungsform dieses größeren Seins, das sich immer wieder neu verkörpert. Ihm kann der individuelle Tod nichts anhaben, denn es ist überindividuell und dadurch letzten Endes unsterblich.

Dieses größere Sein, aus dem der Einzelne lebt, in dem er lebt und das im Grunde sein eigentliches Leben ist, das in der sterblichen Einzelperson vorübergehend Gestalt annimmt, war für unsere Vorfahren das Leben der Sippe. Wiedergeburt gibt es nach dem ursprünglichen Glauben, der in der germanischen Tradition am reinsten erhalten geblieben ist, nur innerhalb der Sippe, in Enkeln und Urenkeln oder in Nachkommen naher Verwandter. Der transzendente Grund, aus dem die Sippe lebt, ihr Heil und ihre Ehre, leben aber auch weiter, wenn es keine physischen Nachkommen mehr gibt: "Besitz stirbt, Sippen sterben, du selbst stirbst wie sie. Eines weiß ich, das niemals stirbt: das Urteil über einen Toten." (Hávamál). So kommt zum Weiterleben in der Sippe auch das Weiterleben in der Erinnerung, für das die Nachwelt Sorge zu tragen hat. Es ist der entscheidende Kern, um den sich die Totenriten und der Ahnenkult des germanischen Heidentums drehen.

Auftrag der Hinterbliebenen ist es, die Ehre des Verstorbenen lebendig zu erhalten. Um das persönliche Weiterleben, wie immer es aussehen mag, müssen sie sich nicht sorgen. Es ist in jeder der überlieferten Jenseitsvisionen vom Schicksal bestimmt und lässt sich durch nichts, was man für den Toten tun könnte, ändern. Keine unverfälschte germanische Überlieferung kennt auch Lohn oder Strafe im Jenseits, sodass es nicht nötig ist, wie die Christen für die Seelen der Toten zu beten. Um den Körper muss man sich ebenfalls nicht sorgen. Er konnte zu allen Zeiten – unabhängig davon, welche Jenseitserwartung man hatte – verbrannt werden, was nur möglich ist, wenn das Weiterleben in jedem Fall körperlos ist. Anders als bei Völkern, die wie z.B. die Ägypter an ein körperliches Weiterleben glaubten, sind Grabbeigaben in der germanischen Tradition daher keine Versorgungsgüter fürs Jenseits, sondern eher mit den Opfern zu vergleichen, die auch die Götter erhalten: Sie sind Geschenke, mit denen den Toten Ehre erwiesen wird.

Dieses Ehrerweisen steht im Mittelpunkt der Totenleite und der Riten, die ihr folgen. Ihr Hauptziel ist es, den Toten würdig und ehrenvoll zu bestatten, unter Beteiligung seiner Verwandten und Freunde, die ihm damit, wie man heute noch sagt, die "letzte Ehre erweisen" – nur dass es in der germanischen Tradition nicht die letzte ist, sondern der Anfang einer Reihe von Riten, die ihn im Gedächtnis weiterleben lassen. Dazu gehörten noch unmittelbar bei der Aufbahrung und Bestattung Totengesänge, althochdeutsch *sisu* oder *sisesang*, die der Klage, aber auch dem Ruhm des Verstorbenen dienten.

Noch um das Jahr 1000 erwähnt Burchard von Worms drei Gedächtnisfeiern am dritten, siebenten und dreißigsten Tag nach der Bestattung und weitere am Jahrestag des Todes. Ob diese Daten, besonders der siebente Tag, authentisch germanisch sind, ist zu bezweifeln, das ruhmvolle Totengedenken als solches ist es aber zweifellos. Auch im Norden wurde bei Festen und an Gedenktagen die *minni* (Erinnerung) der Verstorbenen getrunken, wobei Geschichten über sie erzählt und Preislieder gesungen wurden. Häufig geschah das in den Julnächten, es gab aber auch eigene Totenfeste, so bei den Sachsen im Herbst und bei den Schwaben am 28. September, den sie *sisetac* (Tag der Totenlieder) nannten. Dem Gedächtnis der Toten galten auch nahezu alle nordischen Runensteine, die an Wegen aufgestellt waren, damit Vorbeikommende sie lesen konnten.

Über den Ablauf germanischer Bestattungsfeiern gibt es wenig Nachrichten, die für heutige Verhältnisse brauchbar sind. Die Gräberfunde lassen wenig Schlüsse darauf zu, und die überlieferten Beschreibungen sind Extrembeispiele von Bestattungen ranghöchster Persönlichkeiten. Auch die geltenden Gesetze schränken die Möglichkeiten ein. Auf jedem kommunalen Friedhof ist es aber möglich, ein Urnen- oder Körpergrab mit einem Stein mit heidnischen Symbolen einzurichten und eine Totenfeier nach eigener Gestaltung durchzuführen. Bei der Ausrichtung eines Körpergrabs wird man sich meistens nach der Friedhofsordnung richten müssen. In alter Zeit war die Nord-Süd-Richtung mit dem Kopf im Norden die häufigste, aber keineswegs die einzig übliche.

Obwohl man nicht "für den Verstorbenen beten" muss, werden bei der Bestattung auch Götter angerufen. Deswegen war für Christen schon das bloße Zuhören bei Totengesängen eine Sünde, die sie nach einer sächsischen Quelle beichten mussten. Die Hinterbliebenen danken den Göttern für das Gute, das sie dem Verstorbenen erwiesen haben, und laden sie ein, ihm mit ihnen Ehre zu erweisen, wie er zu Lebzeiten sie geehrt hat. Wenn er eine bestimmte Gottheit als *fulltrúi* verehrte, wird sie natürlich besonders hervorgehoben.

Der Gott, der in jedem Fall angerufen wird, ist Odin, der nicht nur "seine" Leute in Valhall aufnimmt, sondern auch für alle anderen der Totenführer und nicht zuletzt der *Allvater*, der Stammesgott und Schützer des übergeordneten Lebens ist, aus dem der Verstorbene kam und in das er zurückkehrt. Wir rufen auch die Ahnen an, die ihm vorangegangen sind und ihn, wo immer sie sein mögen, unter sich aufnehmen werden, und die Mutter Erde, in die er als Leichnam oder Asche zurückkehren und so in ihr ebenfalls weiterleben wird.

Traditionell erhält der Tote auch die schon erwähnten Beigaben, deren Art und Anzahl in der Vergangenheit regional und individuell sehr verschieden waren. Generell wurden alle Toten in ihren besten Kleidern, mit Schmuck und Amuletten sowie Waffen und Gegenständen ihres Berufslebens bestattet, Frauen manchmal symbolisch mit einem Schlüsselbund als Zeichen ihrer Herrschaft über das Haus. Beigegebene Lebensmittel waren, wie erwähnt, nicht für den Verzehr im Jenseits gedacht, sondern hatten ebenfalls symbolischen Charakter. Häufig waren Äpfel, Haselnüsse oder Saatgut als Zeichen dafür, dass im Kreis von Werden und Vergehen wieder neues Leben entstehen wird. Im Norden wurden bei Brandbestattungen kleine eiserne Amulette in die Urne gelegt, meist Thorshämmer oder Ringe mit mehreren Symbolen wie Hammer, Sichel und Speerspitze für Thor, Freyr und Odin.

Bei aller Gelassenheit gegenüber dem Tod, die das germanische Heidentum aus der Gewissheit des transpersonalen und in irgendeiner Form auch persönlichen Weiterlebens schöpft, muss man bei der Bestattung aber auch dem Schmerz und der Trauer über den Verlust eines geliebten Menschen den nötigen Raum geben. Wir verdrängen die Endgültigkeit und auch den Schrecken des Todes nicht. Die Person, die jemand war, ist für immer tot – zur Hel, nach Valhall oder Folkvang gegangen, und auch wenn man wiedergeboren wird, ist man nicht derselbe, sondern ein neuer Mensch mit einer eigenen, einzigartigen Persönlichkeit. Vom alten Menschen nehmen wir endgültig Abschied.

Gleichwohl wissen wir, dass es im ewigen Kreislauf von Leben und Tod so sein muss und als Teil der heiligen Ordnung des Kosmos auch gut ist. Wir verabschieden uns von unseren Toten nicht in Bitterkeit, sondern indem wir ihnen für alles Gute danken, das durch sie in die Welt kam, und ihnen versprechen, ihr Heil und ihre Ehre zu bewahren und weiterzutragen.

Vorschlag für die Bestattungsfeier

Der folgende Vorschlag geht von einer Feuerbestattung auf einem kommunalen Friedhof aus, die vielerorts wahrscheinlich die einzige Möglichkeit bietet, eine heidnische Bestattungsfeier abzuhalten. Urnenfriedhöfe haben im allgemeinen eine neutral gestaltete Verabschiedungshalle, in der nach Absprache mit der Verwaltung jede Art von Feiern durchgeführt werden kann. Eine direkte Übergabe des Leichnams an das Feuer ist im allgemeinen nicht möglich, sodass der Leichenbrand symbolisch dargestellt werden muss. Am besten sollte das durch eine vor dem Sarg aufgestellte Feuerschale geschehen, ansonsten durch Fackeln oder Kerzen, die während der Feier entzündet werden. Der Sarg muss offen sein, damit die Beigaben während der Feier zum Toten gelegt werden können.

Bei unseren Ahnen war es üblich, dass die Erben ihre Toten selbst beisetzten, man kann als Leiter der Feier aber auch einen Blótmann heranziehen, der sich die Aufgaben mit dem/der nächsten Angehörigen teilt. Im Folgenden wird eine solche Teilung gezeigt.

I. Haga und Wîha

Die Hinterbliebenen stehen, da ein voller Kreis in den meisten Verabschiedungshallen baulich nicht möglich ist, im Halbkreis vor dem offenen Sarg. Der Blótmann führt, wenn es nicht anders geht, von der Mitte des Halbkreises aus die Hammerhegung durch.

II. Heilazzen

Blótmann: **Heil Asen, Heil Vanen und allen hochheiligen Göttern!**

Angehöriger: **Heil Allvater Odin! Heil der düsteren Hel!**
Heil den Ahnen, den Alben und Disen,
Den Vätern und Müttern unseres Stammes!
Wir rufen euch zu uns in den Kreis
Um den liegenden Leib unseres lieben Gesippen!

Blótmann: **Allen Männern mindre den Harm,**
Allen Weibern wende das Leid
Die Trauerkündung, die nun ertönt.

III. Reda und Sisusang

Der nächste Angehörige spricht über die Verdienste, Leistungen und Ehren, ruhmreichen und freundlichen Charaktereigenschaften des Toten, zitiert erinnernswerte Aussprüche von ihm, schildert sein Vermächtnis an die Nachwelt und alles, worin er im Gedächtnis weiterleben soll. Kinder und Enkel werden genannt und in die Pflicht genommen, die Erinnerung an ihren Vorfahren und die Ehre seiner Sippe zu wahren. Für die nichtheidnischen Teilnehmer muss dabei erwähnt werden, dass germanische Heiden ihre Hoffnung vor allem in das Weiterleben der Sippe und ihrer Ehre setzen. Auch die Vision des Verstorbenen über das persönliche Weiterleben wird erklärt, am besten so, dass man konkret schildert, wie er selbst nun z.B. am Tor Walhalls ankommt, von den Walküren empfangen wird usw.

Wenn es ehrende Gedichte oder Lieder über den Verstorbenen gibt, können sie eingeflochten in die Rede oder im Anschluss an sie vom nächsten Angehörigen selbst oder von Leuten, die das besser können, vorgetragen und gesungen werden. Aber auch, wenn die traditionelle Form des *sisusang* nicht möglich ist, wird die Reda von seinem Geist bestimmt.

Nachdem der Angehörige geendet hat, spricht der Blótmann zu den Teilnehmern:

> **So hat er gelebt, so behaltet ihn im Gedächtnis**
> **Und lasst ihn in eurem Geist weiterleben:**
>
> **Besitz stirbt, Sippen sterben,**
> **Du selbst stirbst wie sie.**
> **Eines weiß ich, das niemals stirbt:**
> **Das Urteil über den Toten.**

oder nordisch:

> **Deyr fé, deyja frændr,**
> **Deyr sjalfr it sama;**
> **Ek veit einn, at aldrei deyr:**
> **Dómr um dauðan hvern.**

IV. Zunten

Eine vorher bestimmte Person, die eine Fackel bereit hält, übergibt sie brennend dem nächsten Angehörigen. Dieser tritt vor die Feuerschale und spricht:

> **Im Namen der hohen Götter entzünde ich**
> **Die heilige Flamme der Reinigung und der Schöpfung,**
> **Das erste Mysterium und die letzte Gnade.**
> **Flamme wachse an Flamme,**
> **Dass ende, was zum Ende bestimmt ist**
> **Und Neues erwachse aus Licht und aus Glut.**

V. Spill und Gibet

Spill und Gibet richten sich nach den persönlichen Jenseitserwartungen des Verstorbenen und sind daher individuell verschieden. Für jemanden, der Thor als *fulltrúi* hatte und überzeugt war, dass seine Seele nach Thrudheim eingeht, ruft man Thor an, ebenso Freyja für den Weg nach Folkvang oder Hel für die Aufnahme in ihr Reich. Odin kann man nicht nur für Verstorbene anrufen, deren Vision Walhall war, sondern, da er unabhängig vom persönlichen Jenseitsglauben der Totenführer ist, auch für andere. Das folgende Spill und Gibet ist eine allgemeine Version, die sich für jeden eignet. Der Blótmann spricht:

> **Odin! Allvater! Ahnengott! Wir rufen dich!**
> **Nachtheers Vorreiter, Führer der Toten!**
> **Der du die Seelen verwester Gesippen**
> **Fort von Midgard mit dir nimmst**
> **In die Hallen Hels,**
> **Auf Folkvangs Fluren,**
> **An Thrudheims Tor**
> **Und ins weite Walhall,**
> **Höre uns, Herian!**

> **Weise den Weg dem Weggegangenen,**
> **Sicher geleite ihn auf seiner letzten Fahrt!**
> **Führe in Frieden zu Freunden ihn hin,**
> **In die Wohnstatt der Ahnen, wo immer sie sind,**
> **In den Hallen Hels,**
> **Auf Folkvangs Fluren,**
> **Hinter Thrudheims Tor**
> **Und im weiten Walhall.**
> **Ihr Ahnen von** *(Name des Toten)*,
> **Nehmt ihn unter euch auf!**

VI. Rûnagaldar

Als Zeichen des Übergangs kann neun Mal die Dagaz-Rune gesungen werden. Auch die gesamte Runenreihe als Zeichen eines vollendeten Lebenswegs ist angebracht.

VII. Beigaben und Weihe des Toten

Der nächste Angehörige tritt mit drei Äpfeln an den offenen Sarg und spricht:

> **Äpfel gebe ich dir auf den Weg, Früchte der Reife und**
> **Saat der Erneuerung.**
> **Zur Erde sinkt die Saat, aus der Erde keimt sie neu empor.**
> **Aus Altem wächst Neues, der Nacht folgt der Morgen.**
> **Leben ernte, was Tod hat gesät!**

Er legt die Äpfel in den Sarg und spricht:

> **So nehmen wir Abschied von dir,** *(Name des Toten)*,
> **Geliebter Gesippe und Freund.**
> **Geh voran, wohin wir folgen werden!**

Der Blótmann tritt mit dem Thorshammer, der dem Toten mitgegeben wird, an den Sarg und spricht:

> **Thor, den Weihegott, rufe ich nach alter Sitte:**
> **Weihe den Toten und weihe seinen Weg!**

Er schwingt den Hammer über dem Sarg, legt ihn dann dem Toten auf die Brust und gibt dem Bestattungspersonal ein Zeichen, den Sarg zu schließen.

VIII. Bluostrar

Der nächste Angehörige weiht das Blóthorn mit dem Hammerzeichen und spricht:

> **Zur Ehre und zum Gedächtnis von** *(Name des Toten)***!**
> **Möge noch in mancher Runde das Horn für ihn kreisen!**

Das Horn kreist ein einziges Mal in stummem Gedenken. Auch die sonst bei der Übergabe dargebotenen Wünsche "Trink heil" und "Sei heil" bleiben aus.

Während des Bluostrar kann der Sarg aus dem Saal gefahren werden.

IX. Ûzlâz

Der Blótmann erklärt die Totenleite für beendet und dankt im Namen der Angehörigen allen für ihre Teilnahme. Dann können die heutzutage üblichen Beileidswünsche erfolgen.

Beisetzung der Urne

Da die traditionellen Riten bereits bei der Bestattungsfeier vollzogen wurden, ist die Beisetzung der Urne nur noch ein letzter Akt, der im kleinsten Kreis begangen wird. Es genügt, wenn ein oder zwei nächste Angehörige zugegen sind. Der Tradition entsprechend, sollte man für die Urne ein Erdgrab wählen.

Bevor die Urne beigesetzt wird, weiht man die Erde, indem man um das Grab die Hamarhaga zieht und entweder die Erde mit Osterwasser oder Wasser aus einer heiligen Quelle besprengt oder über sie das Hammerzeichen macht. Dazu spricht man:

> **Erde, aus der unsere Gesippe gekommen ist,**
> **Sei gesegnet mit dem Heil der Götter!**
> **In Frieden und Freundschaft nimm seine Asche auf**
> **Und lass ihn ein Teil von dir werden**
> **Wie alle, die zu dir zurückkehren!**

Bei der Beisetzung wirft man auch selbst Erde über die Urne, begleitet anschließend die Arbeit des Bestattungspersonals in stillem Gedenken und legt am Ende, wenn es die Jahreszeit erlaubt, einen blühenden oder sonst einen immergrünen Zweig auf das Grab.

Minni-Trinken

An festgesetzten Tagen, traditionell – wenn zumindest dieser von Burchard von Worms genannte Termin authentisch ist – am Jahrestag des Todes, eventuell aber auch am Geburtstag eines Verstorbenen oder an einem anderen dem Gedenken gewidmeten Tag treffen sich Verwandte und Freunde, besuchen das Grab und trinken entweder dort selbst, auf einem Kultplatz oder in einer Halle oder Wohnung die Minni des Toten.

Der nächste Angehörige oder der Blótmann spricht eine kurze Anrufung an alle Götter, weiht das Horn und spricht mit dem Horn in der Hand über den Toten. Dies soll keine ausführliche Rede über ihn sein, da auch alle anderen Teilnehmer noch mit der Beschreibung der einen oder anderen seiner Taten und Eigenschaften oder mit Erzählungen persönlicher Erlebnisse mit ihm ihr Teil zum Gedächtnis beitragen sollen. Jeder spricht danach:

Ich trinke die Minni von *(Name des Toten)*.
Möge er immer in unseren Herzen bleiben!

Das Horn kreist drei Mal in der Runde, wobei die erste Runde mit den Berichten der Teilnehmer über den Toten seinem persönlichen Gedächtnis, die zweite seinen Ahnen und die dritte dem Fortbestand seiner Sippe gewidmet ist. Letzteres ist, da die Sippe nicht nur in den direkten Nachkommen, sondern auch denen der Verwandten weiterlebt, auch für Verstorbene angebracht, die keine Kinder hatten. Am Ende wird der Rest des Tranks geopfert und der nächste Angehörige oder Blótmann spricht:

Dies geschah zur Ehre von *(Name des Toten)*.

Besitz stirbt, Sippen sterben,
Du selbst stirbst wie sie.
Eines weiß ich, das niemals stirbt:
Das Urteil über den Toten.

Besondere Rituale

Blótar für einzelne Gottheiten

In der germanischen Tradition dominieren zwar die Kollektivopfer, bei denen wir allen Göttern die Ehre erweisen, die ihnen gebührt, und keinem einen Vorzug geben. Dennoch gibt es Gründe, *darüber hinaus* auch einmal ein Blót für eine einzelne Gottheit abzuhalten. Das kann geschehen, wenn man ihre Hilfe braucht oder ihr dafür danken will, als spontaner, einmaliger Akt oder als regelmäßiger Teil der persönlichen oder gemeinschaftlichen Religionsausübung, wenn eine Gottheit von einem Einzelnen oder Mehreren als *fulltrúi* oder gemeinsame Schutzgottheit verehrt wird, und natürlich in den Blótgilden, die sich eigens der zusätzlichen Verehrung bestimmter Gottheiten widmen.

Solche Blótar kann man abhalten, wann immer es geeignet erscheint, bei regelmäßiger Wiederholung z.B. im Jahresabstand. Wenn man will, kann man Blóts für Tyr, Odin, Thor oder Frigg bzw. Freyja auf die Wochentage legen, die nach ihnen benannt ist. Allerdings sind die Wochentagsnamen nicht ursprünglich germanisch, sondern entstanden im 2./3. Jh. CE aus den römischen, die ihrerseits auf die astrologischen Planeten zurückgehen, denen man Namen römischer Götter gab.

Im folgenden sind Beispiele von Blótar für einige der meistverehrten Gottheiten zu finden, nach deren Muster sich auch Blótar für jede andere Gottheit gestalten lassen. Das Álfablót ist in der nordischen Geschichtsschreibung belegt und zeigt, dass zumindest schon in der Wikingerzeit nicht nur für Asen und Vanen, sondern auch für Wesenheiten wie eben die Alben eigene Blótar abgehalten werden konnten.

Odinsblót

Dieses Blót wurde vom OR England zur Feier in Gemeinschaft entwickelt, kann aber auch allein durchgeführt werden. Der englische Text wurde von Thorbern, ORD, übersetzt und vom Autor gekürzt und der in diesem Buch vorgestellten Ritualordnung des ORD angepasst.

Als Haga und Wîha führt der Blótmann den Gandrbann durch. Dazu benötigt er einen geweihten Stab, in den die Runenreihe eingeritzt ist (nord. *gandr*, "Zauberstab"), oder einen geweihten Speer für Odins Speer Gungnir. Er hebt ihn im Norden beginnend in die vier Himmelsrichtungen und spricht:

Gandr, helga vé þetta ok hindr alla illska! *oder*
Gungnir, helga vé þetta ok hindr alla illska!

Mit dem Blick wieder nach Norden hebt er den Stab oder Speer über den Kopf und spricht:

Ich weihe und heilige zu Ehren Odins diesen Altar und Opferplatz
Und banne alle Kräfte, die unheilig und unrein sind, von diesem Ort.

Der Blótmann legt den Stab oder Speer auf den Altar und spricht das Spill:

Odin! Wir hören dich durch die rauschenden Blätter der Wälder
Und im wilden Zorn des Sturms.
Du sprichst zu uns im Schrei der Raben
Und im Ruf der Wölfe während der Winternacht.
Du bist im Kampfgeschrei der Krieger
Und in den Worten der Skalden.
Unsichtbar für die Augen reitest du in wilder Jagd
Auf deinem achtbeinigem Pferd
Unseren Ahnen und unserer Gemeinschaft voran.
Höre uns, Odin, wie wir dich mit deinen alten Namen anrufen,
Unter den Namen, die unsere Ahnen kannten:

Helmgott, Wanderer, Hoher, Krieger,
Lehrer, Streitschürer, Vater des Sieges,
Einäugiger Gott, Gott der Menschen, Allvater!

(Dies ist eine Auswahl. Die nordische Skaldentradition kennt mehr als hundert Beinamen Odins. Wählt diejenigen, die geeignet scheinen.)

Das Spill kann für sich allein stehen oder wird, wenn das Blót wegen einer bestimmten Bitte oder eines Danks begangen wird, von einem Gibet gefolgt. Danach leitet der Blótmann den Rûnagaldar ein, indem er "Odins Runenlied" zitiert oder spricht:

Odin, weisester Ase, Wissender,
Der neun Nächte am Weltenbaum hing,
Um die heiligen Runen zu erfahren,
Du, der die Skalden inspiriert, höre uns!

Die gesamte Runenreihe wird drei Mal gesungen. Wenn auch noch andere Opfer dargebracht werden, geschieht dies jetzt. Dann hebt der Blótmann das Horn zum Bluostrar und spricht:

Odin, nimm unser Opfer an,
Nicht als Dienst oder Anbiederung,
Denn du bist kein Herr
Und deine Kinder sind keine Diener,
Sondern von Freien und Ehrenleuten
Als Zeichen von Frieden und Freundschaft!

Der Blótmann weiht das Horn mit dem Hammerzeichen und gießt einen Teil des Mets auf die Erde, trinkt einen Schluck und reicht das Horn weiter. Jeder der Mitfeiernden trinkt und kann dabei eine Anrufung an Odin sprechen. Was vom Met übrig bleibt, wird wieder geopfert. Zum Schluss spricht der Blótmann:

> **Das Blót ist vollendet.**
> **Möge es uns mit Kraft erfüllen**
> **In Treue zu unseren Göttern und Ahnen.**
> **Odin, wir danken dir. Heil Odin!**

Dieses Blót kann in ähnlicher Weise auch für andere Gottheiten abgehalten werden, wobei man Haga und Wîha mit entsprechenden Zeichen der Götter durchführt, z.B. einem Schwert für Týr, einem Signalhorn für Heimdall, einer Spindel für Frigg usw. Man kann aber auch wie bei jedem Begang den Platz mit der Hamarhaga einhegen und weihen.

Freyrblót

Dieses kurze Blót eignet sich sowohl als Bitt- oder Dankritual für eine bestimmte Segnung als auch, wenn man Freyr ohne solchen Anlass Ehre erweisen will, z.B. als regelmäßiger Begang für jene, die ihn als ihren *fulltrúi* verehren. Man kann es allein oder in der Gruppe abhalten, am besten auf oder an einem Acker oder am Wasser. Der Gebetstext stammt von Stilkam.

Das Blót beginnt mit der Hamarhaga oder einer Abwandlung, bei der anstelle des Hammers ein Zeichen Freyrs verwendet wird, z.B. ein Stab mit eingeritzter Ingwaz-Rune (in diesem Fall ruft man "*Ingwaz í Norðri, helga vé þetta ok hald vörð*" usw.), ein Phallussymbol oder die Darstellung eines Schweins (bei denen man Freyr mit Namen anruft). Ein einzelner Opfernder spricht dann:

> **Freyr, Sohn Njörds, vornehmster der Götter!**
> **Ich *(Name)* bin gekommen, dich zu verehren,**
> **Mein göttlicher Freund,**
> **Und dir deine Gaben zu vergelten,**
> **Wie du meine Treue vergiltst.**

Für Gruppen spricht ein anderer als der Blótmann diese Einleitung ohne Namensnennung einfach in der Wir-Form. Danach wird spricht der Blótmann Spill und Gibet:

Heil sei dir, Erntegott, Blotgud Svía!
Aus deines Nährers Halle Noatun
Zogst du aus, in Albenheim zu herrschen.
Regenschauer und Sonnenschein sendest du Midgard,
Wo Menschen zu dir rufen, Fro Ing!
Offenbare dich in nachtdunklen Wäldern des Nordens,
Wo Gullinburstis Gesippe lebt,
Und in lichten Laubhainen des Südlands,
Über die weiße Wolken eilen
Wie Skidbladnir mit geblähtem Segel.
Freier Gerds, gönne auch uns Lust und Liebe
Und schöne Jahre in Jörds Schoß.
König des Landes, fülle die Kornkammern uns.
Gewähre uns starken Stand in Wêwurts Wogen,
So wie du mit Waldkönigs Geweih
Surts scharfem Schwert entgegentratst.
Heil sei dir, Erntegott, Freyr!

Bei einem Anlassopfer werden zusätzlich die konkreten Bitten oder Danksagungen gesprochen. Danach wird drei Mal die Ingwaz-Rune gesungen. Wenn nicht auch zusätzliche Opfergaben dargebracht werden, beginnt der Blótmann mit dem Bluostrar und spricht:

Freyr zur Ehre, den Menschen zum Nutzen:
Möge der mächtige Mehrer der Frucht,
Der Spender von Fülle, Freude und Kraft
Uns hold sein für immer! Til árs ok fríðjar!

Der Opfertrank wird auf die Erde oder ins Wasser gegossen, dann trinkt der Blótmann und gibt das Horn weiter. Die Sprüche der anderen Teilnehmer beziehen sich ebenfalls auf Freyrs Wirken oder sie sprechen nur "*Til árs ok fríðjar*" (auf gute Ernte und Frieden). Ein einzelner Opfernder gießt nach dem Trinken den ganzen Rest des Mets aus und beendet das Blót mit dreimaligem " Ingwaz"-Ruf.

Álfablót

Dieses einfache Blót zu Ehren der Alben kann man traditionell an einem Freitag oder immer dann abhalten, wenn man es für nötig hält, egal ob bei Tag oder Nacht. Gebraucht werden ein Trinkhorn oder geweihter Becher und Met oder Milch. Das Blót wird an einem vorher geweihten und geschützten Platz mit einem Stein oder Baumstumpf als Altar durchgeführt.

Man füllt am Altar das Trinkhorn, hält es mit dem Blick nach Norden zuerst für die Lichtalben empor, dann für die Dunkelalben zur Erde und schließlich zur Mitte und spricht:

> **Heilir Álfar!**
> **Heilir Ljósálfar ok Dökkálfar!**

oder deutsch:

> **Heil Alben!**
> **Heil Lichtalben und Dunkelalben!**
>
> **Heil all den Alben heilig und alt!**
> **Nehmt diese Opfergabe, ich bitte euch,**
> **In Verwandtschaft, Kameradschaft**
> **Und in Gemeinschaft, die heilig ist!**
> **Heil ihr Wichte von oben und unten,**
> **Aus dem gesamten Albenreich!**
> **Ehrerbietigen Gruß euch allen,**
> **Und seid mit mir**
> **An diesem heiligen Platz!**

Das Horn wird mit dem Hammerzeichen gesegnet und das Trankopfer über den Altar oder auf die Erde geschüttet. Dabei spricht man:

All den Alben heilig und alt
Gebe ich diesen Met (diese Milch)!

Danach trinkt man selbst einen Schluck, lässt das Horn in der Opfergemeinschaft kreisen oder opfert, wenn man allein ist, gleich den Rest im Horn.

Dísablót

Als Dísablót wird auch ein regelmäßig Anfang Februar begangenes Fest zu Ehren der Disen bezeichnet, das in Schweden durch das gleichzeitige *disting*, sonst aber nirgendwo für die Germanen historisch bezeugt ist. Hier ist mit diesem Namen ein Blót gemeint, das den bisher vorgestellten Blótar für einzelne Gottheiten entspricht und wie sie bei jeder entsprechenden Gelegenheit abgehalten werden kann. Es wendet sich besonders an jene Disen, die im Rheinland in römischer Zeit auf lateinischen Inschriften "Matres" oder "Matronae" genannt wurden und Schutzgöttinnen von Land, Stamm und Familie sind. Wenn man es als regelmäßiges Fest begehen will, muss man es lediglich nach der neungliedrigen Ordnung, die bei den Jahresfesten gezeigt wurde, erweitern.

Zuerst wird der Platz mit der Hamarhaga geweiht und vor einem mitgebrachten oder, wenn man ein altes Heiligtum besucht, vor dem dort stehenden Matronenstein ein Licht entzündet. Dann begrüßt man die Disen und spricht Spill und Gibet:

Heil sei euch, Disen, göttliche Drei!
Heilige Mütter von Land und Stamm!
Allesgebende, Gabenspendende,
Segen, Fülle und Frucht Sendende!
Liebend beschützt und beschenkt ihr das Land,
Da ihr west und wirkt in Wald und Flur.
Frauen bringt ihr sichere Geburt,
Lasst Kinder wachsen und wohl gedeihen,
Führt Männer heil heim aus Gefahr.
Disen, heimatliche, Heil sei euch!

> **Heilige Mütter, gebt uns weiterhin Schutz und Segen! Lasst unser Land blühen und unsere Sippe wachsen und gedeihen! Beschützt unsere Kinder und gebt ihnen ein glückliches und erfülltes Leben! Lasst uns euer Land, dem wir wie ihr angehören, lieben und vor Schaden bewahren und unserer Sippe und unserem Stamm Heil und Ehre wirken!**

Das Blóthorn wird mit dem Hammerzeichen geweiht und kreist 3 Mal in der Runde.

Opfergelübde

Ein Dísablót, wie es eben beschrieben wurde, oder ein ähnlich gestaltetes Blót für eine andere Gottheit kann auch den Rahmen dafür bilden, wenn man für die Erfüllung einer Bitte ein Opfer gelobt und dieses Gelöbnis später einlöst. Opfergelübde sind bei den Germanen am besten in der Matronenverehrung bezeugt, deren Hunderte erhaltene Bildsteine und Inschriften fast durchwegs Weihungen aufgrund von Gelübden sind. Dies nehme ich zum Anlass, ein Beispiel für ein Opfergelübde zu zeigen, das den Disen geleistet wird: Ein Elternpaar gelobt, ihnen für die Genesung eines kranken Kindes ein Trank- und Rauchopfer darzubringen.

Dazu spricht der Vater im Beisein der Mutter oder abwechselnd mit ihr das Spill aus dem Dísablót und anschließend:

> **Heilige Mütter, wir bitten euch, gebt unserem Kind euren Segen und die Kraft, seine Krankheit zu überstehen und ohne Schaden wieder gesund in unserer Mitte zu leben! Oft habt ihr geholfen und eure Macht gezeigt, Not zu meistern, oft auch haben wir euch Ehre erwiesen. Helft auch jetzt, und wir werden euch drei Maß Met und den Rauch heiliger Kräuter opfern.**

Beim Einlösen des Gelübdes sprechen sie wieder das Spill aus dem Dísablót und dann:

> **Heilige Mütter, wir danken euch für die Genesung unseres Kindes. Wir haben zu euch gebetet, ihr habt uns erhört. Wie wir gelobt haben, sind wir nun hier, eure Gabe zu vergelten, wie es gebührt. Habt Dank und nehmt unser Opfer an!**

Danach entzünden sie das Rauchopfer, weihen das Blóthorn mit dem Hammerzeichen, trinken jeder einen Schluck und gießen die versprochene Menge Met auf die Erde.

Symbel für jede Gelegenheit

Wann immer Heiden zusammen kommen, keine Festzeit und kein Thing ist und es auch für Opfer an bestimmte Gottheiten keinen Grund gibt, können sie zur Ehre der Götter und Ahnen ein Symbel abhalten. Das angelsächsische Wort *symbel* oder *sumbel* hat dieselbe Bedeutung hat wie das nordische *blót*, wird hier aber zur Unterscheidung nur für Trankopferriten verwendet, die ohne bestimmten Anlass begangen werden.

Nach der Beschreibung, die Snorri Sturlusons in der Heimskringla gibt, wurde die erste Runde auf Odin für Sieg und die Macht des Königs und die zweite auf Njörd und Freyr für gute Ernte und Frieden getrunken. Die dritte war der *bragafull* ("Bragis Becher"), bei dem Eide geschworen wurden und "die Männer auf ihre Verwandten tranken." Dies gibt allerdings spezifisch norwegische Verhältnisse der Königszeit wieder, die nicht verallgemeinert werden können. Die meisten heutigen Heidengruppen sind daher dazu übergegangen, den ersten Trunk den Göttern und den zweiten den Ahnen zu weihen. Beim dritten ist jeder Teilnehmer frei, auf alles zu trinken, was er für angebracht hält, z.B. auf die Freundschaft der Anwesenden oder auch auf jene, die nicht am Symbel teilnehmen können.

Wie beim Blót (Bluostrar) innerhalb eines Festbegangs kreist das Horn unter den Teilnehmern, von denen immer nur derjenige spricht, der das Horn hält. Den Anfang macht der Blótmann oder Gastgeber, indem er das Horn mit dem Hammerzeichen weiht und ein Spill für alle Götter und Göttinnen spricht, z.B.:

> **Heil den Asen! Heil den Vanen! Und allen hohen Göttern!**
> **Diesen Trank weihen wir eurer Ehre,**
> **Nicht um etwas zu erbitten und Gabe für Gabe zu fordern,**
> **Sondern als Zeichen von Frieden und Freundschaft.**
> **Heil sei euch und Ehre allezeit!**

Nachdem das Horn in der Weise, dass jeder ein Spill auf die Götter oder eine einzelne Gottheit seiner Wahl spricht, einen Schluck opfert und selbst einen Schluck trinkt, durch die Runde gegangen und wieder beim Blótmann angelangt ist, spricht er:

**Heil unseren Ahnen! Den Müttern und Vätern der Sippen
All derer, die hier versammelt sind um das heilige Horn!
Was wir geworden sind, was wir sind und sein werden,
Verdanken wir euch und dem Erbe, das ihr in uns hinterlassen habt.
Heil sei euch und Ehre allezeit!**

In der zweiten Runde sind ebenfalls alle Teilnehmer gebunden und sprechen allgemeine Spill zu Ehren der Ahnen oder bestimmter Vorfahren, die sie besonders ehren wollen. Es können aber auch Verstorbene sein, mit denen weder sie noch andere Teilnehmer persönlich verwandt sind, die aber für die Gemeinschaft wichtig sind, z.B. als "geistige Ahnen". Erst in der dritten Runde ist jeder im Thema frei. Der Blótmann kann sie mit einem allgemeinen Wunsch, z.B. Segen der Götter für alle Teilnehmer, beginnen.

Regelmäßiges Ritual

Wer es möchte, kann im kleinen Kreis – etwa in der Familie, im Herd oder in der Gruppe – regelmäßige Rituale einführen, mit denen der Monat oder auch die Woche begonnen und beendet werden. Solche Rituale haben den Sinn, die Feiernden häufiger und dadurch enger mit den Göttern zu verbinden und den Jahreslauf deutlicher zu strukturieren, als es mit den vier Jahresfesten allein möglich ist. Belege dafür, dass sie in altgermanischer Zeit durchgeführt wurden, gibt es zwar nicht, es spricht aber auch nichts gegen sie. Monatliche Rituale kann man zu Neu- oder Vollmond abhalten. Beide Termine waren für unsere Ahnen gleichwertig, wie man daran erkennt, dass laut Tacitus auch das Thing sowohl bei Neumond als auch bei Vollmond stattfinden konnte. Wöchentliche Feiern können sich an den Mondphasen oder an der Kalenderwoche orientieren, die zwar nicht germanisch ist, aber im heutigen Arbeitsleben nun einmal eine tragende Rolle spielt. Das folgende Beispiel ist betont kurz gehalten, kann aber nach der neungliedrigen Ordnung des Festbegangs erweitert werden.

Haga und Wiha werden, da das Ritual an einem dauerhaft geweihten Altar abgehalten wird, soweit verkürzt, dass der Blótmann einmal den Thorshammer kreisen lässt und spricht:

> **Þórr, helga vé þetta ok hald vörð ok hindr alla illska!**
> **(Thor, weihe dieses Heiligtum und halte Wacht und wehre allem Übel!)**

> **Heilir Æsir, heilir Vanir ok öll ginnheilög goð!**
> **(Heil Asen! Heil Vanen! Und alle hochheiligen Götter!)**

Eine andere Person entzündet das Feuer, eine Fackel oder eine Kerze und spricht dabei:

> **Feuer ist das Beste den Erdgebornen**
> **Und der Sonne Schein.**
> **Ein heiler Leib, wer ihn haben kann,**
> **Ohne ehrlos zu sein.**

Die Reda wird mit Spill und Gibet zusammen gezogen, da sich regelmäßige Feiern in kurzen Abständen gut dafür eignen, in Fortsetzungen – etwa jedes Mal zwei, drei Strophen – Teile der Edda vorzutragen, die zugleich als Spill dienen können. Der die Zeit ordnende Aspekt eines regelmäßigen Rituals kann sehr gut mit den folgenden Strophen (Völuspá 5 und 6; Genzmer-Übersetzung) angesprochen werden:

> **Von Süden die Sonne, des Mondes Gesell,**
> **Schlang die Rechte um den Rand des Himmels:**
> **Die Sonne kannte ihre Säle nicht,**
> **Die Sterne kannten ihre Stätte nicht,**
> **Der Mond kannte seine Macht noch nicht.**
>
> **Zum Richtstuhl gingen die Rater alle,**
> **Heilige Götter, und hielten Rat:**
> **Für Nacht und Neumond wählten sie Namen,**
> **Benannten Morgen und Mittag auch,**
> **Zwielicht und Abend, die Zeit zu messen.**
>
> **Hohe Götter, die ihr die Zeiten geordnet und jedem Ding seine Frist gegeben habt, wir danken euch für alles Gute und Wertvolle, das uns im vergangenen Monat (in der vergangenen Woche) widerfahren ist, und bitten euch, gebt uns auch im kommenden Monat (in der kommenden Woche) euer Heil und euren Segen! Gebt uns Klugheit und Kraft, die Schwierigkeiten, die kommen mögen, zu meistern, unsere Pläne zu verwirklichen, Freude zu finden und ehrenvoll zu leben!**

Anstelle dieser Strophen und des Gibets kann man auch das Wessobrunner Gebet sprechen (neuhochdeutsch s. "Gebete", althochdeutsch im Anhang), das sich besonders gut für eine regelmäßige Wiederholung eignet.

Anschließend kann man die Runenreihe oder einzelne Runen singen, die man so auswählt, dass im Lauf mehrerer Rituale die gesamte Reihe gesungen wird. Auch ein kleines Gilt, z.B. ein Rauchopfer, ist wertvoll, aber nicht notwendig. Zur Gültigkeit des Rituals braucht es aber auf jeden Fall ein Trankopfer. Der Blótmann weiht das Horn und spricht:

Den Göttern zur Ehre, den Menschen zum Nutzen:
Heil den Asen und Vanen! Heil den Alben und Ahnen!
Das heilige Band sei erneuert!

Nachdem alle Teilnehmer einen Segenswunsch über das kreisende Horn gesprochen, geopfert und getrunken haben, löst der Blótmann den Kreis auf.

Schutzgottweihe

Die Verehrung einer besonderen Gottheit als persönlichen *fulltrúi* oder als Schutzgottheit einer Familie oder heidnischen Gruppe kann sich zwanglos im Lauf der Zeit herausbilden oder mit einer formellen Weihe ihren Anfang nehmen. So können, wie beschrieben, die Eltern bei der Kindsweihe ihrem Kind eine Schutzgottheit zur Seite stellen oder der junge Mensch kann dies in der Muntfeier selbst tun. Erwachsene werden ihre Schutzgottweihe als selbständiges Ritual begehen, das allein diesem Zweck gewidmet ist, und dabei einem persönlichen *fulltrúi* allein gegenübertreten, während bei der Weihe eines gemeinsamen Schutzgottes natürlich die ganze Gemeinschaft dabei ist.

Daraus ergeben sich verschiedene Formen. Als selbständiges Ritual folgt die Schutzgottweihe dem gesamten neungliedrigen Ablauf eines Festbegangs, als Teil der Kindsweihe oder Muntfeier besteht sie nur aus der Weihe selbst, die in der neungliedrigen Ordnung den Platz von Spill und Gebet einnimmt, einer vorangehenden Erklärung, warum diese Gottheit gewählt wurde, und dem Opfer an sie. Der Erklärung entspricht im selbständigen Ritual die Reda, die bei kollektiven Schutzgottweihen der Blótmann hält. Bei einer persönlichen *fulltrúi*-Weihe entfällt sie, es sei denn, man will damit die Gottheit persönlich ansprechen. Zur Weihe gehört auch ein Symbol der Gottheit, ein Amulett oder ein Kultbild oder Götterattribut für den Hausaltar oder das Heiligtum der Gemeinschaft.

Im folgenden Beispiel hat ein Herd des ORD Heimdall als seinen Schutzgott und als dessen Symbol ein Signalhorn (Gjallarhorn) gewählt. Er wird fortan den Namen "Heimdalls Herd" tragen und seine Rituale mit einem Hornruf beginnen und schließen. Nach Haga und Wîha, der Begrüßung aller Götter und Göttinnen und besonders Heimdalls (Heilazzen) und dem Entzünden des Herdfeuers (Zunten) erinnert der Blótmann in seiner Reda die Anwesenden, wie sie zum Entschluss kamen, ihren Herd Heimdall zu weihen, und spricht dann das Spill:

> Heimdall, heller Sohn Heervaters,
> Bifrösts Wächter, wir rufen dich!
> An der Brücke zwischen Asgard und Midgard,
> Götter und Menschen verbindend,
> Stehst du immerdar treu und wachsam,
> Die Welten überschauend mit regem Blick.
> Du hörst das Gras wachsen auf den Wiesen
> Und das Haar auf dem Haupt. Höre uns!
> Neun Mütter haben dich geboren,
> In neun Welten schaust du,
> Den Unwürdigen wehrst du den Weg zu den Asen.
> Mit Loki lagst du lange im Kampf,
> Ods Braut brachtest du Brisingamen zurück.
> Rigr hießest du auf heilbringender Fahrt.
> Drei Höfe besuchtest du, drei Söhne zeugtest du,
> Stammvater aller, ob Herr oder Knecht.
> Wir Söhne und Töchter Heimdalls, wir rufen dich!
> Ehre und Heil sei dir bis ans Ende der Zeit,
> Wenn du gellend das Gjallarhorn bläst
> Und zum letzten Kampf Götter und Helden rufst.

Der Blótmann nimmt das Horn vom Altar und hebt es kurz stumm zum Himmel. Dann hält er es vor die Gemeinschaft. Jeder legt eine Hand auf das Horn. Der Blótmann spricht:

> Heimdall! Dir weihen wir uns zu Frieden und Freundschaft.
> Blicke huldvoll auf uns und segne uns mit deinen Gaben!
> Gib uns Treue und Wachsamkeit, Mut und Stärke,
> Dass unser Herd deinen Namen in Ehren trage
> Und in heilvollem Wirken deine Ehre vermehre.
> Heil Heimdall!

Alle Herdmitglieder wiederholen den Heilruf. Der Blótmann bläst das Horn und legt es auf den Altar zurück. Danach wird die ganze Runenreihe gesungen und ein gemeinsames Opfer dargebracht. Das Ritual wird mit einem Blót abgeschlossen.

Weihe eines Gegenstands

Gegenstände kann man aus verschiedenen Gründen weihen, entweder weil sie einer Gottheit zugeeignet werden oder einem heiligen Zweck dienen, wie es bei Kultgeräten, Altären usw. der Fall ist, oder weil sie heilige Kräfte aufnehmen und damit denjenigen, die sie verwenden, Heil bringen sollen. Gegenstände, die eine besondere Beziehung zu einer bestimmten Gottheit haben, weiht man in ihrem Namen, z.B. Runen im Namen Odins oder Erntegeräte im Namen Freyrs. Bei allen anderen Gegenständen und solchen, die mit allen Göttern in Beziehung stehen sollen, wie einem Blóthorn, bitten wir Thor, sie zu weihen.

Im folgenden Beispiel wird ein Thorshammer-Amulett geweiht. Man legt es dazu auf einen Altar oder an eine besondere Stelle, z.B. einen Stein oder Baumstumpf, und führt Haga und Wîha durch. Danach spricht man ein Spill für Thor, z.B.:

> **Mächtiger Thor, der Thursen Töter,**
> **Midgards Schirmer, Beschützer der Welt!**
> **Der du schlägst die Jöten, Jörmungand trotzest,**
> **Die Asen und Alben vor Argem bewahrst!**

> **Du weihst die Würdigen, wehrst der Not,**
> **Mit nährendem Nass benetzt du die Erde,**
> **Gibst Kraft der Krume,**
> **Stärke den Stämmen,**
> **Segen den Sippen,**
> **Mut jedem Menschen.**

Dann nimmt man das Amulett, hält es hoch und spricht mit eigenen Worten ein Gibet, z.B.:

Thor, Sohn der Erde und Odins! Vater von Macht, Mut und Kraft! Ich bringe dir dieses Zeichen deines Hammers, das ich um meinen Hals tragen will, dir zur Ehre und im Vertrauen auf deine Stärke. Möge es mir mit deiner Huld Kraft und Mut geben, wann immer ich ihrer bedarf, und mich schützen auf meinen Wegen!

Wenn man in einem Heiligtum ist, das einen Thorhammer hat, macht man mit diesem, sonst mit der Hand das Hammerzeichen über das Amulett und spricht dabei:

Thor weihe diesen Hammer!

Abschließend hängt man sich das geweihte Amulett um und bringt ein Trankopfer dar.

Tischsprüche

Über religiöse Rituale bei Tisch ist aus alter Zeit lediglich überliefert, dass gelegentlich beim Trinken das Horn oder der Becher mit dem Hammerzeichen geweiht wurde. Man kann aber auch das Mahl mit einem kurzen gemeinsamen Tischspruch beginnen. Alle reichen sich dabei die Hände. Wer den Vorsitz innehat, spricht:

**Für Freunde, Speis' und Trank
Sagen wir den Göttern Dank.**

oder

**Im Namen der hohen Götter und Göttinnen
Sei dieses Mahl gesegnet
Und möge es segnen, die an ihm teilhaben.**

oder

**Wir danken den Göttern für Speise und Trank.
Dank dem Schwein (Rind, Huhn...) für sein Fleisch,
Dank der Erde für ihre Früchte.
Zum Wohl und Heil!**

Reisesegen

Jemandem, der eine Reise antritt, kann man auf den Weg die Rune Raidho mitgeben, indem man sie drei Mal über ihm singt. Man ruft diejenigen Götter an, die in den Mythen oft als Reisende beschrieben werden, Odin und Thor, und bittet die um eine erfolgreiche Fahrt und heile Wiederkehr. In der Edda (Vafþrúðnismál, Strophe 4, Originaltext im Anhang) ist ein einfacher Reisesegen überliefert, den Frigg beim Aufbruch Odins spricht:

> **Heil du fahre, heil kehre du wieder!**
> **Heil dir auf deinen Wegen!**

Auf Althochdeutsch ist der "Weingartner Reisesegen" erhalten, der in der Schriftform aus christlicher Zeit dem Reisenden fünfundfünfzig Engel nachsendet. Dies habe ich durch einen heidnischen Heilwunsch und "Gott" durch die Götter ersetzt, ansonsten ist der Spruch unverändert. Die heidnische Variante steht im Anhang auch in Originalsprache:

> **Ich dir nach sehe, ich dir nach sende**
> **Mit meinen fünf Fingern fünfundfünfzig Mal Heil.**
> **Die Götter senden gesund dich heim!**
> **Offen sei dir das Siegestor so wie das Glückstor,**
> **Verschlossen sei dir das Wogentor so wie das Waffentor.**

Dazu kann man ein einfaches Rauchopfer darbringen.

Thingeröffnung

Der ORD und alle seine Untergruppierungen halten über ihre Pläne und organisatorischen Belange regelmäßig Beratungen ab, die nach alter Tradition Thinge heißen. Das Thing ist heilig, unterliegt einem strengen heiligen Frieden und steht unter dem Schutz Tyrs, dem deshalb bei der Eröffnung des Things geopfert wird. Man braucht dazu, wenn man das Thing nicht auf einem Kultplatz im Freien abhält, eine Schale mit Erde, die in die Mitte des Kreises der Thingleute gestellt wird. Der Blótmann spricht:

> **Hljóðs bið ek allar helgar kindir,**
> **Meiri ok minni mögu Heimdallar.**
>
> **Den Göttern zur Ehre, den Menschen zum Nutzen**
> **Eröffne ich das...** *(z.B. das Jahresthing der Thorsgilde im ORD)*
> **Und rufe den heiligen Thingfrieden aus.**
> **Jeder Streit, den die Thingleute untereinander haben, möge ruhen.**
> **Jede Meinungsverschiedenheit, die sich in der Beratung ergibt,**
> **In Ruhe, Sachlichkeit und Achtung voreinander gelöst werden.**
> **Wer diese Regeln verletzt und nach zweimaliger Aufforderung**
> **Nicht zur Ordnung zurückkehrt, wird des Platzes verwiesen.**
> **Lasst uns ehrenvoll unter den Augen der Götter beraten!**

Der Blótmann nimmt das mit Met gefüllte Horn, hebt es hoch und spricht:

> **Tyr, des Things getreuer Beschirmer,**
> **Herr und Hüter heiligen Rechts!**
> **Gerechtigkeit, Rat und weise Rede**
> **Und Segen sende den Sitzenden hier!**

Er gießt das Trankopfer auf die Erde oder in die Schale, trinkt einen Schluck und reicht das Horn weiter. Die Thingleute übergeben es mit "Trink Heil" und der Antwort "Sei heil", sprechen sonst aber keine Wünsche aus, sondern opfern und trinken schweigend. Wenn die Runde beendet ist, opfert der Blótmann den Rest im Horn und spricht:

Das Thing beginne! Das Wort hat....

Abgeschlossen wird das Thing wieder durch den Blótmann, der es offiziell für beendet und alles danach Gesprochene für frei und unverbindlich erklärt.

Eid

Der Eid spielt in der germanischen Geschichte eine bedeutende Rolle. In einer Gesellschaft autonomer Sippen war er die einzige Möglichkeit, über die Sippengrenzen hinaus Sicherheit und Verbindlichkeit zu gewährleisten. Eide wurden sowohl generell auf gegenseitige Treue in allen Belangen als auch für spezielle Verpflichtungen oder Vorhaben geschworen. Der Eid ist heilig und schicksalhaft. Daher sollen Eide nur mit viel Bedacht und in wirklich wichtigen Angelegenheiten geschworen werden.

Nach germanischer Tradition wird der Eid immer auf einen Gegenstand abgelegt, der in der Wikingerzeit oft, aber nicht immer der Eidring des Heiligtums war. Älter bezeugt sind der Waffeneid, z.B. auf das Schwert, und der Eid beim Kopf eines Haus- oder Wildtieres. Der nordische Eidring war ein offener (Ober-)Armring aus Silber, dessen Gewicht unterschiedlich zwischen zwei und zwanzig Unzen überliefert ist. Bei Kultfeiern und Beratungen trug ihn der *goði* am Arm, ansonsten lag er auf dem Altar. Notwendig für die Gültigkeit des Eides ist, dass er vor Zeugen geleistet wird. Als einfaches Beispiel ist im isländischen *Landnámabók* ein Gerichtseid überliefert, bei dem zwei Zeugen namhaft gemacht und Njörd, Freyr und Odin angerufen werden.

> **Ich nenne ... und ... als Zeugen dafür,**
> **Dass ich einen Eid auf den Ring leiste,**
> **Einen Eid nach dem Gesetz:**
> **So helfe mir Njörd und Freyr und der allmächtige Ase,**
> **Dass ich Anklage (*oder: Verteidigung*) führen werde (*oder*)**
> **Als Zeuge aussagen werde (*oder*)**
> **Urteil und Richtspruch fällen werde,**
> **Gemäß dem, was ich am richtigsten und wahrsten kenne**
> **Und in Übereinstimmung mit dem Gesetz.**

Davon abgeleitet, kann eine Eidesleistung auch darin bestehen, dass man vor mindestens zwei Zeugen in eigenen Worten schildert, worum es geht, und dann die Formel spricht:

So helfe mir Njörd und Freyr und der allmächtige Ase!

oder nordisch:

Hjálpi mér svá Njörðr ok Freyr ok hinn almátki Áss!

Gebräuchlich war es auch, den Eid durch Nennung der Konsequenzen bei einem Eidbruch zu bekräftigen, wodurch er schon fast einem Fluch gleicht. Heute schon etwas altertümliche Redewendungen wie "Blind soll ich werden, wenn das nicht stimmt" sind vielleicht ein Rest davon. Rechtlich verbindlich war der Fluch, dass der Eidbrecher "friedlos und wölfisch", d.h. von der Gemeinschaft geächtet, würde.

Manche überlieferte Eidesformeln zeigen dabei eine ausufernde Länge, wie etwa der berühmte "Urfehdebann", ein in Norwegen und auf Island gebräuchlicher Versöhnungseid, endlos auflistet, wo überall der Eidbrecher friedlos sein soll: "soweit Menschen Wölfe jagen, Christen Kirchen besuchen, Heiden opfern im Heiligtum, Feuer flammt, Flur grünt, Knabe Mutter ruft, Mutter Knaben nährt, Leute Lohe fachen, Schiff schwimmt, Schilde blinken, Sonne scheint, Schnee fällt" usw.

Das hat eine eigenwillige Poesie, entspricht aber kaum mehr heutigem Empfinden. Sehr wohl für uns verwendbar scheint aber der Schluss des "Urfehdebanns", den bei Eiden, die vor einer größeren Gemeinschaft geleistet werden, der Blótmann sprechen kann:

Der Götter Huld habe, wer hält den Treueschwur,
Ihren Zorn, wer zerreißt gerechten Treueschwur,
Doch Huld, wer ihn hält! Seid zum Heil versöhnt!
Wir alle sind Zeugen, die um euch stehen.

Blutsbrüderschaft

Die Blutsbrüderschaft, die nach der Edda auch Odin und Loki verbindet, ist nach germanischer Tradition ein vollwertiger Ersatz einer Sippenbindung: Männer, die "ihr Blut gemischt" haben, werden unabhängig von ihrer Herkunft – und natürlich ohne dass dies die Bindung an ihre Stammsippe verändert – tatsächlich zu Brüdern, die einander zur selben unbedingten Sippentreue verpflichtet sind wie leibliche Verwandte. Damit konnte die Blutsbrüderschaft in alter Zeit eine Sache auf Leben und Tod sein und darf daher nicht leichtfertig eingegangen werden. Die ausführlichste Beschreibung eines Blutsbrüderschaftsrituals ist in einer der bedeutendsten isländischen Sagas, der Gisla saga Súrssonar, überliefert:

> *Sie gingen hinaus auf die Spitze der Landzunge und hoben aus dem Boden eine Erdstreifen aus, sodass beide Enden an der Erde fest blieben, und stellten darunter einen Runenspeer, bei dem ein Mann mit der Hand bis an die Speernägel reichen konnte. Die vier mussten nun darunter treten, Thorgrim, Gisli, Thorkell und Vestein, und dann weckten sie sich Blut und ließen ihr Blut zusammenrinnen in der Erde, die unter dem Streifen freigelegt war, und rührten alles zusammen, die Erde und das Blut. Und danach fielen sie alle aufs Knie und schworen den Eid, dass jeder den anderen rächen solle wie seinen Bruder, und riefen alle Götter zum Zeugnis an. Als sie sich nun alle die Hände reichten...*

Hier nimmt die Saga eine Wendung: Im letzten Moment zieht Thorgrim seine Hand zurück und lässt den Bund platzen. Dem dramatischen Stil der Saga entsprechend ist zu schließen, dass der Handschlag der letzte Akt gewesen wäre, durch den der Bund seine Gültigkeit erhalten hätte. Charakteristisch germanisch ist dabei, dass ein Rasenstreifen ausgestochen und das Blut nicht direkt Wunde an Wunde, sondern in der Erde gemischt wird. Durch die mütterliche Erde werden die Männer als Brüder neu geboren. Der Runenspeer steht für Allvater Odin und macht sie auch zu Söhnen desselben Vaters.

Wenn man in Erdarbeiten nicht gut genug ist, um ein Rasentor, wie es beschrieben ist, sicher zustande zu bringen, und vielleicht nur Flurschaden anrichtet, bis man es aufgeben muss, ist es besser, nur eine flache Grube auszuheben, die groß genug ist, dass die Beteiligten darin gemeinsam stehen können. In der Mitte stellt man den Runenspeer auf. Erst wenn all das vorbereitet ist, beginnt man das Ritual.

I. Haga und Wîha

Man kann entweder eine einfache Hamarhaga durchführen oder sie mit einer Welhaga verbinden, bei der man um Segnungen für die Blutsbrüderschaft bittet.

II. Heilazzen, Spill und Gibet

Abwechselnd rufen beide Männer alle Götter und Göttinnen, insbesondere die Mutter Erde und Allvater Odin, ihren *fulltrúi*, wenn sie einen haben, und die Ahnen ihrer Sippen an, z.B.:

> **Heil euch allen, Asen und Vanen!**
> **Heil Allvater Odin und Erdmutter Jörd!**
> **Heil ihr Alben und Ahnen der *(Name seiner Sippe)*,**
> **Ihr Väter und Mütter meines Stamms,**
> **Die uns leiten und lenken von Anfang an:**
> **Heil und Ehre von euch trage ich in mir!**
> **Heil mächtiger Thor, mein vertrauter Freund,**
> **Der stark zu mir steht in den Stürmen des Lebens!**
> **Ich rufe euch zu uns bei der offenen Erde,**
> **Bei der Runen Rat auf ragendem Ger:**
> **Mit huldvollen Augen schaut her auf uns**
> **Und gebt uns gutes Gelingen!**

III. Mischen des Blutes

Jeder der beiden Männer fügt sich mit seiner eigenen Blankwaffe oder mit einer geweihten Klinge, die sie nacheinander benutzen, schweigend eine Wunde am Unterarm zu und lässt das Blut auf die Erde tropfen. Gemeinsam mischen sie das Blut mit der Erde und treten mit nackten Füßen in die Grube.

IV. Eid

Der Eid kann auf das Schwert jedes Mannes oder auf einen geweihten Gegenstand, am besten einen Eidring, aber auch z.B. auf einen Altarstein oder den Runenspeer, abgelegt werden. Auf jeden Fall muss etwas berührt werden. Die Männer sprechen nun abwechselnd:

Erster:	**Dies sollen hören die Hohen in Asgard,**
	In Alfheim und Vanaheim und allen Welten,
	Odin und Thor und Tyr, der Thingherr,
	Njörd und Freyr, Freyja und Vár.
Anderer:	**Sonne und Mond und milde Sterne,**
	Berg und Fluss und Feld und Wald,
	Himmel und Erde und all unsre Ahnen
	Rufen wir zu uns, um dies zu bezeugen:
Jeder:	**Auf diesen heiligen Ring** *(auf dieses mein Schwert usw.)*
	Schwöre ich, *(Name)***, Sohn des** *(Name des Vaters)***,**
	Aus der Sippe der *(Name der Sippe)***, Bruderschaft.**
	Friede und Freundschaft soll zwischen uns sein,
	Von Bruder zu Bruder, von Blut zu Blut,
	Als wären wir Söhne derselben Mutter.
	Möge die Erde den Trank unserer Einheit trinken,
	Möge die Erde unsere Mutter sein
	Und uns einen auf immer.

Beide reichen einander die Hände und sagen: **So sei es!**

V. Bluostrar und Gabentausch

Als Zeichen der Bruderschaft leeren die Männer gemeinsam ein Horn Met und rufen dabei Gottheiten ihrer Wahl an. Danach tauschen sie Geschenke aus.

Heilungsrituale

Da die Magie nicht das Thema dieses Buches ist, gebe ich nur beispielhaft zwei traditionelle Heilungssprüche und eine Runenformel wieder. Der Spruchzauber (ahd. *galdar* oder *galstar*, nord. *galdr*), mit oder ohne Runen, ist diejenige Art des Zaubers, die von Odin selbst kommt, und stand daher in alter Zeit in hohem Ansehen.

Er besteht, wie am besten am Zweiten Merseburger Zauberspruch erkennbar ist, aus den gleichen zwei Teilen wie das formale germanische Gebet, also einem Spill, das eine dem Zweck des Zaubers entsprechende mythische Begebenheit erzählt oder mit kurzen Worten auf sie hinweist, und der eigentlichen Zauberformel, die an der gleichen Stelle wie das Gibet steht, aber nicht wie dieses genauso laut wie das Spill vorgetragen, sondern geraunt wird und deshalb *rûna* heißt.

Der Spruchzauber ist bei Heilungen nur ein Teil einer umfassenden Behandlung, die natürlich auch immer schon andere Methoden ebenso enthielt. Beim Merseburger Spruch, der für die Heilung lahmender Pferde überliefert ist, aber auch bei Verrenkungen menschlicher Beine hilft, wird man daher z.B. zuerst Tonerde auflegen und dann sprechen:

Spill: **Balder und Wodan gingen in den Wald.**
Da wurde Balders Pferd sein Fuß verrenkt.
Da besprach ihn Sinthgunt und Sunna, ihre Schwester,
Da besprach ihn Frija und Volla, ihre Schwester,
Da besprach ihn Wodan, der wohl das konnte:

Rûna: **Sei es Beinrenkung, sei es Blutrenkung, sei es Gliederrenkung:**
Bein zum Beine, Blut zum Blute,
Glied zu Gliedern, als ob sie geleimt wären!

Ebenso spricht man den Straßburger Blutsegen zur Unterstützung einer konventionellen Blutstillung. Er ist in einer stark entstellten Form überliefert, in der im Spill biblisch klingende Namen genannt werden. Nach der Handlung zogen die Germanisten aber immer schon den Vergleich mit Hödur und Baldur. Die Namen *Vrô* und *Lâzakêre* sind heidnisch. Es handelt sich um Freyr (althochdeutsch Frô) und einen "Lanzenschwinger", also um einen Beinamen Wodans. Der bereinigte Spruch lautet:

Spill: **Hoeder und Balder gingen zusammen schießen,**
Da schoss Hoeder dem Balder in die Seite.
Frô und der Lanzenschwinger betraten die Erde:

Rûna: **Stehe still das Blut, stehe fest das Blut!**

Über die Anwendung von Heilrunen ist in einigen Beispielen die formelhafte Ritzung der Worte *lina laukaz* (oder später *laukar*) oder die doppelte Ritzung der Laguz-Rune, die auch selbst Laukaz genannt wird, erhalten.

ᛚᛁᚾᚨ · ᛚᚨᚢᚲᚨᛉ

Die Worte bedeuten "Leinen" und "Lauch", also Verband und Heilpflanze. Das Ritzen dieser Runen, etwa auf ein Amulett, das der Patient trägt, hilft in allen Fällen, in denen Blut fließt, sei es bei Unfällen oder auch Operationen.

Werfen der Runen

Runenkunde allgemein und die Weissagung mit Runen sind ebenfalls ein eigenes Thema, das in diesem Buch nur gestreift wird. Es behandelt die allgemeine Religionsausübung, zu der die höheren Runenkünste auch in alter Zeit nie gehörten. Die Eigils saga Skallagrimssonar warnt sogar ausdrücklich vor der Runenanwendung durch Unkundige. Allgemein verbreitet war aber die Grundform der Runenbefragung, die Tacitus beschreibt:

Das herkömmliche Verfahren beim Losentscheid ist einfach: Sie hauen von einem fruchttragenden Baum einen Zweig ab, zerschneiden ihn zu Stäbchen, versehen diese mit bestimmten unterschiedlichen Zeichen und streuen sie dann planlos, wie es der Zufall will, über ein weißes Tuch. Danach betet bei einer Befragung in öffentlicher Sache der Stammespriester, bei einem persönlichen Anliegen das Familienoberhaupt selber zu den Göttern und hebt, den Blick zum Himmel gerichtet, nacheinander drei Stäbchen auf und deutet sie dann gemäß dem vorher eingekerbten Zeichen.

Wir können dies so durchführen, dass wir Odins Runenlied aus der Edda singen oder ein Spill sprechen, das Odin als Gott der Runen preist, und ihn dann bitten, uns bei der Befragung zu inspirieren. Beim Wurf sprechen wir die Rûna:

Die Runenmeisterin des ORD zeigt ihren Runensatz auf Flusskieselsteinen. Am Gürtel trägt sie ein kleines Blóthorn für persönliche Rituale.

Runen ratet rechten Rat!

oder nordisch:

Rúnar ráð rétt ráð!

Die Dreizahl der aufgenommenen Runen wird heute meist mit Bezug auf die drei Nornen Urd, Verdandi und Skuld so verstanden, dass die erste Rune (Urd) die Ausgangslage für die zur Frage stehende Situation zeigt, die zweite (Verdandi) den gegenwärtigen Zustand oder Werdeprozess und die dritte (Skuld) die zukünftige Entwicklung, die daraus zu erwarten ist. Sie *muss* nicht eintreten, denn die Runen zeigen nicht Feststehendes an, sondern geben einen Rat, der oft darin besteht, künftige Gefahren zu erkennen, die man dadurch abwehren kann. Die Runen sind nicht wie die Konstellationen der Astrologie berechenbar und nach festen Mustern zu deuten, sondern entfalten ihre Kraft in Wechselwirkung mit Geist und Seele des Fragenden. Daher ist die Inspiration durch Odin wichtig, ohne die wir wenig erfahren werden. Mit ihrer Hilfe aber können auch Menschen, die – wie die Familienoberhäupter bei Tacitus, die zweifellos nicht alle Runenmeister waren – nur einfache Kenntnisse darüber haben, die Runen verstehen. Es kann genügen, ihre Namen und deren Wortbedeutung zu kennen, um in den Assoziationen, die sie hervorrufen, Rat zu finden.

Útiseta

Als *útiseta*, d.h. "Draußensitzen", wurden im Nordischen verschiedene Riten bezeichnet, die Unterweisung und Erfahrung brauchen. In einfachster Form ist das Útiseta die germanische Art der Meditation. Sie wird in der freien Natur durchgeführt, wobei man nicht die Einsamkeit, sondern das Alleinsein *mit* der Natur und ihren Pflanzen, Tieren und Geistern sucht. Útiseta ist kein passives Sich-Versenken, sondern ein aktiver Prozess, der willentlich auf ein Ziel gelenkt wird. Historische Beschreibungen des Ablaufs gibt es nicht. Die folgende baut auf Erfahrungen auf, die ORD-Mitglieder gemacht haben.

Útiseta ist ein persönliches Ritual, das man allein durchführt. Man setzt sich unter einen Baum, auf einen Felsen oder an einen anderen geeigneten Ort, den man vorher mit der Hammerhegung geweiht hat. Zuerst verbringt man einige Zeit damit, Ruhe zu finden und einfach zu schauen, zu horchen und zu schnuppern, bis man sich die Natur, die einen umgibt, gut eingeprägt hat. Dann schließt man die Augen, horcht weiter in die Natur hinaus und versucht sich den Ort, an dem man sitzt, genau vorzustellen. Behutsam geht man dazu über, auch sich selbst als Teil dieses Ortes wahrzunehmen. Dabei muss man aber beachten, dass sich das Bewusstsein nicht vom Körper "lösen" soll. Es geht nicht um Geistreisen, sondern darum, sich als Einheit von Geist und Körper eingebunden in die Natur zu erfahren.

Vor diesem Hintergrund wendet man nun die Aufmerksamkeit einem religiösen Thema zu: einer Gottheit, einem Mythos, einem Ritual oder Dingen wie Sippe, Ehre, Heil usw. Dies ist kein zielgerichtetes Nachdenken. Man lässt einfach das, was man über diese Dinge weiß, frei auf sich wirken. Normalerweise werden sich keine großen Geistesblitze einstellen, aber ein Gefühl größerer Vertrautheit mit dem Thema. Wenn es soweit ist (oder wenn man merkt, dass es diesmal nicht klappt – nobody is perfect), öffnet man die Augen wieder, sieht sich noch etwas um und steht dann auf. Vor dem Verlassen des Orts spricht man noch einen Dank an seine Wesen oder lässt ein kleines Opfer zurück.

Diese Übung kann man durchführen, wann immer es dazu Gelegenheit gibt. Sie ist kein religiöses Ritual im eigentlichen Sinn, aber eine gute Methode, den Geist unserer Religion in sich wachsen zu lassen.

Teil III

Gemeinschaft

Der Odinic Rite Deutschland

Eine kurze Geschichte

Der Ursprung des Odinic Rite Deutschland liegt in Großbritannien, wo sich im Jahr 1980 mehrere germanisch-heidnische Gruppen zusammenschlossen, um ihre Religion gemeinsam auszuüben und in der Öffentlichkeit zu vertreten. In Anlehnung an die gängigen Bezeichnungen anderer Religionen wie Hinduismus, Buddhismus oder im Englischen auch *Christianism* entschied man sich für den Begriff *Odinism*, der wegen der allgemeinen Bekanntheit Odins am eindeutigsten erschien, allerdings wiederum den Nachteil hatte, dass man immer wieder erklären musste, es ginge keineswegs nur um die Verehrung Odins, sondern um die gesamte traditionelle germanische Religion.

Sieben Jahre, nachdem die Republik Island mit dem *Ásatrúarfélag* von Sveinbjörn Beinteinsson als erster moderner Staat eine heidnische Religionsgemeinschaft gesetzlich anerkannt hatte, entstand damit eine weitere, in der Folge auch auf den europäischen Kontinent und nach Übersee ausstrahlende Organisation, die sich zum Ziel gesetzt hat, die germanische Religion authentisch wiederzubeleben.

Dadurch unterschied sich der Odinic Rite von Anfang an von "neuheidnischen" Gruppen, die zwar aus historischen Quellen schöpften, daraus aber mit unhistorischen oder fremden Deutungen völlig neue Lehren und Kulte entwickelten. In Großbritannien waren das vor allem die in den fünfziger Jahren von Gerald Gardner verbreitete Wicca-Lehre mit ihren verschiedenen Ablegern und die zum Teil älteren, auf freimaurerische Traditionen gegründeten, zum Teil jüngeren, mit Wicca-ähnlichen Ideen vermischten Druiden-Orden und neukeltischen Richtungen, mit denen sich germanische Heiden nicht identifizieren konnten.

Diese Lehren kamen in den achtziger Jahren auch nach Deutschland. Im germanischen Bereich dominierten immer noch die Erben "neugermanischer", zu einem großen Teil völkischer Gruppen der Vorkriegszeit wie der Armanen-Orden, die aus ihm hervorgegangene "Arbeitsgemeinschaft naturreligiöser Stammesverbände Europas" (ANSE) oder die wiedergegründete "Germanische Glaubensgemeinschaft" (GGG), in denen Menschen, die das traditionelle, unverfälschte Heidentum unserer Vorfahren ausüben wollten, ebenfalls keine Heimat fanden. Sie orientierten sich an der Entwicklung in den skandinavischen und angelsächsischen Ländern – und entdeckten den Odinic Rite, der sich inzwischen auch in Frankreich, den Niederlanden und den USA etabliert hatte.

Deutsche und österreichische Mitglieder des britischen Odinic Rite fanden sich 1994 zusammen, um eine OR-Organisation für die deutschsprachigen Länder zu gründen.

Dass sie zustande kam, ist das Verdienst von Bernd Hicker (Thorbern, ORD), der die über ganz Deutschland und Österreich verstreuten Mitglieder und Interessenten sammelte und mit Volker G. Kunze (Folkhere, ORD) eine Organisationsstruktur ausarbeitete, die den Willen zur Gemeinsamkeit und die Eigenständigkeit der Mitglieder, die alle unabhängig voneinander zum Heidentum gekommen waren und sich ihren Weg individuell erarbeitet hatten, optimal vereinigte.

Mit dem Gründungsthing in Köln am 11. März 1995 wurde der Odinic Rite Deutschland e.V. offiziell ins Leben gerufen. Als erster Vorsitzender wurde Bernd Hicker gewählt, der dieses Amt sieben Jahre lang ausübte.

In dieser Zeit wurde der ORD eine der wesentlichen Kräfte im deutschen Heidentum. Er zählte zu den ersten germanischen Gruppen in Deutschland, die sich inhaltlich und organisatorisch klar vom "Neugermanentum" der Vorkriegszeit abgegrenzt und ausschließlich durch die seriös erforschte, authentische Tradition des historischen germanischen Heidentums definiert haben. Andere folgen heute diesem Weg. Beim Ostarathing 2002 legte Bernd Hicker aus beruflichen Gründen den Vorsitz des ORD zurück. Zu seinem Nachfolger wurde der bisherige zweite Vorsitzende Volker G. Kunze gewählt, neuer zweiter Vorsitzender wurde der Verfasser dieses Buches.

Beim Ostarathing 2004 gab sich der Odinic Rite Deutschland eine neue Satzung, mit der er sich, nachdem er schon bisher stets eigenständig gearbeitet hatte, vollständig vom britischen Odinic Rite gelöst hat. Eine neue, der eigenen Entwicklung entsprechende Organisationsstruktur aus *Gruppen, Herden* und *Gilden* wurde geschaffen und das Wahlpriestertum, das bis dahin unorganisiert gewesen war, durch Wahl- und Amtsführungsregeln für die Blótmänner und Blótfrauen gefestigt.

Der Odinic Rite Deutschland ist unter folgender Anschrift erreichbar:

Volker G. Kunze
Rudolf-Kinau-Weg 10
D-21502 Geesthacht
folkhere@odinic-rite.de

oder im Internet:

http://www.odinic-rite.de

Mitgliedschaft im ORD

Das germanische Heidentum war in seiner Geschichte immer eine ethnische Religion, die innerhalb der germanischen Stämme durch Familientradition weitergegeben wurde und nie universale Ansprüche erhoben und versucht hat, andere Menschen zu "bekehren". Dieser Tradition folgend betreibt der Odinic Rite keine missionarische Mitgliederwerbung und will niemanden, der sich für ihn interessiert, übereilt an sich binden. Deshalb hat bereits der britische OR eine zweistufige Mitgliedschaft eingeführt, die der Odinic Rite Deutschland leicht verändert übernommen hat.

Wer beitreten will, wird zunächst Anwärter (im britischen OR: *apprentice member*) und hat dadurch ein Jahr lang Gelegenheit, sich in Ruhe über unsere Religion zu informieren und unsere Gemeinschaft kennen zu lernen, um wohlüberlegt die Entscheidung treffen zu können, ob er bleiben will. Während man aber im britischen OR solange *apprentice* (wörtlich "Lehrling") bleibt, bis man sich entschließt, durch einen Eid zum *professed member* ("verschworenes Mitglied") zu werden, also mitunter ein Leben lang, werden ORD-Anwärter nach einem Jahr automatisch Vollmitglieder und haben auch schon während der Anwärterschaft die gleichen Rechte wie sie, einschließlich des passiven Wahlrechts. Der Unterschied besteht also lediglich darin, dass sich Anwärter zu nichts verpflichtet fühlen müssen. Die Anwärterschaft ist eine psychologische Brücke, die Leuten, die sich nicht ganz sicher sind, die Möglichkeit gibt, unverbindlich mitzumachen, langsam in die Gemeinschaft hinein zu wachsen oder, wenn sie nicht finden, was sie suchen, ebenso leicht wieder auszusteigen. Niemand wird Anwärtern böse sein, wenn sie den ORD wieder verlassen.

Vollmitglieder, die sich wie die *professed members* des britischen OR durch einen Eid an die Götter und die Gemeinschaft binden wollen, können dies auch im Odinic Rite Deutschland tun. Nach dem Sprachgebrauch der altgermanischen Gefolgschaften heißen diese Mitglieder *Schwurmannen* – ein Begriff, für den sich interessanterweise die Frauen des ORD entschieden haben. Einzelne heißen *Schwurmann* bzw. *Schwurfrau*. In einer religiösen Zeremonie schwören sie, den Göttern Gefolgschaft zu leisten, dem germanischen Heidentum treu zu bleiben und den ORD zu unterstützen, binden sich aber nicht an seine Führung. Als äußeres Zeichen ihres Status erhalten sie einen *Torc*, der mit dem keltischen *Torques*, einem Halsreifen, nicht zu verwechseln ist. Er ist ein sichelförmiger kleiner Brustschild aus Metall oder Leder mit heiligen Symbolen, die jeder Schwurmann frei wählen kann. Diese Form stammt aus der historischen britischen Armee, wo sie für Offiziersrangzeichen verwendet wurde, und hat sich aus dem noch älteren Brustharnisch entwickelt. Der *Torc* wird daher auch "Odins heilige Rüstung" genannt. Wer es wünscht, kann sich auch einen Ritualnamen wählen, den er mit nachgestelltem "ORD" führen kann.

Schwurmannen haben durch ihren Eid eine besondere Verpflichtung, für die Ehre der Götter und das Heil der Gemeinschaft einzutreten, und werden daher bevorzugt für Leitungsaufgaben herangezogen. Der erste und zweite Vorsitzende des Odinic Rite Deutschland sowie die Leiter der Herde und Gilden müssen Schwurmannen sein.

Aufbau des ORD

Der Odinic Rite Deutschland ist als Gesamtverband organisiert, in dem alle Mitglieder die gleichen Möglichkeiten haben, direkt – und nicht etwa über Delegierte von Landesverbänden oder ähnliches – an den Entscheidungen mitzuwirken. Dies geschieht im jährlichen **Bundesthing** aller Mitglieder, gegebenenfalls durch ein außerordentliches Thing, wenn mindestens ein Viertel der Mitglieder es verlangt, und durch laufende persönliche Kontakte.

Das Bundesthing wählt für jeweils drei Jahre einen Vorstand, der aus mindestens drei Personen besteht und insgesamt neun nach Sachaufgaben definierte Ämter zu erfüllen hat. Hinzu kommen als Kontrollorgan zwei Kassenprüfer. Alle diese Ämter sind ehrenamtlich. Der erste Vorsitzende ist verantwortlich für die organisatorische Gesamtleitung und trägt den aus dem Althochdeutschen stammenden Titel *Esago* ("Sprecher der *êwa*"), der wörtlich dem des isländischen Gesetzessprechers (*lögsögumaðr*), entspricht der in der wikingerzeitlichen Thingdemokratie das Oberhaupt der politischen Gemeinschaft war. Der zweite Vorsitzende ist für das Ritualwesen verantwortlich und trägt den Titel *Ewart* ("Wart der *êwa*"). Der Gemeinschaftswart als dritter Vorsitzender ist für die Finanzen verantwortlich.

Die Mitglieder des ORD können sich auf lokaler und regionaler Ebene zu eigenen Gemeinschaften zusammenschließen. Dies sind die Herde, Gruppen und Gilden.

Der **Herd** knüpft an die alte Tradition an, nach der man sich am Herdfeuer versammelte, um gemeinsame Angelegenheiten zu besprechen und die religiösen Feste zu feiern. Die Herde im Odinc Rite Deutschland sind kleine, lokale Gemeinschaften mit mindestens drei Personen, die nicht alle auch Mitglieder des ORD sein müssen. Der Leiter, *Herdwart* genannt, muss aber Schwurmann sein. Dadurch erhält der Herd das Recht, eigenständige Projekte auch im Namen des ORD durchzuführen, ohne dass sie der Vorstand eigens genehmigen muss. Der Herdwart als Schwurmann garantiert dafür, dass alles seine Richtigkeit hat.

Die **Gruppe** unterliegt den gleichen Bedingungen wie der Herd. Der Unterschied besteht nur darin, dass man für eine Gruppe keinen Schwurmann braucht. Sie kann dann aber auch nicht eigenständig im Namen des ORD handeln, sondern muss Aktivitäten, bei denen sie in der Öffentlichkeit den ORD repräsentiert, mit dem Vorstand absprechen.

Größere Unterorganisationen des Odinic Rite Deutschland heißen **Gilden**. Sie werden von einem *Gildenwart* geleitet, der Schwurmann sein muss, und wählen außerdem einen Schatzwart und einen Blótmann bzw. eine Blótfrau. Es gibt drei Arten von Gilden:

Die **Landgilden** sind die regionalen Unterorganisationen des ORD. Alle Gruppen und Herde sowie auch Einzelpersonen, die in einem bestimmten geografischen Raum leben, sind automatisch auch Mitglieder der zuständigen Landgilde, deren Hauptaufgabe darin besteht, die Kultfeste zu organisieren und nach Möglichkeit einen eigenen Kultplatz zu erwerben und zu betreuen. Ihr Wirkungsbereich deckt sich nicht mit den staatlichen Verwaltungsgrenzen, etwa Bundesländern oder Landkreisen, sondern wird nach Bedarf festgelegt.

Die **Blótgilden** sind davon unabhängige überregionale Zusammenschlüsse, die sich der besonderen Verehrung bestimmter Gottheiten verschrieben haben, also etwa eine Thorsgilde, eine Freyr-Gilde oder eine Gilde der Disen. Sie halten über die Jahresfeste hinaus besondere Blóts für "ihre" Gottheiten ab und können ihnen zu Ehren bei den Gemeinschaftsfesten mit besonderen Anrufungen und Ähnlichem hervortreten.

Schließlich gibt es **Sachgilden**, die sich überregional besonderen selbstgestellten Aufgaben widmen. Das können nicht nur direkt mit der religiösen Traditionen verbundene Bereiche wie etwa bei einer Runengilde sein, die sich der Erforschung der Runen widmet und Experten für ihre Anwendung ausbildet, sondern alle Aufgaben, die nicht im Widerspruch zu den Zielen des ORD stehen – also etwa auch eine Computergilde, in der sich heidnische Spezialisten für Informationstechnologie treffen und ihr Wissen für heidnische Ziele nutzen.

Priesterämter im Odinic Rite Deutschland

Der historischen Tradition folgend vertritt der ORD das Volks- und Wahlpriestertum. Alle Heiden, egal ob Anwärter, Vollmitglieder oder Schwurmannen, sind gleichberechtigt und in gleicher Weise mit den Göttern verbunden. Sie brauchen weder einen Mittler zu ihnen noch eine religiöse Lehrautorität. Das Wissen über die Götter ist für alle gleich verfügbar, und das für alle gleiche Gesetz der *êwa* gibt allen die gleichen Pflichten und Rechte. Jeder kann daher für sich allein oder im Kreis seiner Familie alle Rituale selbst durchführen. Für die Organisation und Leitung gemeinschaftlicher Riten werden darin erfahrene Personen gewählt, die auch im ORD früher *goði* bzw. *gyðja* genannt wurden. Obwohl dieser Titel immer nur als reine Funktionsbezeichnung für den Kultleiter gebraucht wurde und weder Ansprüche auf Mittlerschaft oder religiöse Lehrautorität begründete noch mit einer Weihe, einem höheren Grad oder ähnlichem verbunden war, haben wir uns entschlossen, uns von ihm zu verabschieden, um Verwechslungen mit derartigen Mystifikationen neuheidnischer Gruppen ein für allemal auszuschließen. Ein Priester des ORD ist kein Guru oder Eingeweihter, sondern ein gewählter Kultleiter mit ausschließlich rituellen Aufgaben.

Um dies auch durch die Wortwahl klarzustellen, werden die Priester des ORD *Blótmänner* und *Blótfrauen* genannt: die Leute, die das Blót durchführen. Sie werden mit mindestens vier Fünfteln der Stimmen aller Mitglieder ihrer jeweiligen Kultgemeinschaft – der Gilde, aber auch eines Herds oder einer Gruppe, wenn sie dies wünscht – für zwei bis fünf Jahre gewählt, verpflichten sich durch einen Eid, ihre Aufgabe in Treue zur Gemeinschaft und den Göttern zuverlässig zu erfüllen, und sind an die Regeln ihrer Amtsführung gebunden, die in der Satzung des ORD festgelegt sind.

Alle Blótleute sind gleich und unterstehen keinem "Oberpriester", es gibt aber im Vorstand des ORD das "Amt für Ritualwesen", das der zweite Vorsitzende innehat. Er trägt den Titel "Ewart" – oder "Ewartin", wenn eine Frau gewählt wird – und hat die Aufgabe, das gemeinsame Ritualwesen des ORD aufgrund der bestehenden Traditionen festzulegen und zu organisieren, die Blótleute zu unterstützen und über rituelle und religiöse Fragen zu informieren.

Andere Gemeinschaften

Der ORD ist aus dem britischen Odinic Rite hervorgegangen, von ihm aber sowohl organisatorisch als auch inhaltlich unabhängig. Natürlich sind wir uns in den großen Zielen einig, können aber in einzelnen Fragen und aktuellen Problemen verschiedene Standpunkte einnehmen. Aussagen des britischen Odinic Rite müssen daher nicht immer auch für den deutschen gelten und umgekehrt. Beide Gemeinschaften orientieren sich grundlegend an der Edda und anderen Teilen der nordischen Überlieferung, nehmen aber auch die jeweils spezifischen Traditionen ihrer Länder auf. Auch die rituelle Praxis hat sich anders entwickelt.

Alle diese Unterschiede spiegeln die große innere Vielfalt des germanischen Heidentums und stellen keine Trennlinien, sondern eine Bereicherung dar. Als solche betrachten wir auch die Besonderheiten anderer germanisch-heidnischer Gemeinschaften und sind gerne bereit, mit allen zusammen zu arbeiten, die ernsthaft an einer authentischen Erneuerung der traditionellen Religion unserer Vorfahren interessiert sind.

Der ORD sieht sich als Teil der weltweiten Asatru-Bewegung, die in allen Ländern mit germanischem Sprach- und Kulturerbe Fuß gefasst hat und sich immer weiter ausbreitet. Wir verwenden den Begriff "Asatru" nicht nur für bestimmte Gruppen, sondern als allgemeinen Begriff für das germanische Heidentum in heutiger Zeit.

Über Asatru hinaus arbeitet der Odinic Rite Deutschland auch mit naturreligiösen Gruppen anderer Traditionen zusammen und ist im Frühjahr 2002 dem "KultURgeister – Dachverband für traditionelle Naturreligion e.V." als Gründungmitglied beigetreten. Keine Kooperation wollen wir mit künstlichen Fantasiekulten, Satanisten und Gruppen, die heidnische Traditionen für kommerzielle oder politische Zwecke missbrauchen.

ORD und Politik

Bereits bei seiner Gründung hat sich der Odinic Rite Deutschland von rechtsextremen und rassistischen Missdeutungen des germanischen Heidentums klar distanziert. Ebenso klar bekennen wir uns zur demokratisch-pluralistischen Gesellschaft und ihren Grundwerten der Freiheit und Menschenwürde, die wir aus den germanischen Idealen der Ehre und Achtung des Anderen ableiten. Darüber hinaus vertritt der ORD keine bestimmte politische Linie, sondern widmet sich ausschließlich religiösen Belangen. Deshalb ist der ORD weder eine "linke" noch eine "rechte" Heidengruppe und stellt sich auch nicht ausdrücklich gegen eine politische Richtung. ORD-Mitglieder können in jeder demokratisch legalen politischen Gruppierung mitarbeiten. Die aktive Vertretung totalitärer und menschenverachtender Ideologien schließt aber eine Mitgliedschaft im ORD aus.

Politik muss immer auf das persönliche Engagement des Einzelnen beschränkt bleiben und darf mit der religiösen Arbeit des ORD nicht vermengt werden. Das bedeutet einerseits, dass niemand seine politischen Ansichten und Ziele, und seien sie noch so ehrenhaft, in den ORD tragen und versuchen darf, die Vereinstätigkeit durch sie zu beeinflussen. Andererseits darf niemand, der in der Öffentlichkeit eine politische Meinung vertritt, dies im Namen des ORD, sondern immer nur in eigenem Namen tun.

Symbole des ORD

Als eigenständige Gemeinschaft hat der Odinic Rite Deutschland das Symbol des britischen OR, die Triskele, nicht übernommen und statt dessen die Irminsul ("erhabene Säule") gewählt. Sie war die Kultsäule im Stammesheiligtum der Sachsen nahe der Eresburg in Westfalen, das Karl "der Große" 772 zerstören ließ. Die genaue Lage der Burg und des Heiligtums ist umstritten, oft wird aber angenommen, dass die Irminsul vor oder auf den Externsteinen bei Horn im Teutoburger Wald stand, die im 12. Jahrhundert mit einem christlichen Relief versehen wurden, das einen geknickten Baum zeigt. Dieser Baum, im romanischen Stil nur schematisch dargestellt, bildete im vorigen Jahrhundert die Vorlage für das jochartige Irminsul-Symbol, das seither in heidnischen und neuheidnischen Kreisen verbreitet ist.

Die historische Authentizität dieses Symbols ist zwar fraglich, es ist aber immerhin klar, was es bedeuten soll. Der ORD verwendet es zu Ehren des letzten freien Heidenstamms auf deutschem Boden und drückt damit auch seine Eigenständigkeit als deutsche Heidengemeinschaft aus. Zugleich steht es für das gemeinsame germanische Heidentum, denn die Irminsul, die Rudolf von Fulda als *columna quasi sustinens omnia* (Säule, die gleichsam alles stützt) beschreibt, stellt den Weltbaum Yggdrasil dar, der alle Bereiche des Seins als lebender Organismus vereinigt. Diese Bereiche, die neun Welten der Edda, werden durch die neun Bänder dargestellt, die in der ORD-Version des Irminsul-Symbols in der Krone, an den Wurzeln und in der Mitte des Stamms verlaufen.

Die Irminsul

Als weiteres Symbol, das er aber mit allen germanischen Heidengruppen teilt, verwendet der ORD den Thorshammer, der ursprünglich ein Amulett für den Schutz durch Thor ist. Bereits in der Wikingerzeit wurde er aber darüber hinaus als Antwort auf die Kreuz-Anhänger der Christen von den Heiden auch als Zeichen ihrer Treue zu den Göttern getragen und ist daher auch ein Symbol für das germanische Heidentum an sich. Leider wird der Thorshammer heute nicht nur von Heiden getragen, sondern auch von pseudoheidnischen Gruppen, Skins und Leuten, die ihn – wie zum Beispiel Biker – bloß als "starken" Schmuck verwenden. Ähnlich ergeht es auch der Irminsul und den Runen. Das ist ärgerlich, aber zurzeit nicht zu ändern. Es gibt auf alte heidnische Symbole nun mal kein Copyright...

Inhaltliche Grundlagen

Die folgenden Ausführungen sind der Text eines Grundsatzpapiers, das der Vorstand des ORD im Mai 2001 beschlossen hat. Es wurde bereits in zwei Broschüren veröffentlicht und erläutert die Grundzüge des germanischen Heidentums, wie es der ORD vertritt.

Präambel

Der Odinic Rite Deutschland e.V. ist eine naturreligiöse Gemeinschaft auf der Grundlage der überlieferten vorchristlichen germanischen Religion und Kultur, die unter der Leitidee eines freien Heidentums, das verschiedene individuelle Ausprägungen zulässt, die traditionelle germanische Religion (Alte Sitte, Asatru, Odinismus) ausübt. Sie ist die indigene (eingeborene) Naturreligion der germanischen Völker Nord- und Mitteleuropas, die sich aus den religiösen Erfahrungen hier heimischer Menschen in Einklang mit der Natur ihres Landes organisch entwickelt hat. Als Naturreligion beruht es auf der Heiligkeit der Natur, als indigene Religion auf der Verwandtschaft zwischen der heimischen Natur, den Gottheiten, die in ihr sind, und den Menschen, die ihr angehören. Da die Natur und somit auch die Götter in ihr vielfältig und überall anders sind, lehnen wir Ansprüche auf universale Gültigkeit ab und vertreten das gleiche Recht aller Menschen auf ihre eigene Religion.

Heidentum - die andere Religion

Als Naturreligion unterscheidet sich das Heidentum grundlegend von allen Lehren, deren "Reich nicht von dieser Welt" ist. Da ihm die Natur selbst heilig ist und die dualistische Trennung von Welt und Gottheit oder Natur und Geist nicht existiert, geht es von einer Voraussetzung aus, die zu jenen der weltabgewandten Erlösungs- und Jenseitslehren in diametralem Gegensatz steht, und ist damit nicht nur eine andere Form, sondern eine ganz andere Art von Religion.

Der von der christlichen Tradition geprägte Religionsbegriff ist daher auf das Heidentum nicht anwendbar. Religion im heidnischen Sinn ist keine Reflexion auf "Übernatürliches" oder "Jenseitiges" und kein Streben "über die Welt hinaus", denn die Götter sind nicht über, außerhalb oder jenseits der Natur und Welt, sondern in ihr. Sie ist daher auch kein Glaube an eine von außen kommende Offenbarung, sondern Erfahrung der Götter in der Natur und damit der unteilbaren Ganzheit des Seins, in der alles mit allem verwandt ist und Anteil am Göttlichen hat.

Das Wesen der Religion im heidnischen Sinn ist es, diese Verwandtschaft mit der Natur und den Göttern spirituell zu erfahren, rituell zu pflegen und praktisch aus ihr ein Heil zu gewinnen, das sich auch konkret in der Welt manifestiert. Ihr Ziel ist kein bloßes Seelenheil, keine "Erlösung" und keine auf spirituelle Werte beschränkte "Erleuchtung", sondern ein erfülltes Leben in der Ganzheit des Seins.

Naturreligion

Naturreligion setzt voraus, dass unter Natur nicht nur derjenige Aspekt der Wirklichkeit verstanden wird, der als materiell existent wahrnehmbar ist, sondern die Gesamtheit des Seins, in der Materie und Geist untrennbar verwoben sind und damit auch die Natur und das angeblich "Übernatürliche", Welt und Götter, Diesseits und Jenseits einander durchdringen und eins sind. "Welt" (Midgard) und "Anderswelt" (Asgard, Utgard) bilden eine lebendige Ganzheit (Yggdrasil).

Das Heidentum ist weder dualistisch noch monistisch, sondern holistisch (ganzheitlich): Es spaltet die Wirklichkeit weder in gegensätzliche Reiche auf wie die Jenseitsreligionen noch reduziert es sie auf ein einziges Prinzip wie der Materialismus, sondern betrachtet sie als eine Vielfalt verschiedener Seinsformen, die untrennbar zusammen gehören.

In dieser Einheit in Vielfalt ist die Natur nicht nur mittelbar heilig. Sie verweist nicht auf einen außerhalb ihrer selbst liegenden Schöpfer noch ist sie bloß der Manifestationsort an sich außernatürlicher Gottheiten, sondern ist in sich selbst heilig und göttlich. Die Götter sind in der Natur und eins mit ihr.

Polytheismus

In der Vielfalt und Verschiedenheit der Natur zeigt sich das Göttliche als eine Vielzahl verschiedener Gottheiten, die in ihrer Differenziertheit und unterschiedlichen Wesensart nicht auf ein einziges Sein reduzierbar sind. Sie sind sowohl in den lebendigen, von ihnen erfüllten Erscheinungen der Natur als auch über die einzelnen Existenzen hinausgehende, transzendente Wesenheiten mit konkreten, persönlichen Charakteren, die sich in Mythos und visionärer Schau offenbaren.

Das germanische Heidentum ist eine polytheistische Religion, in deren Mittelpunkt die Verehrung persönlicher Götter und Göttinnen steht, die wir in der Natur und im Mythos erfahren und im Kult anrufen, sie um Hilfe bitten und ihnen für ihre Gaben danken. Als persönliche Wesenheiten von verschiedener Art sind sie nicht austauschbar, vermischbar oder mit anderen gleichzusetzen.

Sie sind einzigartig, bilden aber als Gemeinschaft eine Einheit, die in der Edda durch ihre Beratungen (daher *regin*, die Berater) und in den altgermanischen Sprachen durch das ursprünglich nur als sächliches Mehrzahlwort gebrauchte "Gott" (got. *goþ*, ahd. *goða*, nord. *góð*) ausgedrückt wird. Es bezeichnet laut Tacitus "jenes Geheimnis", das wir "mit den Namen der Götter benennen" – eben weil es keine abstrakte Göttlichkeit, sondern eine Vielfalt konkreter Götter ist.

Ein weiterer wichtiger Aspekt des Polytheismus liegt darin, dass die Götter nicht nur vielfältig, sondern wie die Natur auch überall anders sind. Jedes Land, zumindest jeder ökologische Großraum, hat seine eigenen Götter. Sie sind in der Natur ihres Landes und mit ihm und den Wesen, die aus ihm hervorgehen, untrennbar verbunden. Daher sind alle heidnischen Religionen an ihre Länder und Völker gebunden und konkurrieren nicht.

Die Vielfalt der Götter bedingt auch eine Vielfalt der Religionen, von denen jede ihre eigenen Götter, aber keine einen Anspruch auf universale Geltung hat.

Verwandtschaft mit Natur und Göttern

Die Götter eines Landes sind auch in den Wesen, die ihm angehören: den Pflanzen, Tieren und natürlich auch Menschen, die aus ihm stammen und durch viele Generationen, die aus der Erde ihres Landes hervorgingen und wieder in sie zurückkehrten, mit ihrem Land und seinen Göttern verwandt sind. Die Kette der Vorfahren, die uns mit unserem Ursprung in der Natur verbindet, ist auch unser natürliches, von Geburt an bestehendes und unzerreißbares Band zu den Göttern, die in ihr sind. Was uns mit den Göttern verbindet, ist kein subjektiver Glaube, sondern ein objektives Sippenband: Wir sind Angehörige, Verwandte unserer Götter.

Deshalb beruht das Verhältnis zwischen Menschen und Göttern nicht auf Gnade und Unterwerfung, sondern auf Sippentreue. Sie gewähren uns ihr Heil nicht willkürlich oder als Lohn für Gehorsam, sondern weil wir ihr Stamm sind, an dessen Heil ihnen selbst liegt, und wir verehren sie nicht aus Angst vor ihrer Macht oder Hoffnung auf ihr Wohlwollen, sondern in Liebe und Freundschaft zu treuen Verwandten, auf die wir uns verlassen können. Der nordische Begriff für einen Gott, den man besonders verehrt, ist daher *fulltrúi*, d.h. "einer, dem man voll vertraut". Für viele war und ist das vor allem Thor.

Die Sippentreue unsererseits gilt nicht nur den Göttern, sondern allen Wesen, die durch gemeinsame Herkunft aus unserem Land mit uns verwandt sind. Nach unserer Überzeugung dürfen wir unser Land und seine Pflanzen und Tiere ebenso wenig ausbeuten und sinnlos schädigen wie seine Menschen.

Die indigene Naturreligion betrachtet alle Wesen, die aus derselben Natur stammen, als eine Familie und verpflichtet uns damit zu Respekt, Schutz und Fürsorge auch für das nichtmenschliche Leben in unserem Land.

Germanische Tradition

Da alle Menschen mit ihren je eigenen Göttern verwandt sind, ist diese Verwandtschaft kein Privileg. Sie begründet aber ein exklusives, nicht austauschbares Verhältnis zu den eigenen Göttern und der Natur des Landes, der sie und wir angehören. Daher stützen wir uns auf die germanische Tradition als unsere eigene Religion, die den Göttern gilt, die mit uns verwandt sind. Sie ist die Religion unseres Landes und unserer Vorfahren und als indigene Naturreligion auch besonders zuverlässig.

Als Eingeborene waren unsere Ahnen mit der Natur unserer Heimat seit vielen Generationen vertraut und fanden hier die Götter, die wirklich in ihr und als Verwandte in ihnen und auch in uns sind. Im familiären Austausch zwischen Göttern, Natur und Menschen entstand eine Wechselwirkung, in der sich die Religion stets veränderte und weiter entwickelte. Die Götter, die in der Natur und den Menschen sind, haben sich mit ihnen gewandelt und ihrerseits die Menschen geformt und reifen lassen.

Wir halten es deshalb für am besten, der Tradition unserer eingeborenen Ahnen zu folgen, die uns einen bewährten, organisch gereiften Weg zu den Göttern zeigt, sie von fremden Einflüssen frei zu halten, authentisch fortzusetzen und aus ihrem eigenen Geist sinngetreu weiter zu entwickeln. Wir lehnen sowohl eine Vermischung mit Traditionen, die einer anderen Natur angehören, als auch willkürliche Deutungen oder eine Reduktion auf einzelne, aus dem Zusammenhang gerissene Elemente ab und üben das germanische Heidentum unverfälscht und vollständig aus.

Nicht im Widerspruch dazu steht es, die Gottheiten und Rituale anderer Länder und Völker zu achten und von verwandten naturreligiösen Traditionen auch zu lernen. Unter der Leitidee des freien Heidentums stellt der ORD seinen Mitgliedern frei, ob sie in ihre persönlichen Religiosität auch Elemente anderer Traditionen mit einbeziehen wollen, die gemeinsamen Rituale und religiösen Inhalte, die der ORD als Gemeinschaft ausübt und vertritt, sind aber ausschließlich germanisch.

Mythische Erfahrungsreligion

Die germanische Tradition ist keine festgelegte Lehre mit einer autoritären Offenbarung, Dogmen und Glaubenssätzen. Vielmehr zeigt sie uns durch Riten, Symbole und Mythen einen Erfahrungsweg, den schon viele vor uns gingen, aber jeder auch selbst gehen muss. Die Götter, die in der Natur und in uns sind, *können* nicht nur erfahren werden, sondern *müssen* es auch: Ihr konkretes, vielschichtiges Wesen und ihre komplexen Beziehungen zueinander lassen sich nicht in abstrakten Lehrsätzen erfassen, sondern können sich nur in der direkten Begegnung zeigen.

Da dieses Zeigen stets nur beispielhaft und nie absolut sein kann, weil die göttlichen Dinge jede begrenzte Definition überschreiten, gibt es keine definitiven Lehren über die Götter. Es gibt aber beispielhafte Erzählungen, die Mythen, in denen sich ihr Wesen in ihren Handlungen zeigt und darin konkret erfahrbar wird. Jeder Mythos ist dabei nur eine Erfahrung von vielen, die durch andere Mythen ergänzt wird.

Der Mythos ist keine heilige Schrift im dogmatischen Sinn, aber heiliges Wort, da er religiöse Erfahrung und damit Heil eröffnet. Sein Ursprung ist nicht dunkle Symbolik oder der Versuch, etwas zu erklären, denn gerade das tut der Mythos nicht. Er erklärt nicht, sondern stellt ein Geschehen dar, das ungedeutet bleibt, damit der Zuhörer aus ihm seine eigene Erfahrung gewinnen kann. Er stellt es in der Regel so dar, wie es sein Schöpfer, der Dichter/die Dichterin selbst erfahren hat.

Denn die mythische Dichtung ist nicht Fiktion, sondern Vision. Die mythischen Dichter, deren Arbeit rituellen Regeln unterliegt, gelten im Heidentum als Seher, die von einer Gottheit inspiriert sind. In der germanischen Tradition ist es Odin, der sie inspiriert. Der Mythos ist daher wahr. Er lehrt aber keine Dogmen, sondern zeigt eine poetische, konkret-exemplarische Wahrheit, die jeder für sich als individuelle Offenbarung neu erlebt.

Runen und Rituale

Auf Odin gehen auch die Runen zurück, die formal vermutlich etruskischen Schriftzeichen entlehnt sind, inhaltlich aber, in ihren Namen, Bedeutungen und Beziehungen, den Visionen germanischer Weiser entstammen, die von Odin inspiriert wurden. Sie sind untrennbar mit der germanischen Religion und Mythologie verbunden und können nicht von ihr losgelöst betrachtet und verwendet oder mit fremden Systemen, etwa der Kabbala, vermischt werden. Wir verwenden sie zur Meditation, rituellen Kommunikation mit den Göttern, Divination und Magie sowie vereinzelt als Schriftzeichen.

Die Rituale des germanischen Heidentums orientieren sich an der sichtbaren Ordnung des Kosmos. Im Zentrum stehen die vier Jahreszeitfeste zu den Frühlings- und Herbst-Tagundnachtgleichen und den Sonnenwenden: Ostara, Mittsommer, Herbstfest und Jul. Wir feiern sie grundsätzlich unter freiem Himmel und wenn möglich an alten Kult- und Kraftorten oder auf eigenen Kultplätzen, die wir einrichten. Darüber hinaus sind alle Arten persönlicher oder gruppeneigener Rituale möglich.

Die Gestaltung der Rituale ist frei, grundlegende Bestandteile sind die Einhegung und Weihe des Kultplatzes, Anrufungen und Gebete, das Blót (Trankopfer), bevorzugt mit Met, und bei Festen ein Opfermahl, in dem die Gemeinschaft von Feiernden, Göttern und Ahnen durch ein gemeinsames Essen gestärkt wird. Blutige Opfer der Vergangenheit betrachten wir als zeitbedingt und lehnen sie heute ab. Wir können das Fleisch fürs Opfermahl beim Metzger kaufen.

Weiterleben nach dem Tod

Im Gegensatz zu den weltabgewandten Jenseitsreligionen kommt dem Leben nach dem Tod im germanischen Heidentum nur geringe Bedeutung zu. Es beschäftigt sich primär mit dem Leben *vor* dem Tod und der Kraft, das Schicksal zu meistern. Statt den Tod mit fiktiven Verheißungen zu verdrängen, nimmt es ihn ernst und bietet in der Überzeugung, dass er sein letztes Geheimnis nicht preisgibt, mehrere Visionen an. Sie reichen, abgesehen vom natürlichen Fortleben in Nachkommen und Erinnerung, von einem schattenhaften Dasein in Helheim über ein Fortleben in Götternähe bei Odin oder Freyja bis zur Wiedergeburt. Hier muss jeder die für ihn gültige Wahrheit finden.

Allen heidnischen Jenseitsvisionen gemeinsam ist, dass sie nicht mit Lohn oder Strafe, Verheißung oder Verdammnis gekoppelt sind. Das Leben wird nicht durch künstliche Angst oder Hoffnung bestimmt, sondern kann frei und eigenverantwortlich gestaltet werden und hat seinen Wert nicht erst im Hinblick auf jenseitige Folgen, sondern in sich selbst. So lehrt uns das Heidentum, das Leben zu lieben und den Tod nicht zu fürchten.

Ethik und Gesellschaft

Das germanische Heidentum besitzt keine dogmatischen Gebote und Verbote, aber eine klare Ethik, die auf den Grundsätzen der Ehre und gegenseitigen Treue beruht und ihren Ursprung in der Verwandtschaft mit den Göttern hat. Als ihr Angehöriger ist der Mensch frei und besitzt eine unverletzliche Würde, die er für sich zu bewahren und bei anderen zu respektieren hat.

Sie verpflichtet uns zu ehrenvollem Handeln nach dem Prinzip, niemandem ohne Notwendigkeit zu schaden, und ermutigt dazu, durch darüber hinaus gehende Verdienste weitere Ehre zu erwerben. Die Treue unterscheidet sich in Sippentreue, die unbedingt gilt, und frei vereinbarte Treue zwischen Nichtverwandten, die an Bedingungen geknüpft ist und nur bei beidseitiger Einhaltung gilt.

Freiheit und Würde jedes einzelnen Menschen und die Möglichkeit, das Zusammenleben nach freier Vereinbarung selbst zu gestalten, erfordern eine demokratische Gesellschaft, in der die Bürger größtmögliche Autonomie genießen und der Staat an Gesetze gebunden ist, die in freier Beratung beschlossen werden. Die Demokratie ist in der heidnischen Ethik und in der germanischen Thing-Tradition fest verankert. Wir bekennen uns vorbehaltlos zu ihr, lehnen jeden Totalitarismus ab und treten Missdeutungen des germanischen Heidentums, die unfreien Tendenzen Vorschub leisten, entschieden entgegen.

Prinzipien des ORD

Die neun edlen Tugenden

Auch im Odinic Rite Deutschland gelten die *Nine Noble Virtues* des britischen OR, die von nahezu allen germanischen Heidengruppen geteilt werden. In der üblichen Reihenfolge sind es (deutsch und englisch):

Mut – Courage
Wahrheit – Truth
Ehre – Honour
Treue – Fidelity
Disziplin – Discipline
Gastfreundschaft – Hospitality
Fleiß – Industriousness
Selbstständigkeit – Selfreliance
Ausdauer – Perseverance

Sie bilden einen Katalog von Werten, Eigenschaften und Verhaltensformen von unterschiedlicher Bedeutung, in dem rein praktische Dinge wie Fleiß und Ausdauer unterschiedslos neben hohen Werten wie Gastfreundschaft, ja sogar Ehre und Treue stehen. Das rührt daher, dass die *Tugenden* kein moralisches Lehrgebäude sind, sondern ähnlich dem Hávamál der Edda eine Sammlung von Prinzipien, die helfen sollen, dass das Leben nicht nur ethisch, sondern insgesamt gelingt. Im folgenden werden die *edlen Tugenden* nach ihrer traditionellen Wichtigkeit geordnet vorgestellt.

Ehre ist die Grundlage des germanischen Lebens. In ihrem Kern ist sie, was wir mit einem modernen Rechtsbegriff *Menschenwürde* nennen, und daher der Mittelpunkt unseres Menschenbildes und unserer Ethik. Auch Artikel 1 des deutschen Grundgesetzes beginnt mit dem Satz: "Die Würde des Menschen ist unantastbar." Nach germanischer Tradition ist die Ehre das höchste Gut sowohl des einzelnen wie seiner Sippe und Gemeinschaft. Jeder muss die Ehre der anderen achten und die eigene mit allen Kräften bewahren und nach Möglichkeit mehren. Ein ehrenhaftes Leben ist das oberste Ziel, denn in der Ehre liegt auch das Heil.

Treue ist daher der Ehre untergeordnet. Jede Treuepflicht endet, wenn ihre Erfüllung etwas Unehrenhaftes verlangen würde oder einer der Partner seine Ehre verliert oder die des anderen verletzt. So ist Treue immer eine Pflicht auf *Gegenseitigkeit*. Sie wird zwischen freien Menschen durch Vertrag oder Eid begründet, erlegt allen die gleichen Pflichten auf und erfordert, dass alle sie gleich erfüllen. Unbedingt ist nur die Sippentreue.

Mut ist eine notwendige Tugend, wenn man die Forderungen der Ehre und Treue auch in schwierigen Situationen erfüllen will. Es geht dabei nicht um Wagemut oder Tollkühnheit, sondern um die Bereitschaft, das zu tun, was getan werden muss. Diese Art Mut ist es, von der Heldenlieder und Sagas erzählen. Eng miteinander verwoben, bilden Ehre, Treue und Mut die Dreiheit der "klassischen" germanischen Tugenden aus alter Zeit.

Wahrheit wird in den alten Quellen eher nur dann als Tugend geschildert, wenn sie Mut erfordert und Ehre bringt, etwa wenn sich jemand offen gegen einen Mächtigeren stellt. Es geht dabei nicht um Ehrlichkeit um jeden Preis, sondern darum, dass man zu dem steht, was man ist, tut und denkt – dann, wenn die Wahrheit Ehrensache ist. Auf jeden Fall ist sie das vor Gericht, im Wissen und Forschen und in der Religion. Heidentum heißt nicht blind glauben, sondern frei die Wahrheit suchen.

Gastfreundschaft ist eine viel gelobte germanische Tradition. Gäste reich zu bewirten war Pflicht und Ehre eines jeden, an dessen Tür sie klopften. Der Gast ist heilig im Sinn von *unantastbar*. Er hat nicht nur Anspruch auf Unterkunft und Versorgung, sondern auch auf Schutz durch den Gastgeber. Mit anderen zu teilen, Fremde gastfreundlich aufzunehmen und Verfolgten Schutz zu bieten, ist alte Sitte und Teil unserer Ethik.

Selbstständigkeit bedeutet, nicht von fremder Hilfe abhängig zu sein. Wir streben danach, unsere Ziele aus eigener Kraft zu erreichen, und verlangen von der Gesellschaft nur, allen die gleichen Chancen zu geben. Das bedeutet aber nicht, dass der einzelne auf sich allein gestellt ist. Die Solidarität in der Sippe, die ja keine *fremde* Hilfe ist, gehört mit zum germanischen Konzept der Selbstständigkeit.

Disziplin, Fleiß und Ausdauer sind praktische Tugenden. Sie sind kein Selbstzweck, aber sie nützen uns, um unsere Ziele zu erreichen, und wir schätzen sie an anderen, wenn wir mit ihnen zusammenarbeiten.

Pflichten der Mitglieder

Wie der britische OR seine *Nine Charges* hat auch der Odinic Rite Deutschland neun Pflichten der Mitglieder festgelegt, die hier mit unverändertem Inhalt, aber in neuer Form und ein wenig ausführlicher vorgestellt werden:

1. Wir wollen überall, wo es gefordert ist, für die Religion unserer Ahnen und für den ORD eintreten, ihn geistig fördern und materiell unterstützen. Wir treten nicht missionarisch auf und agitieren nicht gegen andere Religionen, aber wir geben jedem, der es wünscht, gern und ausführlich Auskunft, klären über Irrtümer auf, wenn wir ihnen begegnen, und verteidigen, wenn sie verletzt wird, die Wahrheit und Ehre des germanischen Heidentums und des ORD.

2. Wir wollen die Religionsausübung und die Ordnung des ORD unterstützen, indem wir so oft wie möglich an gemeinsamen Riten teilnehmen, aktiv an ihrer Gestaltung mitwirken und selbst Rituale und Feste ausrichten, beim Thing an den Plänen und Entscheidungen des ORD mitwirken und je nach unseren Fähigkeiten und Möglichkeiten verschiedene Aufgaben für die Gemeinschaft übernehmen.

3. Wir wollen uns auch außerhalb des ORD stets bemühen, den Interessen unserer Gemeinschaft nicht zu schaden. Wir nehmen an keinen Handlungen teil, die gegen die Prinzipien der germanischen Religion und Ethik sind, ihr Ansehen gefährden und ihr Bild in der Öffentlichkeit verzerren können. Wir lassen uns nicht für falsche Ziele missbrauchen.

4. Wir wollen treu zu unserer Familie und Sippe stehen und das Heil und die Ehre, die wir von unseren Ahnen ererbt haben, bewahren und mehren. Wir bieten allen unseren Verwandten, was auch zwischen uns stehen mag, Frieden und Freundschaft an, fügen ihnen keinen Schaden zu und tun alles, um sie vor Schaden von Dritten zu schützen.

5. Wir wollen unseren Kindern die Ehrfurcht vor der Natur, den Göttern und den Ahnen ans Herz legen, ihnen unsere Religion, Mythologie und Ethik nahe bringen und sie anleiten, an den Ritualen und Festen teilzunehmen. Wir respektieren ihre Freiheit, ihre Religion selbst zu wählen, aber wir zeigen ihnen, was das Heidentum ihnen anbieten kann.

6. Wir wollen die Mitglieder des ORD als Gleichgesinnte und Freunde achten, gute Kameradschaft mit ihnen halten und auf ihr Heil und ihre Ehre bedacht sein. Wir streben alle nach dem gleichen Ziel und wollen persönliche Differenzen, wenn sie auftreten, ehrenhaft und behutsam regeln, sodass die Gemeinschaft daran keinen Schaden nimmt.

7. Wir wollen den Mitgliedern unserer Gemeinschaft und allen, die dessen bedürfen und darauf berechtigten Anspruch erheben, in Not oder Krankheit helfen und erwarten dafür, dass auch uns im Bedarfsfall geholfen wird. Die germanische Ethik verlangt keine bedingungslose Nächstenliebe, aber Solidarität mit allen, denen wir in irgendeiner Weise verbunden sind. Diese Solidarität muss auf Gegenseitigkeit beruhen.

8. Wir wollen uns stets einer maßvollen Sprache bedienen, die niemandes Ehre unnötig verletzt und der Situation oder dem Sachverhalt angemessen ist. Konflikte sollen nicht verdrängt, sondern ausgetragen werden, aber ohne Hetze, Verleumdung und Schüren von Hass, die unserer nicht würdig wären. Wir wollen auch Maß halten in unseren Äußerungen. Besser nichts gesagt als zu viel geredet.

9. Wir wollen nicht sofort an allem Anstoß nehmen und immer zu einer gerechten Versöhnung bereit sein. Es gibt unversöhnliche Feindschaften, doch sollten sie nur über Dinge entstehen, die es auch wirklich wert sind. Wir weisen die Hand, die uns ehrlichen Herzens gereicht wird, nicht zurück, und wollen auch die Größe haben, selbst den ersten Schritt zu tun. Versöhnung suchen wir nicht um jeden Preis. Er muss gerecht sein.

Faith – Folk – Family

Der britische Odinic Rite hat sich den Wahlspruch *Faith – Folk – Family* gegeben, den der ORD bewusst in der englischen Form beibehalten hat. Sie hat präzisere Begriffe, die mit *Glaube – Volk – Familie* nur unzureichend übersetzbar sind.

Faith ist nämlich, zum Unterschied von *belief*, kein Glaube "an etwas", wie heute der Begriff "Glaube" verstanden wird, sondern eine Haltung des Vertrauens und der Treue, die dem älteren, heidnischen Wortsinn entspricht, der in der Rechtsformel "auf Treu und Glauben" enthalten ist. Das Wort kommt von *giloban*, geloben, wie auch *faith* – nach *Webster's Encyclopedic Dictionary* – in einer seiner Bedeutungen die Treuepflicht gegenüber einer Person oder einem Versprechen ist und *faithful* dementsprechend "treu" heißt. So entspricht *faith* besser als der heutige Sinn des deutschen Wortes "Glaube" dem Wesen unserer Religion als Treueverhältnis, wie es auch der Name Asatru, Göttertreue, ausdrückt.

Folk unterscheidet sich vom deutschen Wort "Volk" dadurch, dass es nicht politisch verstanden werden kann, sondern nur im ethnischen Sinn: nach Webster als *people or tribe*, als Volksstamm und Träger von Kultur und Tradition. Im heidnischen Verständnis ist ein Volk im ursprünglich "ethnischen" Sinn, den das griechische Wort *ethnos*, das lateinische *gens* und das germanische *þeod* oder *diot* ausdrücken, vor allem durch seine Götter gekennzeichnet, die es verbinden und von anderen unterscheiden. Es ist die Gemeinschaft derer, die denselben Göttern angehören. Unser *folk* ist daher nicht nur das durch Bürgerschaft gebildete Staatsvolk, der lateinische *populus* oder die heutige Nation, sondern die Gesamtheit der germanischen Völker, die über alle Grenzen der Politik und Sprache hinweg dadurch verbunden sind, dass sie gemeinsame Götter haben – egal wie viele Menschen sie gerade verehren. Wir alle gehören den Göttern an, die unseren Ahnen gemeinsam waren.

Family bedeutet im Englischen nichts anderes als im Deutschen, außer dass vielleicht etwas häufiger als bei uns über die Kleinfamilie hinaus die ganze Sippe gemeint ist. Auch wenn sie in *Faith – Folk – Family* zuletzt genannt wird, ist sie am wichtigsten. Das germanische Heidentum ist seit jeher eine Sippenreligion und stellt die Blutsverwandtschaft, das Heil der Sippe und den familiären Zusammenhalt über alles andere. Als nähere Verwandtschaft ist die Sippe auch wichtiger als Volk oder Stamm, die in der germanischen Thing-Demokratie nur als Zusammenschluss autonomer Sippen funktionierten, deren ureigene Interessen gewahrt werden mussten. Auch heute sehen wir in starken Familien und Sippen den besten Schutz gegen die Übermacht von Staaten und Apparaten.

Faith – Folk – Family hängen nicht nur äußerlich durch den Stabreim zusammen. Er entspricht auch einem inneren Zusammenhang: Die Familie verbindet uns durch ihre Ahnenreihe mit unserem Ursprung in der Erde und den Göttern, die uns wiederum mit allen anderen verbinden, die ihnen ebenso wie wir angehören.

Ethnische Naturreligion

Der ORD versteht das germanische Heidentum als ethnische Naturreligion, unterscheidet sich dabei aber durch das traditionelle Verständnis von *ethnos* (*gens, diot* oder *folk*) auf der Grundlage gemeinsamer Götter wesentlich von neuheidnischen Vorstellungen von ethnischer Religion, die von kulturellen oder schwer nachvollziehbaren genetischen oder "metagenetischen" Begriffen ausgehen. Sie halten das Volk, seine Kultur oder gewisse Gene, die angeblich seine spirituelle Ausrichtung prägen, für das Ursprüngliche und leiten daraus ab, welche Götter es verehrt – Götter, die damit aber nichts weiter als Projektionen einer bestimmten ethnischen Kultur oder Psychologie wären.

Wir behaupten genau das Gegenteil. Wir gehen davon aus, dass nicht die Verschiedenheit der Menschen zu verschiedenen Vorstellungen von Göttern geführt hat, sondern dass die Götter selbst verschieden sind. Da sie, wie in den "Inhaltlichen Grundlagen" des ORD beschrieben, in der Natur sind, die überall anders ist, sind auch sie überall anders. Sie gehören einer bestimmten Natur, einem bestimmten Land an, und die Menschen, die ebenfalls dieser Natur angehören, gehören auch diesen Göttern an. In der Wechselwirkung mit Land und Göttern haben sich Sprache, Kultur und andere Besonderheiten dieser Menschen entfaltet und sind daher mit der Religion eng verbunden. Ethnische Religion bedeutet somit zwar auch, dass sie eine bestimmte Kulturtradition besitzt, die nicht austauschbar ist, vor allem aber, dass sie auf Verwandtschaft zwischen Land, Göttern und Menschen beruht, durch die Menschen mit gemeinsamen Göttern ein *ethnos* bilden.

Im Normalfall haben die Angehörigen einer ethnischen Naturreligion im Land ihrer Götter auch ihre Heimat und ihre Ahnen, doch das muss keineswegs immer so sein. Auswanderer können die Götter ihrer Ahnen mit in die Fremde nehmen, wie es ganze Germanenstämme auf ihren Wanderungen getan haben. Sie können dort aber auch neue Wurzeln schlagen, sich das neue Land, in dem ja später sie die Ahnen sein werden, die in seiner Erde ruhen, zu einer wirklichen neuen Heimat machen und sich mit den Göttern verbinden, die dort zu Hause sind. Das haben Germanen getan, die in römischem Dienst standen und später irgendwo im Imperium Land bekamen und eine Familie gründeten, aber auch umgekehrt Römer, die sich in den Provinzen ansiedelten und die dortigen Götter verehrten, weil sie auch in die dortige Gesellschaft aufgenommen wurden. Solche neuen religiösen Identitäten entstanden also in der Regel mit der Aufnahme in einen Verband vor Ort, ein *ethnos*, das immer als Ganzes seinen Göttern angehört und damit Zuwanderer, sobald sie sozial integriert sind, auch in seine Verbindung mit den Göttern aufnehmen kann.

Das ist der entscheidende Unterschied zwischen der traditionellen ethnischen Naturreligion und neuheidnischen Interpretationen wie "folkish Asatru" in den USA, dessen Anhänger die individuelle Abstammung von germanischen Ahnen als Bedingung für die Zugehörigkeit zum germanischen Heidentum betrachten. Traditionell geht es nie um das Individuum, sondern stets um die ganze Gemeinschaft. Das Band zwischen Göttern und Menschen ist mit der Gemeinschaft geknüpft. Heidentum ist eine Religion der Gemeinschaft, der Zugehörigkeit. Es sind nicht *meine*, sondern *unsere* Götter – und damit die Götter aller, die zu uns gehören. Wer in unseren Verband, unser *ethnos* aufgenommen wird, ist auch unseren Göttern kein Fremder mehr, egal woher seine Vorfahren stammen.

Dadurch unterscheidet sich die traditionelle Auffassung, an die sich der ORD hält, auch vom "universalist Asatru", das im germanischen Heidentum eine Religion sieht, die jeder Mensch überall auf der Welt ausüben kann. Das widerspricht sowohl der naturreligiösen Erfahrung, dass es überall andere Götter gibt, als auch dem ethnischen Charakter jeder heidnischen Religion, die als Angehörigkeit zwischen Land, Volk und Göttern eben nur die Religion der Leute sein kann, die einem entsprechenden Verband angehören. Mit Göttern, die weder die Götter meiner Heimat noch meiner Ahnen noch meiner Gemeinschaft sind, verbindet mich nichts – es sei denn ein rein subjektiver Glaube, ein bloßes Gefühl oder eine "Beziehung", was immer das ist. Für das Heidentum ist es auf jeden Fall zu wenig.

Leitidee freies Heidentum

Aus dem Gesagten wird klar, dass freies Heidentum für den ORD nicht bedeutet, willkürlich beliebige Traditionen auszuüben, sie nach Lust und Laune zu mischen oder sich fantastischen Deutungen hinzugeben. Wir bemühen uns nicht um das Verständnis einer traditionellen ethnischen Religion und zeigen den Leuten die Götter, die wirklich ihre eigenen sind, um ihnen dann zu sagen: Macht doch was ihr wollt, es ist ohnehin alles gleich! Das germanische Heidentum ist aber auch keine dogmatische Lehre, die dem Einzelnen vorschreibt, was er zu denken und womit er sich zu beschäftigen hat. Es ist eine Kultreligion, die ihn dazu verpflichtet, die Götter gebührend zu ehren – alles, was er darüber hinaus tut, ist seine Sache, solange es mit der Ehre der Götter vereinbar ist.

Der ORD als Gemeinschaft vertritt ausschließlich das traditionelle germanische Heidentum, stellt es seinen Mitgliedern aber frei, darüber hinaus auch andere Götter zu verehren, Rituale anderer heidnischer Traditionen zu begehen, magische Praktiken auszuüben oder spirituelle Erfahrungswege zu beschreiten und natürlich auch, sich ihre eigenen Gedanken über die Götter und den Sinn und das Wesen der Religion zu machen. Er überlässt es auch der persönlichen Entscheidung des Einzelnen, wie er es mit jenen Teilen der germanischen Tradition hält, die nicht zur verpflichtenden "êwa" gehören. Um germanischer Heide zu sein, muss man sich nicht mit Runen oder Seiðr beschäftigen, wenn man das nicht will. Man muss die germanischen Götter verehren.

Mit der "Leitidee freies Heidentum" folgt der ORD dem traditionellen Religionsverständnis, das eine Vielfalt persönlicher Wege unter dem gemeinsamen Weg des Kults vereinigt, der in allen heidnischen Traditionen im Mittelpunkt steht. Wir fragen nicht: "Was glaubst du? Was weißt du? Was kannst du?" Wir fragen: "Welchen Göttern opferst du?"

Anhänge

Texte in Originalsprache

Einfache wiederkehrende Formeln

Anrufung aller Götter und Göttinnen (nordisch):

Heilir Æsir, heilar Ásynjur, ok öll ginnheilög goð!

oder

Heilir Æsir, heilir Vanir, ok öll ginnheilög goð!

Anrufung Donars (althochdeutsch):

Donar dûtigo dietêwîgo! oder ... diet mahtiger!

Weihesprüche (Wîhgaldra) mit dem Hammerzeichen (nordisch – althochdeutsch):

Þórr helgi horn þetta – Donar wîh diz horn!
Þórr helgi mjöð þennan – Donar wîh desan met!
Þórr helgi öl þetta – Donar wîh diz bior!
Þórr helgi gjöf þessa – Donar wîh desa geba!

Galdra bei der Hammerhegung (nordisch):
   in die vier Richtungen:
      Hamar í Nordri (Austri, Suðri, Vestri),
      helga vé þetta ok hald vörð ok hindr alla illska!
   über sich:
      Hamar yfir mér, helga vé þetta ok hald vörð ok hindr alla illska!
   unter sich:
      Hamar undir mér, helga vé þetta ok hald vörð ok hindr alla illska!
   in der Mitte:
      Hamar (Þórr), helga vé þetta ok hald vörð ok hindr alla illska!

oder

Um mik ok í mér Ásgarðr ok Miðgarðr!

Einfache Schwurformel (nordisch):

Hjálpi mér svá Njörðr ok Freyr ok hinn almátki Áss!

Galdar zum Befragen der Runen (nordisch):

Rúnar ráð rétt ráð!

Einfache Gruß- und Segensformeln:

Heill ok sæll – Heil und Segen (nordisch)
Til árs ok fríðjar – Auf gute Ernte und Frieden (nordisch)
Ásaheill ok Vana – Heil der Asen und Vanen (nordisch)
Hal wes þu oder **Wes þu hal** – Sei heil (alt- und angelsächsisch)

Gebete aus der Edda

Gebet der Walküre aus dem Sigrdrífumál (Strophe 1 und 2):

> Heill dagr! Heilir dags synir!
> Heil nótt ok nift!
> Óreiðum augum lítið okkr þinig
> Ok gefið stitjöndum sigr!

> Heilir Æsir! Heilar Ásynjur!
> Heil sjá in fjölnýta fold!
> Málok mannvit gefið okkur mærum tveim
> Ok læknishendr, meðan lifum!

Gebet an Odin aus dem Hyndlalied (Strophe 2 und 3):

> Biðjum Herjaföðr í hugumsitja,
> Hann geldr ok gefr gull verðungu;
> Gaf hann Hermóði hjalm ok brynju,
> En Sigmundi sverð at þiggja.

> Gefr hann sigr sumum, en sumum aura,
> Mælsku mörgum ok mannvit firum;
> Byri gefr hann brögnum, en brag skaldum,
> Gefr hann mannsemi mörgum rekki.

Gebet an Thor aus dem Hyndlalied (aus Strophe 4):

> Þórr mun ek blóta, Þórr mun ek biðja,
> At hann æ við þik einart láti.

Reisesegen (Frigg an Odin aus dem Vafþrúðnismál, aus Strophe 4):

> Heill þú farir! Heill þú aftr komir!
> Heill þú á sinnum sér!

Rituelle Strophen aus dem Hávamál

Odins Runenlied (Strophen 138 bis 142):

> Veit ek, at ek hekk vindga meiði á
> Nætr allar níu,
> Geiri undaðr ok gefinn Óðni,
> Sjalfr sjalfum mér, –
> Á þeim meiði, er manngi veit,
> Hvers hann af rótum renn.
>
> Við hleifi mik sældu né við horningi;
> Nýsta ek niðr,
> Nam ek upp rúnar, æpandi nam,
> Fell ek aftr þaðan.
>
> Fimbulljóð níu nam ek af inum frægja syni
> Bölþorns, Bestli föður,
> Ok ek drykk of gat ins dýra mjaðar,
> Ausinn Óðreri.
>
> Þá nam ek frævask ok fróðr vera
> Ok vaxa ok vél hafask;
> Orð mér af orði orðs leitaði,
> Verk mér af verki verks leitaði.

Rúnar munt þú finna ok ráðna stafi,
Mjök stóra stafi, mjök stinna stafi,
Er fáði fimbulþulr
Ok gerðu ginnregin
Ok reist hroftr rögna.

Opfersprüche (Strophen 144 und 145):

Veistu hvé rísta skal? Veistu hvé ráða skal?
Veistu hvé fáa skal? Veistu hvé freista skal?
Veistu hvé biðja skal? Veistu hvé blóta skal?
Veistu hvé senda skal? Veistu hvé sóa skal?

Betra er óbeðit en sé ofblótit,
Ey sér til gildis gjöf.
Betra er ósent en sé ofsóit.
Svá Þundr of reist fyr þjóða rök,
Þar hann upp of reis, er han aftr of kom.

Spruch zum Abschluss eines Rituals (Strophe 164):

Nú eru Háva mál kveðin Háva höllu í,
Allþörf ýta sonum, óþörf jötna sonum;
Heill sá, er kvað,
Heill sá, er kann,
Njóti sá, er nam,
Heilir, þeirs hlýddu.

Aus verschiedenen Eddaliedern

Zum Gebieten von Ruhe (Völuspá, Strophe 1):

> **Hljóðs bið ek allar helgar kindir,**
> **Meiri ok minni mögu Heimdallar.**

Zum Entzünden des Feuers (Hávamál, Strophe 57):

> **Brandr af brandi brenn, unns brunnin er;**
> **Funi kveykisk af funa.**

   oder

> **Eldr er bestr með ýta sonum**
> **Ok sólar sýn,**
> **Heilyndi sitt, ef maðr hafa náir,**
> **Án við löst at lifa.**

Spruch für die Totenriten (Hávamál, Strophe 77):

> **Deyr fé, deyja frændr,**
> **Deyr sjalfr it sama;**
> **Ek veit einn, at aldrei deyr:**
> **Dómr um dauðan hvern.**

Die Ordnung der Zeit (Völuspá, Strophen 5 und 6):

> **Sól varp sunnan, sinni mána.**
> **Hendi inni hægri um himminjörður;**
> **Sól þat né vissi, hvar hon sali átti,**
> **Máni þat né vissi, hvat hann megins átti,**
> **Stjörnur þat né vissu, hvar þær staði átttu.**

Þá gengu regin öll á rökstóla,
Ginnheilög goð, ok um þat gættusk;
Nátt ok niðjum nöfn of gáfu,
Morgin hétu ok miðjan dag,
Undorn ok aftan, árum at telja.

Yggdrasil und die Nornen (Völuspá, Strophen 19 und 20):

Ask veit ek standa, heitir Yggdrasil,
Hár baðmr, ausinn hvíta auri;
Þaðan koma döggvar, þærs í dala falla,
Stendr æ yfir grænn Urðarbrunni.

Þaðan koma meyjar margs vitandi
Þrjár ór þeim sæ, er und þolli stendr;
Urð hétu eina, aðra Verðanði,
Skáru á skiði, Skuld ina þriðju;
Þær lög lögðu, þær líf kuru
Alda börnum, örlög seggja.

Die Wiederkehr Baldurs (Völuspá, Strophe 62):

Munu ósánir akrar vaxa,
Böls mun alls batna, Baldr mun koma;
Búa þeir Höðr ok Baldr Hrofts sigtoftir,
Vé valtíva. Vituð ér enn – eða hvat?

Das Wessobrunner Gebet

Rekonstruktionsversuch des heidnischen Originals in Althocheutsch von F.S.

Spill: **Dat gafregin ich mit firahim firiuuizzo meista**
Dat ero ni uuas noh ufhimil
Noh paum nohheinîg noh pereg ni uuas
Noh sundana sunna ni scein
Noh mâno ni liuhta noh der mâreo seô.
Dô dâr niuuiht ni uuas enteo ni uuenteo
Enti dô uuârun Uuodan, Uuillio enti Uuîho,
Manno miltistun, enti manake mit siu
Cootlîhhe geistâ. enti cot heilacun
Mittilagart huopun enti den himil hoh
Enti mannun forgâpun manac coot.

Gibet: **Cot mahticun, ir himil enti erda gauuorahtôt, enti ir mannun sô manac coot forgâpît, forgipet uns heil enti êra, uuîstôm enti spâhida enti craft, fîandun za uuidarstantanne enti arc za pichamfanne enti êrlîha têti za giuurchanne.**

Weitere althochdeutsche Texte

Erster Merseburger Zauberspruch:

> **Eiris sazun Idisi, sazun hera duoder.**
> **Suma hapt heptidum, suma heri lezidun,**
> **Suma clubodun umbi cuoniouuidi:**
> **Insprinc haptbandun, inuar uigandun!**

Zweiter Merseburger Zauberspruch:

> **Phol ende Uuodan uuorun zi holza.**
> **Du uuart demo Balderes uolon sin uuoz birenkit.**
> **Thu biguol en Sinthgunt, Sunna era suister;**
> **Thu biguol en Friia, Uolla era suister;**
> **Thu bigiol en Uuodan, so he uuola conda:**
>
> **Sose benrenki, sose bluotrenki, sose lidirenki:**
> **Ben zi bena, bluot zi bluoda,**
> **Lid zi geliden, sose gelimida sin.**

Straßburger Blutsegen (Rekostruktion der heidnischen Form von F.S.):

> **Hoeder unde Balder giengen sament scôzzôn,**
> **Thô verscôz Hoeder Balderen thê sîtûn.**
> **Vrô unde Lâzakêre giengen fold petrettôn:**
> **Verstande thiz pluot, stand pluot fasto!**

Weingartner Reisesegen (Rekonstruktion der heidnischen Form von F.S.):

> **Ic dir nâch sihe, ic dir nâch sendi**
> **Mit mînen funf fingirin funvi undi funfzic stunt heil.**
> **Got mit gisundi heim dich gisendin.**
> **Offin sî dir diz sigidir, sami sî dir diz sældedor,**
> **bislozin sî dir diz wâgidor, sami sî dir diz wâfindor.**

Angelsächsicher Flursegen

Nach der überlieferten Form, christliche Einflüsse bereinigt von F.S.:

1. Eorðan ic bidde and upheofon:
   Erce, Erce, Erce, eorþan modor.
   Geunnen þe þa alwaldan, ecan drihtenas
   Æcera wexendra and wridendra,
   Eacniendra and elniendra,
   Sceafta hehra, scirra wæstma,
   And þæra bradan berewæstma,
   And þæra hwitan hwætewæstma,
   And ealra eorþan wæstma.

2. Geunne him Fro Ing, ece drihten,
   And þá god þe on Asgeard synt,
   Þæt hys yrþ si gefriþod
   Wið ealra feonda gehwæne,
   And heo si geborgen
   Wið ealra bealwa gehwylc,
   Þara lyblaca geond land sawen.
   Nu ic bidde þá waldendu,
   Þá þe ðas woruld gesett,
   Þæt ne sy nan to þæs cwidol wif,
   Ne to þæs cræftig man
   Þæt awendan ne mæge
   Word þus gecwedene.

3. Hal wes þu, folde, fira modor!
   Beo þu growende on goda fæþme,
   Fodre gefylled, firum to nytte.

Altsächsische Version aus dem Kloster Corvey, bereinigt von F.S.:

Eostar, Eostar, eordhan modor,
Genne these acera
Veaxandra und wirdhendra
Eacniendra einiendra, fridha him!
That his yrdh si gefridhod
And heo si geborgan
As the gota,
The on Ansgart sind.

Gebete des britischen Odinc Rite

Day (Gebet zum Tag)

> May my actions on this day be right ones.
> Hail day.
> Grant me strength to face the problems this day my bring
> And, imbued with the strength of the High Gods, overcome them.
> May I live this day and every day – a noble life.

Grace (Einfacher Dankesspruch)

> For food and friends we give thanks.
> In the names of the High Gods…
> *(then make the Hammer sign)*

The Torc (Gebet der Schwurmannen)

> All hail to the High Gods.
> May we be aware of their presence within us and around us.
> Hail Life.
> May we who wear the Armour of Odin wear it well.

Hailing (Große Anrufung)

> Hail the Aesir and Vanir. Hail the Norns. Hail Creation and Life.
> Hail our noble Ancestors, hail comrades and hail those yet to come.
> Hail the spirits if the air, tree stone fire and water.
> Hail the spirits of our land, and hail our holy Mother Earth.
> Hail all that which is holy.

The Sacred Fire (beim Zunten)

In the names of the High Gods,
We kindle the fire of cleansing and creation,
The first mystery and the final mercy.
Let flame be quickened by flame,
That through the darkness we may come to the light.
And may the holy flame of our Faith and Folk
Which ever burns, grow again
To bathe Midgard in its sacred radiance.

Ausspracheregeln

Für alle altsprachlichen Texte

In allen verwendeten alten Sprachen werden die kurzen Vokale **a, e, i, o, u, ö** gleich wie im heutigen Deutsch und **y** als **ü** ausgesprochen.

Die Vokale **â, ê, î, ô, û** sowie **á, é, í, ó, ú, ý** sind lang.

Die Konsonanten **b, d, j, k, l, m, n, p, r, t, w** sowie **ng** werden immer, **h** wird in den meisten Fällen wie im heutigen Deutsch gesprochen.

Die Aussprache von **s** entspricht im Althochdeutschen der heutigen, in anderen Sprachen ist sie in der Regel stimmlos wie im Deutschen am Wortende, nur im Altenglischen zwischen Vokalen auch stimmhaft.

In germanischen Sprachen gibt es einige Sonderzeichen:

Þ, þ und **Ð, ð** für die aus dem Englischen bekannten „th-Laute", und zwar

Þ, þ (Þorn) für das stimmlose th wie in „think" und

Ð, ð (Eð) für das stimmhafte th wie in „this".

Æ, æ entspricht deutschem **ä**

Die Betonung germanischer Wörter entspricht dem heutigen Deutschen, d.h. sie liegt grundsätzlich auf der Stammsilbe, die in der Regel die erste Silbe ist. Vorsilben sind aber unbetont.

Für nordische Texte

Neben der rekonstruierten historischen Aussprache ist es durch das Vorbild des isländischen *Ásatrúarfélag* und die Edda-CD von Sveinbjörn Beinteinsson vielfach auch üblich, nordische Texte nach den Regeln des heutigen Isländischen auszusprechen, das dem Altnordischen noch so weitgehend gleicht, dass Isländer die Edda mühelos im Original verstehen. Ich gebe daher beide Möglichkeiten wieder.

Historische Aussprache

Abgesehen davon, dass **b, d, g** etwas härter gesprochen werden und **g, k, p** ihren Klang geringfügig wechseln, je nachdem, vor welchen Vokalen sie stehen, entspricht sie weitgehend dem Deutschen. Zu beachten sind:

ei und **ey** werden getrennt als **e + i** ausgesprochen
f wird vor Vokalen zu **w**
h ist immer deutlich hörbar, auch in **hl, hn, hr, hv**
k wird vor **t** zu **ch**
p wird vor **t** zu **f**
v ist immer **w**
Doppelkonsonanten sind klar hörbar, z.B. **kk** wie **k+k**

Isländische Aussprache

Kurzes **u** wird wie **ü** ausgesprochen, **y** wie **i**, **ý** wie langes **i**.
Altnordisches Schluss-r (runisch –R) ist die heutige Endung –ur („-ür").
á klingt wie deutsch **au** bzw. **ao**, lang gesprochen („Ausatru")
é ist **j** + langes **e** (z.B. *vé* = „wjee")
ó ist **o + u** wie in englisch „grow"
au ist **ö + i** (z.B. *Austri* = „Öistri")
ei und **ey** werden als **e + i** gesprochen (nicht „ai")
ö entspricht dem deutschen **ö**
r wird auf der Zungenspitze rollend gesprochen
v wird immer wie **w** ausgesprochen

Die Aussprache von **f, g, k, p** ist unterschiedlich:

f am Wortanfang und vor **k, s, t** wie deutsches **f**, sonst wie **w**
g vor **e, i, í, y, ý, æ** wie **gj**, sonst wie deutsches **g**
k vor **e, i, í, y, ý, æ** wie **kj** und vor **s, t** wie **ch**, sonst wie deutsches **k**
p vor **k, s, t** wie **f**, sonst wie deutsches **p**

Dazu kommen besondere Aussprachen für Buchstabenkombinationen und Verdoppelungen:

fl und **fn** wie **pl** und **pn**
rl und **rn** wie **rtl** und **rtn**
gi und **gj** nach Selbstlauten wie **ij**
hj wie **chj** und **hv** wie **kv**
hl, hn, hr haben ein deutlich hörbares **h**

ll wie **tl**, außer vor **k, p, t**, wo es einfaches **l** ist
nn nach langen Vokalen und Diphthongen wie **tn**
pp vor **k, s, t** wie **f**

Ansonsten bedeuten Doppelkonsonanten, dass der vorangehende Vokal lang ist, auch wenn er kurz geschrieben wird (z.B. *Snorri*)

Für althochdeutsche Texte

Es gibt nur wenige Unterschiede zum heutigen Deutsch:

h wird am Wort- und Silbenanfang als **h** ausgesprochen, innerhalb der Silbe und am Silbenschluss wie heutiges **ch** (*hunt* wie „Hund", *naht* wie „Nacht")
hh entspricht heutigem **ch**.

ie wird mit hörbarem **e** gesprochen (**i** + **e**)
Diese Regelt gilt auch für andere Diphthonge wie **io, iu, ou, uo**.

uu steht oft für **w**, kann allerdings auch für **wu** stehen (daher *Uuodan* sowohl für „Wodan" als auch die ältere Aussprache „Wuodan")
v wird wie in „Vater" als **f** ausgesprochen.
z steht nach Vokalen und verdoppelt (**zz**) für stimmloses **s** bzw. **ss/ß** (z.B. *sâz, wazzar*), sonst für heutiges **z** (*zuo, holz*).
Diese Regel gilt auch für Altgermanisch, z.B. in den Runennamen (*Ansuz* = „Ansuss").

Für altenglische Texte

Altenglisch sieht im Schriftbild durch seine Diphthonge und langen Vokale komplizierter aus, als es ist. Die Vokale und fast alle Konsonanten entsprechen den deutschen.

á, é, í, ó, ú sind langes **a, e, i, o, u**
y und **ý** sind kurzes und langes **ü**
æ entspricht **ä**

ea, eo, ie werden wie **e + a, e + o, i + e** ausgesprochen
éa, éo, íe ebenso, nur ist jeweils der erste Vokal lang.

c vor **i, e** oder am Wortende nach **i, e** entspricht deutschem **tsch**, sonst **k**
g wird unter den gleichen Bedingungen zu **j**, sonst wie deutsches **g**
f entspricht zwischen Vokalen neuenglischem **v**, sonst **f**
h wird am Wortanfang als **h**, sonst wie deutsches **ch** ausgesprochen
hl, hn, hr haben ein hörbares **h**
sc entspricht deutschem **sch**
cg entspricht deutschem **dsch**

Quellen:

Þorgeirsson, Haukur: Old Norse for Beginners, Internetkurs, http://www.hi.is/~haukurth/

Pétursson, Magnús: Lehrbuch der isländischen Sprache, Hamburg 1987

Braune, Wilhelm: Althochdeutsche Grammatik, bearbeitet von Hans Eggers, Tübingen 1987

McGillivray, Murray: English 401, Online-Version des Kurses der Universität Calgary 2004

Lieder

Die Lieder, die der Odinic Rite Deutschland bei seinen Festen singt, werden traditionsgemäß mündlich bei den Festen selbst weitergegeben. Dort können sie in ihrer natürlichen Einheit von Text und Melodie nach und nach erlernt werden. Weil aber auch oft der Wunsch nach schriftlichen Texten zu hören ist, gebe ich hier die meistgesungenen wieder.

Tausendgötterlied

Text: F.S., Musik: Stilkam

Tausend Gesichter hat die Erde,
Dass alles neu und anders werde –
Tausend Götter von verschied'ner Art,
Nah und ferne, weich und hart.

Alle Götter wollen wir verehren,
Ehre, die ihnen gebührt, vermehren.
Alle Götter rufen wir herbei:
Gebt uns Kraft und bleibt uns treu!

Wir wollen euch die Treue halten,
Woll'n uns nach eurem Bild gestalten:
Wodans Weisheit, Donars Kraft,
Freyrs und Freyjas Lust und Leidenschaft.

Tausend Jahre mussten wir schweigen,
Durften Göttertreu' nicht zeigen –
Tausendfach erklingt der Ruf erneut:
Kommt zurück, wir sind bereit!

Sonnwendfeuer-Kanon

Texte verschiedener Heidengruppen zu einem traditionellen Kanon

Nerthus, Erdmutter, komm!
Sonnwendfeuer brennen überall.
Hör, wir singen wieder! Hör, wir singen wieder!

Wodan, Allvater, komm!
Heil'ge Feuer brennen überall.
Sieh, wir opfern wieder! Sieh, wir opfern wieder!

Nach diesem Muster lassen sich Strophen für alle Gottheiten formen, z.B.:

Donar, Midgards Schützer, komm!
Heil'ge Feuer brennen überall.
Sieh, wir opfern wieder! Sieh, wir opfern wieder!

Erdmütter-Lied

mündlich aus der deutschen Heidenszene, Endfassung von F.S.

Euch Erdmüttern sei Heil!
Euch Himmels- und Erdmüttern Heil!
Euch Himmelsvätern Heil!
Euch Himmels- und Erdvätern Heil!
Allen Göttern Heil! Allen Göttinnen Heil!
Und den Alfen und Ahnen Heil!
Dass ihr uns erhört und wir euch versteh'n
Und heil durchs Leben geh'n.

Kommt der Lenz

Text und Musik: Neydhart von Reuenthal, abgewandelt von F.S.

Kommt der Lenz mit seiner Kraft
Wundersam und siegehaft,
Stehet jeder Baum in Saft,
Sich mit Blättern schmücket.

Auf die Wiese lasst uns geh'n,
Da wo allenthalben steh'n
Bunte Blumen, prächtig schön,
Die man nicht gepflücket.

Neu wird alles nun, wie man sagt,
Drum find' Hoffnung, wer da zagt:
Heil sei, welchen Krankheit plagt,
Und frei, wen Knechtschaft drücket.

Dass wir heil sind, frei und frank,
Dafür sagt den Göttern Dank!
Trinket froh den Opfertrank,
Der uns all' erquicket.

Runentabelle

Die 24 Runen des Älteren Futhark mit ihren Namen und deren direkter Wortbedeutung

Rune	Lautwert	Name	Bedeutung
ᚠ	f	Fehu	Vieh, bewegliche Habe
ᚢ	u	Uruz	Auerochse (Ur)
ᚦ	þ	Þurisaz (Thurisaz)	Thurse (Riese)
ᚨ	a	Ansuz	Gottheit (Ase)
ᚱ	r	Raiðo (Raidho)	Ritt, Reise
ᚲ	k	Kenaz oder Kaunaz	Kienspan oder Kahn
ᚷ	g	Gebo	Gabe und Gegengabe
ᚹ	w	Wunjo	Wonne
ᚺ	h	Hagalaz	Hagel
ᚾ	n	Nauðiz (Naudhiz)	Not, Schicksal
ᛁ	i	Isa	Eis
ᛃ	j	Jera	Frühjahr
ᛇ	î, ei	Îwaz (Eiwaz)	Eibe
ᛈ	p	Perþro (Perthro)	Losbecher (?)
ᛉ	z	Algiz oder Elhaz	Schutz oder Hirsch (Elch)
ᛋ	s	Sowulo	Sonne
ᛏ	t	Teiwaz	Teiwaz (Týr)
ᛒ	b	Berkano	Birke
ᛖ	e	Ehwaz	Pferd
ᛗ	m	Mannaz	Mensch
ᛚ	l	Laguz	See, Wasser
ᛜ	ng	Ingwaz	Ingwaz (Freyr)
ᛞ	d, ð	Dagaz	Tag, Dämmerung
ᛟ	o	Oþala (Othala)	Erbe, Sippenbesitz

Glossar

alah: altsächsisch "geschützter Ort", Heiligtum, got. a*lhs*, ags. *alh* oder *ealh*

algotspill: neu gebildeter ahd. Begriff für eine Anrufung aller Gottheiten, s. *spill*

Alte Sitte: s. *Forn Siðr*

Anrufung: Worte an die Götter, die sie herbeirufen, begrüßen oder rühmen, ohne mit einer Bitte verknüpft zu sein; s. auch *spill*

ansuz, ansis: s. *Gott*

apprentice member: Bezeichnung des britischen OR für Mitgliedschafts-Anwärter

Asatru: anglisierte Form von isländisch *Ásatrú*, "Göttertreue", international häufigste Bezeichnung des (erneuerten) germanischen Heidentums, geht zurück auf die von dänischen Historikern geprägte Bezeichnung *Åsetro* für die nordische Religion der Wikingerzeit.

ár ok fríðr: nord, "gute Ernte und Frieden"

Ásatrú: s. *Asatru*

Ásatrúafélag oder (mit Artikel) *Ásatrúafélagið*: isländ., Name der 1973 von Sveinbjörn Beinteinsson gegründeten heidnischen Religionsgemeinschaft auf Island

Åsetro: s. *Asatru*

áss, æsir: s. *Gott*

ástvinr: nord. "geliebter Freund", s. *fulltrúi*

baro oder *paro*: ahd. Heiligtum, heiliger Hain, ags. *bearo*

bigang: Begang, ahd. Hauptwort zu "begehen" (Mehrzahl *bigengi*), allgemeiner Ausdruck für heidnische Rituale, insbesondere für kultische

Beschwörung, esoterisch Evokation: Methode der orientalischen Magie, Geistwesen zum Erscheinen zu zwingen und dem Magier dienstbar zu machen, auch in der Form der Invokation, die Geistwesen in den Magier zu versetzen sucht; in der germanischen Magie (s. *Zauber, seiðr*) fremd.

blót: nord. "Opfer", Bezeichnung sowohl für kultische Rituale im allgemeinen als auch im besonderen für das Trankopfer, das Hauptbestandteil jedes Rituals ist; ahd. *bluostrar*.

blóta: nord. "opfern", ein kultisches Ritual durchführen, ahd. *bluozan* oder *ploazzan*, von got. *blotan*, "verehren". Im ursprünglichen Sinn von "verehren" sagte man "*blóta goð gjöfum*" (die Götter mit Gaben bloten), namentlich mit Trankopfern, denn das Wort hängt mit nord. *blotna* (nass werden) und deutsch "platschen" zusammen.

bloten: s. *blóta*

blótdómr: nordisch für "Heidentum", wörtlich "Opfertum"

Blótfrau und **Blótmann:** Begriffe des ORD für gewählte "Priesterinnen" und "Priester", deren Aufgabe ausschließlich auf rituelle Funktionen beschränkt ist

Blóthorn: Trinkhorn, das beim *blót* (s. dort) verwendet wird

blótmaðr: nordisch für "Heide", wörtlich "Opfermann"

blótskapr: s. *blótdómr*

bluostrar: s. *blót*

bluostrari: ahd. "Opferer", Bezeichnung für einen Kultpriester

bluozan: s. *blóta*

Brautlauf: symbolische Form des Brautraubs, auch als Begriff für "Hochzeit" verwendet

Brautraub: im altgermanischen Recht eine legale Form, von den Verwandten abgelehnte Ehen zu erzwingen, indem ein Mann seine Auserwählte mit ihrem Einverständnis "entführte" und ihre Sippe durch Zahlung einer Buße versöhnte, sodass sie die Ehe ohne Ehrverlust anerkennen konnten.

cot: s. *Gott*

cotinc: s. *Gode*

diot: ahd. "Volk", s. *ethnische Religion*

dís, dísir: s. *Gott*

dísablót: nord. "Disenopfer", skandinavisches Fest am Beginn des Winters

disting: "Disen-Thing", schwedisches Disen-Fest Anfang Februar

dróttkvætt: s. *Strophenformen*

Elementekreis: neuheidnischer Ritualbrauch, in die germanische Tradition in der speziellen Form der *welhaga* (s. dort) eingefügt

erilaz oder **irilaz:** altgerm. "Runenmeister", nord. *erilar*

êwa, ê oder **eh:** ahd. "Vertrag auf Gegenseitigkeit", heute nur noch im Wort "Ehe" erhalten, im religiösen Zusammenhang der Vertrag zwischen Göttern und Menschen nach dem in der Edda genannten Prinzip "Die Gabe will stets Vergeltung", wonach sie uns Heil geben und wir sie dafür mit Gebeten und Opfern ehren.

Erfahrungsreligion: Bezeichnung für eine Religion, die zum Unterschied von Offenbarungs- oder Verkündigungsreligionen nicht auf bloßen Glauben, sondern auf die Erfahrung der Götter in Kult, Mythos und persönlichen Erlebnissen aufbaut.

êsago: s. *êwarto*

ethnische Religion: Bezeichnung für eine Religion, die Teil einer Volkstradition und an sie gebunden ist, nach griech. *ethnos*, "Volksstamm", dem lat. *gens* (daher auch "gentile Religion") und ahd. *diot*, got. *þeod* entsprechen: nach traditioneller heidnischer Auffassung die Gemeinschaft von Menschen, die denselben Göttern angehören.

Evokation: s. *Beschwörung*

êwarto oder **êwawarto:** ahd. "Priester", wörtlich "Wart des Vertrags zwischen Göttern und Menschen", eine ähnliche Bezeichnung ist *êsago*, "Sprecher des Vertrags zwischen Göttern und Menschen" bzw. des rituellen Gesetzes. Im ORD wird "Esago" analog zum isländischen Gesetzessprecher, der praktisch das Oberhaupt der Gemeinschaft war, für den ersten Vorsitzenden und die modernisierte Form "Ewart" für den zweiten Vorsitzenden verwendet, der das Amt für Ritualwesen inne hat.

fanum: lat. "Heiligtum", in mittelalterlichen Glossen die häufigste Übersetzung verschiedener germanischer Begriffe wie *harug, baro* usw.

fira: ahd. "Feier"

folkish Asatru: US-amerikanische Asatru-Richtung, die das germanische Heidentum als ausschließliche Religion von Menschen germanischer Abstammung sieht

formáli oder **formæli:** nord. "Vorspruch", Anrufung beim Blót (s. dort), bevor der Sprecher den Trank opfert und trinkt

Forn Siðr: nord. "alte Sitte", Bezeichnung des nordisch-germanischen Heidentums

fornyrdalag: s. *Strophenformen*

Freunde: nord. *freyndur*, zum Unterschied von *vinir* (nicht verwandte Freunde) ursprünglich nur die Verwandten, später auch Leute, die wie Verwandte zu einem halten

Frieden: nord. *friðr*, im altgermanischen Sinn nicht bloß die Abwesenheit von Krieg, sondern ein Zustand familiärer Freundschaft und Wohlgesinntheit, von Natur aus der Zustand zwischen Sippenangehörigen, ansonsten durch Verträge bewusst hergestellt

friðgeard, altenglisch (neuenglisch *frithgard*) für Kultplatz, wörtlich "Friedensgarten"

fulltrúi: nord. "einer, dem man voll vertraut", Bezeichnung für einen bestimmten Gott, die von einer Einzelperson oder Sippe besonders verehrt wird, für eine Göttin: *fulltrúa*

galdar oder **galstar:** ahd. "ritueller Spruch oder Gesang", zum Unterschied von *rûna* laut vorgetragen, im engeren Sinn "Spruchzauber" oder "Runengesang", nord. *galdr*

galdr: s. *galdar*

galdralag: s. *Strophenformen*

galstar: s. *galdar*

gandr: nord. "Zauberstab", geweihter Stab, in den die Runenreihe eingeritzt ist

Gandrbann: Weihe eines Kultorts mit dem *gandr* (s. dort)

Gebet: allgemein für jedes Sprechen zu den Göttern, im engeren Sinn mit Bitten oder Dank an sie verbunden, s. *gibet*

gelt: s. *gilt*

gentile Religion: s. *ethnische Religion*

gibet: ahd. "Gebet", in der zweigliedrigen germanischen Gebetsform nur für den zweiten Teil verwendet, der Bitten oder Dank enthält; s. auch *spill*

Gefolgschaft: germanischer Kriegerverband unter Führung eines Gefolgsherrn (ahd. *trûhtin*, nord. *dróttinn*), dem die Krieger durch einen freiwilligen Treueid verpflichtet sind und als freie Männer ehrenvoll dienen. Der Eid verpflichtet auch den Gefolgsherrn, die Ehre seiner Männer zu wahren. Tut er es nicht, können sie ihn verlassen, in schweren Fällen sogar töten.

Gilde: mhd. "Opfergemeinschaft", im ORD als Bezeichnung für die regionalen Verbände (Landgilden), Vereinigungen zur Verehrung bestimmter Gottheiten (Blótgilden) und Vereinigungen für bestimmte Interessen (Sachgilden) verwendet

gildi: s. *gilt*

gilt oder **gelt:** ahd. "Opfer", gelegentlich unterschieden von *bluostrar* (s. dort), got. *gild*, nord. *gildi*. Dieses Wort definiert das Opfer als "Vergeltung" der Gaben der Götter nach dem Edda-Vers "Die Gabe will stets Vergeltung".

giltgaldar: aus ahd. Wörtern gebildete Bezeichnung für eine Opferformel

goð: s. *Gott*

goðar: s. *Gode*

Gode: eingedeutschte Form von nord. *goði* (Mehrzahl *goðar*, Goden). In der Wikingerzeit und besonders auf Island ein Bezirkshäuptling mit priesterlichen Funktionen, daher auch als Bezeichnung für heidnische Priester überhaupt verwendet. Die weibliche Form ist *gyðja* (Godin, Mehrzahl *gyðjur*). Der Besitzer eines Tempels heißt *hofgoði*. Auf Island bildeten die Goden die politische und juristische Führungsschicht und behielten ihre Bedeutung dadurch auch nach der Christianisierung in der sog. "Godenrepublik". Das Godenamt hieß *goðorð*. Mit *goði* verwandte Begriffe sind got. *gudja* und ahd. *cotinc*. Wegen des missverständlichen Gebrauchs in neuheidnischen Kreisen werden im ORD die Titel *goði* und *gyðja* nicht mehr verwendet und durch die Bezeichnungen "Blótmann" bzw. "Blótfrau" ersetzt.

goði: s. *Gode*

goðorð: s. *Gode*

got oder **cot**: s. *Gott*

Gott: nhd. Form von altgerm. *guþ* oder *guð*, ursprünglich sächliches Mehrzahlwort für die Gesamtheit der Götter (nord. *god*) und abstrakter Begriff für das Geheimnis der Göttlichkeit, aus dem indogerm. Partizip **ghutom*, "angerufen", also "das Angerufene". Die ahd. Form ist *cot* oder *got* mit ursprünglich gleich lautender Mehrzahl, die später, wie auch andere starke Mehrzahlbildungen, durch *cotir* bzw. *gotir* ersetzt wird. Noch in den älteren nord. Quellen wird *god* ausschließlich in der Mehrzahl, erst in der Spätzeit auch für einen einzelnen männlichen Gott verwendet, aber nur in Zusammensetzungen wie *hangaguð* (Gott der Gehenkten, Beiname Odins) für älter *hangatýr*. Die ursprünglichen Bezeichnung für einen einzelnen Gott sind nord. *áss* bzw. *týr* (altgerm. *ansuz* bzw. *teiwaz*) und für eine Göttin nord. *dís* (altgerm. *idis*), die Mehrzahlen *æsir* bzw. *tívar* (*ansis* bzw. *teiwar*) und *dísir* (*idisi*). *Æsir* bezeichnet auch die Göttersippe der Asen. Der Ursprung dieses Wortes liegt im altgerm. **ans,* Pfahl, nach den frühgeschichtlichen Kultpfählen.

gouma: ahd. "Festmahl", hier für das Opfermahl

Göttertreue: s. *Asatru*

Gruppe: im ORD Bezeichnung für eine Kleingruppe ohne Schwurmannen, siehe auch *Herd*

guð: s. *Gott*

gudja: s. *Gode*

guþ: s. *Gott*

gyðja, gyðjur: s. *Gode*

haga: ahd. "Hegung", hier für die Einhegung des Kultplatzes

hail: altgerm. Wortstamm für die uns zugekehrte, heilbringende Seite der Götter. Der Gegenpol ist *wîh* (s. dort)

hails: s. *Heil*

hamarhaga: s. *Hammerhegung*

hamarsmark: nord. "Hammerzeichen", Handgeste in Form des Thorshammers

Hammerhegung oder **Hammerritual:** Ritual zur Einhegung und Weihe eines Kultplatzes, hier auch mit dem neu gebildeten ahd. Wort *hamarhaga* bezeichnet

harug: ahd. "steinerner Altar", nord. *hörgr*, ags. *heargh*

harugari: ahd. Bezeichnung für einen heidnischen Priester, der einen Kultplatz bzw. Altar (*harug*) besitzt oder für seine Erhaltung verantwortlich ist.

Heil: nord. *heill* oder *sæll*, got. *hails*, ursprünglich "Gesundheit" (wie lat. *salus*) und "Ganzsein" (vgl. griech. *holos*, engl. *whole*) an Körper, Seele und Geist, im religiösen Sinn Kraft und Segen der Götter. Nach germanischer Auffassung ist Heil grundlegend angeboren und sowohl Erbe als auch Besitz der ganzen Sippe und untrennbar mit ihrer Ehre verbunden. Der Einzelne kann es durch ehrenvolle Taten und durch Verehrung der Götter mehren oder durch unehrenhaftes Handeln und Unterlassen der rituellen Pflichten verspielen. Das betrifft wieder die ganze Sippe. Das Heil zeigt sich differenziert als Ernteheil, Kampfheil, Redeheil, Kinderheil usw. Menschen, die Heil haben, werden *Heilinge* genannt. Heil liegt auch in den Kultorten, Kultgegenständen (besonders wenn sie Erbstücke sind) und in den Ritualen selbst sowie in Geschenken, die von Heilingen kommen.

heilazzen: ahd. "Heil sagen, grüßen", hier für den Eröffnungsgruß im Ritual

heiligen (nord. *helgja*): etwas mit Heil erfüllen, vgl. *weihen* (nord. *vigja*)

Heiling: s. *Heil*

heill: s. *Heil*

Heja: nordischer Gruß, Ruf der Gemeinschaft nach rituellen Worten eines Einzelnen

helgja: s. *heiligen*

Herd: im ORD Bezeichnung für eine Kleingruppe ab drei Personen, die von einem Schwurmann bzw. einer Schwurfrau geleitet wird, s. a. *Gruppe*

hlautteinn: nord. "Loszweig", in der Eyrbyggja Saga aus dem 13./14. Jh. irrtümlich als Zweig gedeutet, mit dem der Goði die Festteilnehmer mit Opferblut besprengt haben soll.

hloafmæs: s. *Lammas*

hof: nord. "Tempel", Bezeichnung für die meist an die Bauernhöfe der Goden angebauten Tempel der späten Wikingerzeit.

hofgoði: s. *Gode*

hörgr: s. *harug*

idis, idisi: s. *Gott*

Invokation: s. *Beschwörung*

irilaz: s. *erilaz*

jól: nord. Bezeichnung des Julfestes (Mehrzahlwort)

kenning: nord. literarischer Fachbegriff für poetische Umschreibungen

kultisches oder religiöses Ritual: ein Ritual zur Verehrung der Götter, das von Ritualen zu anderen Zwecken, z.B. magischen Ritualen, zu unterscheiden ist; ahd. *Bigang*

Kultreligion: Bezeichnung für eine Religion, in der die Verehrung der Götter im Mittelpunkt steht. Heidnische Religionen sind Kultreligionen.
Lammas: aus altengl. *hloafmæs* ("Brotlaib-Fest"), englisches Erntefest Anfang August
leich: mhd. "Melodie, Gesang", ursprünglich ein ritueller Gesang, vgl. ags. *lác*, Opfer
Ljóðaháttr: s. Strophenformen
lög ok síðr: nordisch "Recht und Sitte", auf dem isländischen Althing des Jahres 1000 als Umschreibung von "Religion" verwendet
Magie: religionswissenschaftlich streng von Religion unterschieden, die durch die Verehrung von Gottheiten, Geistern u. a. definiert wird, die aus freiem Willen für die Menschen wirken, ist Magie ein System von Handlungen, die aus sich selbst heraus wirken. In orientalischen Magieformen werden auch Geistwesen unter Zwang genommen, die germanische Magie (*Zauber, Seiðr*) arbeitet ausschließlich mit den eigenen Kräften des Magiers, seiner Mittel und der magischen Rituale selbst.
Minni-Trinken: Ein *symbol* (s. dort) zur Erinnerung (nord. *minni*) an bestimmte Verstorbene, die Ahnen im allgemeinen oder andere erinnerungswürdige Persönlichkeiten.
modraniht: angelsächsisch "Mütternacht", Fest von 24. auf 25. Dezember
Morgengabe: Geschenk, das der Bräutigam der Braut am Morgen nach der Hochzeit übergibt. Erst wenn sie es annimmt, ist die Ehe gültig.
mos maiorum: lat. "Sitte der Ahnen", Bezeichnung für die altrömische Religion
munt: ahd. "Schutzmacht", Begriff für die Verantwortung der Eltern für ihre Kinder. Wer sich selbst schützen kann, steht "in eigener Munt" und ist "mündig"
Mysterium fascinosum: Begriff des Religionsforschers Rudolf Otto für das "begeisternde Geheimnis" der Göttlichkeit
Mysterium tremendum: Begriff des Religionsforschers Rudolf Otto für das "erzittern lassende Geheimnis" der Göttlichkeit
Neugermanentum: in der soziologischen Literatur verbreitete Bezeichnung für in der ersten Hälfte des vorigen Jahrhunderts aufgekommene Gruppen, die bei oberflächlichem Bezug zur germanischen Tradition meist völkisch-rassistisch orientierte Fantasielehren verbreiteten, und ihre bis heute existierenden Ableger
Neuheidentum: oft als Bezeichnung aller irgendwie heidnisch orientierten religiösen Gruppen von heute verwendeter Begriff, wird hier nur benutzt, um Strömungen zu kennzeichnen, die unter Berufung auf alte Traditionen in Wirklichkeit neue Formen echten oder vermeintlichen Heidentums vertreten.
Neun Edle Tugenden: Wertekatalog vieler germanischer Heidengruppen, auch des ORD

Neun Pflichten: Katalog von Pflichten der Mitglieder im OR und ORD

Nine Charges: s. *Neun Pflichten*

Nine Noble Virtues: s. *Neun Edle Tugenden*

Odinism, Odinismus: von den Gründern des britischen Odinic Rite geprägter Begriff für das germanische Heidentum

ostarmanoth: ahd. "Ostermonat", April, ags. *eostermanoth*

ostarun: ahd. "Ostara-Fest" (Mehrzahlwort)

paro: s. *baro*

parauuari: ahd. Priester ("Mann im Heiligtum")

ploazzan: s. *blóta*

reda: ahd. "Rede", hier für die Eröffnungsrede bei Ritualen

regin: nord. "Berater", eddische *kenning* (s. dort) für die Götter, die ausdrückt, dass sie zumindest in großen Dingen nicht einzeln, sondern als Gemeinschaft wirken, die ihr Handeln in Beratungen gemeinsam festlegt.

Religion: lat. *religio*, ursprünglich Bezeichnung für den Eid, religiöse Pflichten und die Gewissenhaftigkeit ihrer Einhaltung, etymologisch unsicher: entweder von *relegere*, wiederholen der traditionellen Riten, oder *religare*, rückverbinden zum göttlichen Ursprung. Nach heidnischer Tradition ist Religion nicht mit Glauben, sondern mit der rituellen Ausübung gleichzusetzen.

rûna: ahd./altgerm. "Geheimnis", sowohl für die Runen verwendet als auch für das "Raunen" ritueller Texte, besonders Zauberformeln, zum Unterschied vom *galdar* (lauter Vortrag)

rûnagaldar: ahd. "Runengesang"

rúnalag: s. Strophenformen

sauþs: got. "Opfer", hängt mit "sieden" zusammen (Zubereitung des Opfertiers fürs Mahl)

sæll: s. Heil

Schwurmannen: im ORD Bezeichnung für Mitglieder, die einen Eid auf die Götter abgelegt haben, Einzahl Schwurmann bzw. Schwurfrau

seiðfólk: s. *seiðr*

seiðkona: s. *seiðr*

seiðmaðr: s. *seiðr*

seiðr: nord. "Zauber", allgemeine Bezeichnung für die germanische Magie, nicht nur für eine bestimmte Form. Ihre Ausübenden hießen nordisch *seiðkonur* (Seidfrauen, Einzahl *seiðkona*) bzw. *seiðmenn* (Seidmänner, Einzahl *seiðmaðr*) oder allgemein *seiðfólk* (Seidleute), s. *Magie, Zauber*

sigrblót: nord. "Siegesopfer", skandinavisches Fest im Sommer

sisesang oder *sisu:* ahd. "Totengesang" zur Klage und zum Ruhm des Toten

sisetac: ahd. "Tag der Totenlieder", schwäbischer Totengedenktag am 28. September

spákona: nord. "Spähfrau", Seherin

spill oder **spell:** ahd. "Aussage, Erzählung, Geschichte", in der zweigliedrigen germanischen Gebetsform der erste Teil, der rühmende Worte oder mythische Erzählungen über die Götter enthält; siehe auch *gibet*

spill bi namon: neu gebildeter ahd. Begriff für eine namentliche Anrufung von Gottheiten

stalli oder **stallr:** nordischer Begriff für ein "Gestell" zum Anbringen von Götterdarstellungen und kultischen Symbolen und Dekorationen auf dem Kultplatz

statwîha: aus ahd. *stat* (Stätte, Ort) und *wîha* (s. dort) gebildete Bezeichnung für die Weihe einer Kultstätte

Strophenformen: Die germanische Dichtung kannte seit jeher den Stabreim und den Vers aus Halbzeilen, von denen je zwei zur vierhebigen Langzeile verbunden wurde. Darauf aufbauende Strophen entstanden erst in der nordischen Dichtung. Die älteste und wichtigste, in der fast alle Eddalieder verfasst sind, heißt nord. *fornyrdalag* (Altmärenton). Daneben gibt es *galdralag* (Zauberton) für magische, *rúnalag* (Runenton) für runische Dichtungen, *ljóðaháttr* (Liederweise) für Spruchweisheiten und die komplizierte, schon manieriert zu nennende Skaldenstrophe (*dróttkvætt*).

suðnautar: schwed. "Opfergenossen", vom gesottenen Opferfleisch

sumbel oder **symbel:** altengl. Begriff für ein rituelles Trinken, entspricht dem *blót* (s. dort) im engeren Sinn

teiwaz, teiwar: s. *Gott*

þeod: s. *ethnische Religion*

þórri, Thorri: isländisches Thor-Fest im Januar

Thorshammer: Ritualgerät oder Amulett in Form des Hammers Thors

traditionelle Religion: Bezeichnung für eine Religion, die nicht auf einer autoritären Offenbarung oder der Verkündigung einer einzelnen Gründerpersönlichkeit beruht, sondern auf der lebendigen Überlieferung eines ganzen Volkes bzw. einer Kultur

trémenn: nord. "Baummänner", Kultpfähle mit angedeuteten Gesichtszügen

týr, tívar: s. *Gott*

universalist Asatru: US-amerikanische Asatru-Richtung, die das germanische Heidentum als Religion betrachtet, die jeder Mensch gleich welcher Herkunft ausüben kann

ûzlâz: ahd. "Hinauslassen", hier für den Abschluss des Rituals

útiseta: nord. "Draußensitzen", germanische Form der Visionssuche und Meditation

vala oder **völva:** nord. "Seherin"

vatni ausa: nord. "mit Wasser weihen", Ritual zur Namensgebung

vigja: s. *weihen*

vitki: nord. "Wissender", Bezeichnung für einen Runenmeister

völva: s. *vala*

weihen (nord. *vigja*): etwas den Göttern zueignen, vgl. *heiligen* (nord. *helgja*)

welhaga: neu gebildeter ahd. Begriff für die Einhegung des Kultplatzes durch die Anrufung der Wächter der Himmelsrichtungen und ihrer Elemente

Wicca: altengl. "Hexe", Name einer neuheidnischen Bewegung, die in den fünfziger Jahren des vorigen Jahrhunderts in England von Gerald Gardner und anderen aus Elementen der Zeremonialmagie entwickelt wurde

wîh: altgerm. Wortstamm für die göttliche Eigenschaft des Erhabenen, Unfassbaren und Numinosen. Der Gegenpol ist *hail* (s. dort)

wîha: ahd. "Weihe", hier für die Weihe des Kultplatzes

wîhgaldar: aus ahd. Wörtern gebildete Bezeichnung für eine Weiheformel

Zauber: ahd. *zoubar*, gleichbedeutend mit nordisch *seiðr*, germanische Magie. Der Begriff ist abgeleitet von altgermanisch **taufraz* (Zaubermittel, nordisch *taufr*), auch "roter Farbstoff" (ags. *teafor*) nach dem Rotfärben der Runen. Ausübende hießen ahd. *zoubarun* (Zauberinnen, Einzahl *zoubrara*) bzw. *zoubrare* (Zauberer, Einzahl *zoubrari*); s. a. *Magie, seiðr*

zebar: ahd. "Opfertier", essbares Tier, ags. *tifer*, got. *tibr*

Zeremonialmagie: magische Schule der neuzeitlich-abendländischen Esoterik, die auf Lehren und Praktiken spätantiker und orientalischer Vorbilder zurückgeht, hat mit der germanischen Magie (s. *seiðr*) wenig Gemeinsamkeiten

zunten: ahd. "entzünden", hier für die rituelle Entzündung des Feuers beim Fest

Bibliographie

Bonus, Arthur: *Isländerbuch. Sammlung altgermanischer Bauern- und Königsgeschichten*, München 1935

Braune, Wilhelm / Ebbinghaus, Ernst A.: *Althochdeutsches Lesebuch*, Tübingen 1994

Derolez, R.L.M.: *Götter und Mythen der Germanen*, Verlag Suchier & Englisch 1974

De Vries, Jan: *Die geistige Welt der Germanen*, Darmstadt 1964

Diederichs, Ulf: *Germanische Götterlehre*, Köln 1984

Döbler, Hannsferdinand: *Die Germanen. Legende und Wirklichkeit von A - Z*, Gütersloh 1975

Edda: *Die ältere und jüngere Edda und die mythologischen Erzählungen der Skalda*, übersetzt und mit Erläuterungen begleitet von Karl Simrock, Essen 1986

Edda, Die: *Götterdichtung, Spruchweisheit und Heldengesänge der Germanen*, übersetzt von Felix Genzmer, München 1981

Eddukvæ_i (*Sæmundar-Edda*), Hrsg. Gu_ni Jónsson, Akureyri 1954

Eliade, Mircea: *Das Heilige und das Profane. Vom Wesen des Religiösen*, Hamburg 1957

Falter, Reinhard: *Die Götter der Erfahrungsreligion neu verstehen*, in: der blaue reiter, Journal für Philosophie 10 (2/99), Stuttgart 1999

Golther, Wolfgang: *Handbuch der germanischen Mythologie*, Reprint, Essen o.J.

Gorsleben, Rudof John: *Hoch-Zeit der Menschheit*, Leipzig 1930

Grimm, Jakob: *Deutsche Mythologie*, Reprint der Ausgabe von 1943, Coburg o.J.

Grönbech, Wilhelm (Vilhelm Grønbech): *Kultur und Religion der Germanen*, 2 Bände, Darmstadt 1978

Hasenfratz, Hans-Peter: *Die religiöse Welt der Germanen*, Freiburg 1992

Hasenfratz, Hans-Peter: *Religion – was ist das?*, Freiburg 2002

Heiler, Friedrich: *Die Religionen der Menschheit*. Neu herausgegeben von Kurt Goldammer, Stuttgart 1980

Helm, Karl: *Altgermanische Religionsgeschichte, Band II. Die nachrömische Zeit, 2. Die Westgermanen*, Heidelberg 1953

Jordan, Wilhelm: *Die Edda. Die heiligen Lieder der Ahnen*, Engerda 2001

Junker, Daniel: *Gott in uns! Die Germanische Glaubens-Gemeinschaft. Ein Beitrag zur Geschichte völkischer Religiosität in der Weimarer Republik*, Hamburg 2002

Kromer, Karl: *Die ersten Europäer*, Innsbruck 1980

Leyen, Friedrich von der: *Die Götter der Germanen*, München 1938

Maier, Bernhard: *Die Religion der Germanen. Götter, Mythen, Weltbild*, München 2003

Meyer, Elard Hugo: *Mythologie der Germanen*, Reprint der Ausgabe von 1903, Essen o.J.

Meyer, Richard M.: *Altgermanische Religionsgeschichte*, Reprint, Essen o.J.

Oertel, Kurt: *Sei_r*, Internet-Publikation des Eldaring e.V., www.eldaring.de

Otto, Rudolf: *Das Heilige*, München 1963

Otto, Walter F.: *Theophania. Der Geist der altgriechischen Religion*, Hamburg 1956

Oxenstierna, Eric Graf: *Die Nordgermanen*, Phaidon Verlag, o.J.

Pörtner, Rudolf: *Die Wikinger-Saga*, Düsseldorf o.J.

Simek, Rudolf: *Lexikon der germanischen Mythologie*, Suttgart 1984

Simek, Rudolf: *Religion und Mythologie der Germanen*, Darmstadt 2003

Tacitus, Cornelius: *Germania/Bericht über Germanien*, München 1979

The Book of Blotar of the Odinic Rite, London 1993

Thorsson, Edred: *Handbuch der Runen-Magie*, Sauerlach 1987

Thorsson, Edred: *Runenkunde*, Neuhausen 1990

Daniel Junker

Gott in uns!

Die Germanische Glaubens-Gemeinschaft
Ein Beitrag zur Geschichte völkischer Religiosität
in der Weimarer Republik

Paperback, DIN A5, 128 Seiten, € 10,-
ISBN 3-8311-3380-8

Die wissenschaftliche Untersuchung völkischer Religiosität in der Kaiserzeit oder der Weimarer Republik fand bis vor ein paar Jahren nur am Rande statt.

Die vorliegende Studie untersucht dieses Phänomen am Beispiel der Germanischen Glaubens-Gemeinschaft (GGG). Die GGG ist eine der wichtigsten Gruppierungen dieses Spektrums in der Weimarer Republik und ihre Entwicklung steht stellvertretend für viele Gruppierungen dieser Art zur damaligen Zeit.

Neben einer organisationsgeschichtlichen Darstellung behandelt das Buch auch die religiöse Praxis dieser Gruppe, ihr Verhältnis zum Nationalsozialismus wird analysiert und die detaillierte Darstellung schafft es diesem, für uns heute so schwierigen Thema, Gestalt und Transparenz zu geben. Das Buch zeigt damit auch die im Religiösen liegenden Möglichkeiten auf.

Eine Fundgrube für jeden an der Geistesgeschichte der Weimarer Republik Interessierten.